WUYEGUANLIZHUANYE

全国高等职业技术院校 **物业管理专业** 教材

穆林林 主编

物业 设施设备维护与管理

人力资源和社会保障部教材办公室组织编写

中国劳动社会保障出版社

图书在版编目(CIP)数据

物业设施设备维护与管理/穆林林主编. —北京：中国劳动社会保障出版社，2014
全国高等职业技术院校物业管理专业教材
ISBN 978-7-5167-1275-7

Ⅰ.①物… Ⅱ.①穆… Ⅲ.①物业管理-设备管理-高等职业教育-教材 Ⅳ.①F293.33

中国版本图书馆 CIP 数据核字(2014)第 154816 号

中国劳动社会保障出版社出版发行
（北京市惠新东街 1 号 邮政编码：100029）

*

北京谊兴印刷有限公司印刷装订 新华书店经销
787 毫米×1092 毫米 16 开本 16.75 印张 365 千字
2014 年 8 月第 1 版 2021 年 6 月第 2 次印刷
定价：32.00 元

读者服务部电话：（010）64929211/84209101/64921644
营销中心电话：（010）64962347
出版社网址：http://www.class.com.cn
http://jg.class.com.cn

前　　言

近年来，随着国民经济的发展和城市建设的加快，我国物业管理行业进入了一个新的发展阶段，物业企业的运营模式、服务流程、管理质量等不断向标准化、专业化、信息化的方向发展。为了适应物业管理行业的发展，满足学校培养企业所需技能型人才的需要，我们组织一批教学经验丰富、实践能力强的教师与行业、企业的专家，在认真分析物业企业岗位需求和完善课程教学方案的基础上，开发了全国高等职业技术院校物业管理专业教材。

本次开发的教材包括《物业管理基础》《物业公共关系与礼仪》《物业管理法规应用》《物业管理实务》《物业环境管理》《房屋维修与管理》《楼宇智能化系统使用与维护》《物业信息系统操作技术》《物业设施设备维护与管理》《物业招投标管理》《物业经营》和《物业服务方案设计与制作》。

在教材开发工作中，我们坚持了以下原则。

第一，从职业岗位分析入手，合理构建教材的知识和技能结构，注重对学生实践能力和工作能力的培养，突出教材的职业特色。

第二，根据物业管理行业的发展现状，尽可能多地在教材中体现新的管理理念、服务模式和技术设备，充分体现教材的先进性，突出教材的时代特色。

第三，教材内容力求涵盖助理物业管理师国家职业标准的相关要求，突出职业资格证书与学历证书并重的精神。

第四，在教材编写方面，力求文字表达通俗易懂，并尽量采用以图代文、以表代文的表现形式，激发学生的学习兴趣，突出教材的易读性。

本套教材的编写得到了有关省市人力资源和社会保障部门、教育部门以及一批高等职业技术院校的大力支持，教材的编审人员做了大量的工作，在此表示衷心的感谢！同时，恳切希望广大读者对教材提出宝贵的意见和建议，以便修订时加以完善。

人力资源和社会保障部教材办公室

简　介

本教材为国家级职业教育规划教材，由人力资源和社会保障部教材办公室组织编写。

本教材根据高等职业技术院校物业管理专业的教学实际，按照企业的实际需求编写。全书讲述了物业的给水系统、排水系统、消防系统、燃气系统、供暖系统、通风与空调系统、电气系统、电梯系统和智能化系统等内容。教材在编写时把握了“理论知识难易适中，注重应用性，突出实践性”的原则，在每章内容中撰写了相关设施的故障应急预案，并在教材的附录部分列出物业管理企业工作中常用的表格。全书配备了大量的图表，内容通俗易懂，不仅适用于专业教学，也可作为相关企业员工的培训及参考教材。

本教材由穆林林担任主编，鲁捷担任副主编，李乃忠参加编写，王秀云审稿。

目　录

第一章 概　述

学习目标

了解物业设施设备维护与管理的内容、现状和意义；熟悉物业设施设备维护与管理的相关岗位职责；了解物业设施设备管理机构的设置。

物业设施设备是附属于房屋建筑的各类设备的总称，它是房屋建筑实体的组成部分，包括物业管理区域内业主共同使用的给排水设备、采暖设备、电梯、照明设施、供电线路、煤气（天然气）管道和消防设施等。物业设施设备是发挥物业功能和实现物业价值的物质基础及必要条件。

物业设施设备维护与管理是指物业管理企业的工程部管理人员通过熟悉及掌握设施设备的原理和性能，对其进行维护和管理，使其保持最佳运行状态，最有效地发挥效能，从而为业主和客户提供更高效、安全、舒适的环境。

第1节　物业设施设备维护与管理的内容和特点

一、物业设施设备维护与管理的内容

物业设施设备维护与管理的内容包括物业设施设备运行管理、物业设备更新改造管理、物业设备基础资料管理、备品备件管理、固定资产管理、物业设施设备维护保养管理等。

1. 物业设施设备运行管理

（1）物业设施设备运行准备

1）使用前编制技术资料。包括设备操作及维护规程、设备润滑卡片、设备日常检查和定期检查卡片。这些技术资料的编制有利于物业管理工程部人员掌握设备运行情况的信息，为延长设备使用寿命、消除隐患等打下基础。

2）开展员工技术培训。通过培训，使员工了解并掌握关于设备的结构性能、使用及维护、日常检查内容、安全操作、管理制度及岗位职责等知识，提高技能及服务水平。

3）配备必需的检查及维护仪器与工具。必备的检查及维护仪器与工具是高质、高效地开展维修服务的基础。

4）全面检查设备装置，进行使用交底。进行使用交底，可以明确划分职责，做到责任明确，提高工作责任心和物业服务水平。

（2）物业设施设备操作规范

1）实行“四定制度”，即定人使用、定人检修、定点运行、定时保养。该制度是指专业的设备必须由专门的技术人员进行操作并检修，而且必须在规定时间范围内，周期性地进行保养和运行，以延长设备的使用寿命。

2）坚持“四项要求”，即整齐、清洁、润滑、安全。“四项要求”是要保持设备的清洁，并整齐排放，定时润滑，保证设备安全运行。

3）严格责任制度。即让员工按照基本职责认真开展工作，相关的技术知识要熟练掌握并运用，在工作中要责、权、利明确，并通过考核奖惩制度提高员工工作的积极性。

（3）物业设施设备运行安全

为了保证物业设施设备安全、正常运行，必须采取一系列的安全防范措施，主要包括严守岗位职责、加强安全意识、严格交接制度、定期安全检查和严格防火、防盗。

2. 物业设备更新改造管理

任何设备使用到一定年限后，其故障率增高，效率降低，耗能加大，维护费用增加，并且可能发生严重的事故。为了使设备性能在运行中得到有效的改善和提高，降低维护成本，就需要对设备进行更新改造。

（1）设备更新

设备更新是指以新型的设备来代替原有的老设备，任何设备都有使用期限，如果设备达到它的技术寿命或经济寿命则必须进行更新。

（2）设备改造

设备改造是指应用现代科学的先进技术对原有的设备进行技术改造，以提高设备的技术性能及经济特性。

3. 物业设备基础资料管理

（1）设备原始档案和技术资料

设备技术档案必须齐全、详细、准确，主要包括设备原始档案和设备技术资料。

1）设备原始档案。设备原始档案一般包括以下几点：

①设备清单或装箱单。

②设备发票。

③产品质量合格证、进口设备的商品检验合格证。

④开箱验收报告。报告内容主要有设备名称、型号、数量、规格、外观质量、附带资料、验收人员、验收日期。开箱验收应有购买使用单位、设计单位、负责安装设备的公司、监理公司和生产厂商等代表参加。

2）安装施工、水压试验、调试、验收报告。

（2）设备技术资料

设备技术资料主要包括以下几点：

1）设备资料卡片。每一台设备都必须建立设备卡片，一般可按设备的系统类型、使用部门或使用场所对设备进行编号，按编号在设备卡片上登记设备的档案资料（参见附录1)。

2)设备台账。将设备卡片按类型编号并汇总登记就形成了设备台账(参见附录2)。

3)设备技术登记簿。每一台主要设备都应设立一本登记簿,对设备在使用期间的情况进行登录和记载。

4)竣工图。施工结束,验收合格后,设计单位、监理单位和施工单位把已经修改完善的全部图样进行整理后交给用户,这些图样就是竣工图。

5)系统资料。按系统或场所把各系统分成若干个子系统,对每个子系统一般采用示意图、文字和符号来说明,其表达方式要直观、灵活、简明,以便查阅。

(3)物业设备运行过程中维修资料的档案管理

物业设备管理部门应对所管理的设备建立维修资料档案,并进行妥善管理。维修资料档案应包括以下几点:

1)用户维修单。对维修部门填写的维修单,应每月统计一次,每季度装订一次,由物业设备管理部门负责保管备查(参见附录3)。

2)设备年度检查计划单。维修部门对不同设备进行年度检查,需填写年度检查计划单,由物业设备管理部门负责保管备查(参见附录4)。

3)设备运行记录表。值班人员填写的运行记录表应每月一册,每月统计一次,每年装订一次,由物业设备管理部门保管备查(参见附录5)。

(4)国家有关部门颁发的相关政策、法规、条例、规范和技术标准等文件

《特种设备安全监察条例》《中华人民共和国特种设备安全法》《机电设备招标投标指南》《电力设施保护条例》《城市供水设施维护条例》等。

4. 备品备件管理

备品备件管理的基本原则是在检修前就把新的零部件准备好。备品备件的管理应由专业人员负责,其职责主要是确定备件的范围,收集备件图样,进行测绘整理,确定备件来源的途径和方法,确定合理的储备定额和储备形式,编制备件卡片和备件台账,为备件的制造、采购和库存提供科学的依据。

5. 固定资产管理

固定资产是指使用期限比较长,单位价值较高,并且能在使用过程中保持原有实物形态的资产,如房屋及建筑物、机器设备、运输设备和工具等。对于生产经营中使用的资产,只要使用年限在一年以上,就可以认为是固定资产,而对单位价值不加以限制。对于非生产领域中使用的资产,只要期限长于两年并且单位价值在2 000元以上,也可认定为固定资产。

(1)设备折旧

设备在使用过程中不断磨损、陈旧和损坏,其价值逐步减小,这种设备价值的减小现象就是折旧。确定设备折旧年限的一般方法主要包括:参考同类设备历年来平均的使用年限;根据设备使用频率、工作环境恶劣程度及维修和保养的质量确定;技术进步程度决定了产品淘汰的周期,同时也决定了折旧年限的长短。

（2）设备的报废

设备由于严重损坏不能继续使用或者损坏后如果再修理在经济上不合算等就应该做报废处理，更新添置新设备。

（3）固定资产管理的基本要求

1）保证固定资产完整无缺。

2）提高固定资产的完好程度和利用率。

3）正确核定固定资产需用量。

4）正确计算固定资产折旧额。

5）进行固定资产投资的预测。

6. 物业设施设备维护及保养管理

（1）物业设施设备维护及保养计划的建立

1）实施设备的维护及保养首先要制订维护及保养计划

①制订维护及保养计划的准备工作内容。确定要维护及保养的设备，应按照设备系统对应的设备档案全面了解设备现状并制订计划。

②确定维护及保养的内容。维护及保养内容依据设备运行状态主要基于以下三个方面：一是政府部门相关法规规定的保养内容；二是设备运行及运转情况，尤其是设备出现故障的信息，这是制订维护及保养计划时重点关注的内容；三是设备运行周期，即季节保养。

2）设施设备年度维护及保养计划制定原则

①设施设备使用频率。

②设施设备运行状况（故障隐患）。

③维护及保养工作的合理时间（避开业主使用量大的时间段、节假日），具体实施维修及保养的时间。

④维修及保养项目和内容。

⑤备品、备件计划，预计费用。

设施设备的日常、定期维护及保养工作是物业设施设备管理工作中极其重要的部分，它直接关系到设备能否可靠、正常运转；同时，对于降低成本、减少故障有着至关重要的作用。为使此项工作落到实处，确保各类设备安全、正常运行，工程部负责人负责制订设施设备年度维护及保养计划，并在每年年底前经物业项目总经理进行审批后执行。

（2）设施设备维护及保养的类别

设施设备维护及保养的类别主要包括维护与保养和计划检修。

1）设施设备的维护与保养

①维护与保养的方式主要以清洁、紧固、润滑、防腐、防冻等为主，在运行期间通过设备定时、定频巡视检查，定期切换运行，轮流使用等方法强制保养。

②维护与保养主要是做好日常运行维护和定期维护与保养工作，见表1—1。

表 1—1　日常运行维护和定期维护与保养工作

序号	内容	要求	保养实施要求
1	日常运行维护工作	应长期坚持并且制度化	运行员工对设备运行前检查，按要求操作设备，定时巡视检查，记录各运行参数，随时注意有无异响、异味等
2	定期维护与保养工作	依据维护与保养计划进行	1. 对设备内、外清扫及擦拭 2. 检查转动部件是否灵活、磨损情况是否严重 3. 相关安全装置的检查 4. 电气线路和元件是否正常

2）设施设备的计划检修。设施设备计划检修建立在设备点检基础上。

①设施设备点检按设备运行参数和点检方式不同，可以分为停机检查和随机检查，检查时可以通过摸、听、嗅等方式，也可以使用仪器、仪表进行点检，其方法与内容见表1—2。

表 1—2　设施设备点检的方法与内容

序号	方法	点检内容
1	日常点检是运行人员现场检查	1. 设备运行状况及参数 2. 安全保护装置 3. 易磨损的部件、易堵塞和经常清理的部件
2	计划点检是以专业人员为主进行检查	1. 确定磨损的状况和其他异常情况 2. 确定维修部位、部件及时间 3. 安排检修计划

②计划检修是指对正在使用的设备，根据运行规律及点检的检查结果确定检修周期，以检修周期为基础编制检修计划，对设备进行积极的、预防性的修理。计划检修工作一般分为小修、中修、大修，其内容见表1—3。

表 1—3　计划检修工作的内容

序号	检修内容	检修主要内容
1	小修	清洗、更换和修复少量易损件，并适当做调整、紧固和润滑工作
2	中修	在小修的基础上，对设备的主要部件进行局部维修和更换
3	大修	对设备进行局部或全部解体，修复或更换磨损、腐蚀的部件，使设备达到运行标准

二、物业设施设备维护与管理的特点

1. 物业设施设备维护与管理关系到业主的最根本利益

物业设施设备的产权属于全体业主，资产绝对值很大，视物业规模和档次不同，多则数亿元，少则几百万或上千万元，对于高层高档写字楼而言，设施设备占总投入的1/4～

1/3。物业的正常使用取决于设施设备的正常运行、维护和管理，如不到位，不仅影响设施设备的使用寿命，更会影响整个物业的使用功能，甚至造成隐患和事故，最终影响物业的保值和升值。

2. 物业设施设备管理是“显性服务”的基础

目前，许多物业企业由“管理公司”更名为“服务公司”，并在形象礼仪、保洁绿化、客户服务等“显性服务”方面下足功夫，突出“为业主服务”的宗旨，应该说，这是一种企业经营定位方面的进步。但要看到，安居才能乐业，为业主的“安居”提供保障，是物业服务企业责无旁贷的义务，而物业设施设备的安全、正常运行则是“安居”的前提和保障，是物业服务的基础。尽管这项工作不为多数业主所常见，具有“隐性管理”特点，但只有做好此项工作，其他各项“显性服务”才有意义。换言之，物业设施设备管理的水平从根本上决定了物业公司的管理水平和服务水准。

3. 物业设施设备管理要求有可继承性和可延续性

一栋物业使用寿命少则四五十年，长则上百年，即使由一家物业服务公司长期管理，也需要几代人的衔接，而且随着物业管理的市场化和招投标制度的实施，物业服务公司的更换成为常态。在此情况下，物业设施设备的管理就要求具有很好的可继承性和可延续性，由此也决定了物业管理的指导思想必须具有长期性、连续性和可继承性。

4. 物业设施设备维护技术性强

技术性强突出表现在设施设备的维护方面，随着技术全面进步，越来越多的高科技设施设备被应用到物业建筑中，门类繁多，涉及专业面广。通常的物业都具有供配电系统、给排水系统、通风空调系统、消防自动报警系统、消防灭火系统、交通（电梯）系统、自动化控制系统、保安监控系统（含各类门禁识别系统）、楼内综合布线系统、通信系统、停车场管理系统及有线电视系统等，而一些新型的高科技智能化物业，如北京的奥运鸟巢、水立方等，更是应用了最先进的科技成果。尽管物业管理仍具有劳动密集型的特征，但是物业设施设备的维护却越来越向技术密集型的趋势发展。正因如此，物业设施设备维护成为物业管理最本质、最需专业技术的核心内容。

5. 物业设施设备的维护分散性强

由于物业设施设备多种多样，并且使用频率高，维护周期不同，维护方法不同，用料品种、规格多，需要不断进行日常维护和故障维修，这导致维护分散性强。

三、物业设施设备维护与管理的意义

1. 充分发挥房屋住用功能的保障

物业设备的正常运行不仅是人们工作、生活和学习正常进行的物质基础，也是影响工业、商业发展和人民生活水平提高的因素。良好的设备运行和维修管理确保了物业设备的正常运行，从而保证人们各项活动正常、有序地进行。

2. 设备延长使用寿命、安全运行的保证

物业设备在使用过程中，会因种种原因发生磨损、故障或毁坏，因此，良好的物业设备管理不仅能保证设备运行中安全和技术性能的正常发挥，而且能及时发现隐患，排除故障，避免事故的发生，将损失降到最低限度；同时能延长设备的使用寿命，提高设备的使用效益。

3. 推动房屋建筑设备现代化

随着社会经济的发展、科学技术的进步以及人们对高品质生活的追求，房屋建筑设备也向着先进、合理、完备、多样化、综合性和系统化的方向发展。例如，智能化建筑的建造涉及通信系统、安全监控系统和设备监控系统等，这些高科技设备的应用必须有良好的设备管理基础。因此，良好的物业设备管理是推动房屋建筑设备现代化的基础。

4. 提高业主的经济效益

业主的经济效益体现在两个方面，一方面，使物业设备的寿命周期成本，即购置成本和使用成本能够降低；另一方面，使物业保值和增值。物业设备的成本一直是物业成本的最大构成部分之一。现代化的物业设备管理是一种对设备全过程的综合管理，也就是对设备的设计、制造、采购、安装、调试、使用、维护保养、检修、更新改造和报废等整个过程的管理。这使得物业设备不仅在技术上要始终处于最佳的运行状态，而且在经济上也要求总的寿命周期成本最低。由于设备的正常高效运行，提高了物业的住用条件，改善了住用环境，为物业的保值和增值打下了基础。

第2节 物业设施设备维护与管理机构设置和职责划分

一、物业设施设备维护与管理机构设置

物业设施设备维护与管理机构按专业系统划分而设置。对管理者来说，较易发现一些设计上的不合理现象和施工遗留问题，也能较快熟悉物业的各种设备和系统，这对参加物业管理前期介入设计、施工、竣工验收的管理者来说，更为有利。下面对这种设置方式进行重点介绍。

按专业系统划分的物业管理公司设施设备管理机构设置如图1—1所示。一般按照金字塔形式，从上到下依次为部门经理（工程部经理）、2~3个专业主管（专业工程师）、若干个专业作业组（工程技术人员）。

二、物业设施设备维护与管理岗位职责

为了规范日常管理行为、管理程序，以及明确每个岗位需要完成的工作任务，必须制定各个岗位的岗位职责。根据物业管理公司设施设备管理机构设置图中的内容，在这里详细介绍工程部经理，电气、暖通、机械主管，维修班组和仓库管理员的岗位职责。

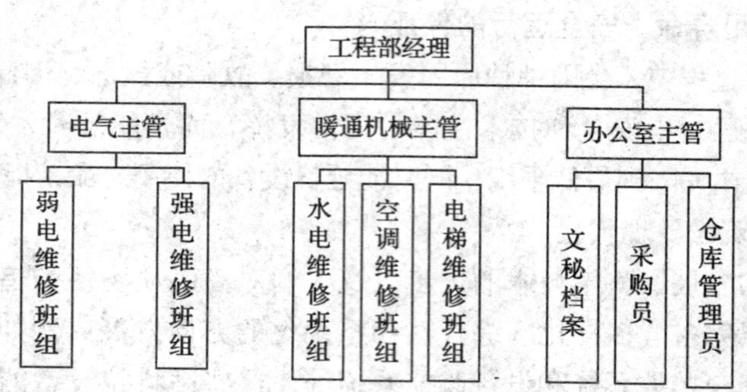

图1—1 物业管理公司设施设备管理机构设置

1. 工程部经理岗位职责

工程部经理是对机电设备进行管理、操作、保养、维修，保证设备正常运行的总负责人。其职责有以下几点：

（1）在公司经理的领导下，贯彻执行有关设备和能源管理方面的工作方针、政策、规章和制度。

（2）负责设备的使用、维护、保养、更换整个过程中的管理工作，使设备始终处于良好工作状态。

（3）组织拟定设备管理、操作、维修等规章制度和技术标准，并监督执行。

（4）组织、收集、编制各种设备的技术资料，做好设备的技术管理工作。

（5）组织编制各种设备的保养、检修计划，并进行预算，在公司经理批准后，组织人员实施。

（6）组织人力、物力，及时完成业主提出的报修申请。

（7）组织工程部全体员工的培训，树立“业主至上，服务第一”的思想，提高解决技术难题的能力。

2. 电气、暖通、机械主管岗位职责

（1）负责新接楼盘（宇）本专业的前期介入、图样会审、质量监督、验收接管的技术工作。

（2）负责组织指导各管理处完善公司所需要的本专业图样资料及维修档案的归档工作。

（3）负责本专业设施正常使用的技术监督和指导。

（4）负责本专业设施维修及保养的技术指导。

（5）制订本专业设施大、中修计划、方案及预算，报送上级部门经批准后组织实施。

（6）负责指导供电计量、节约用电的管理，努力降低供电损耗。

（7）负责组织制定和完善公司内部与本专业设施安全使用、工程管理、维修管理及技术资料归档有关的管理制度。

（8）负责由工程部主管的本专业改造工程的组织施工、安全监督、验收及结算。

(9) 负责本专业相关项目的费用控制、审核和经济分析。

(10) 配合人力资源部组织本专业相关技能培训工作。

(11) 负责相关专业对外的业务联系，协调与相关主管部门的关系。

(12) 在必要时协助做好相近专业的工程管理及费用控制。

(13) 完成公司领导及部门经理交办的其他任务。

3. 维修班组岗位职责

(1) 按时上班，不得迟到、早退，因故请假，需经上级部门批准。

(2) 认真执行公司制定的各种设备维护规程。

(3) 认真完成设备的日常巡检工作，发现问题及时处理。

(4) 定期对分管设备进行保养与维护。

(5) 认真完成公司安排的设备检修任务。

(6) 正确、详细地填写工作记录、维修记录，建立设备档案。

(7) 爱惜各种设备、工具和材料，对日用维修消耗品认真登记签领，严禁浪费。

(8) 加强业务学习，认真钻研设备维护技术，树立高度的责任心，端正工作态度。

4. 仓库管理员岗位职责

(1) 负责统计材料、工具和其他备件的库存情况，根据库存数量及其他使用部门提出的采购申请，填写采购申请表，报送上级部门审批。

(2) 负责材料、工具和其他设备备件的入库验收工作，保证产品品种、规格、数量、质量符合有关规定要求。

(3) 负责库房的保管工作，保证产品的安全和质量。

(4) 负责材料、工具和其他设备备件的出库工作。

(5) 负责库房材料的统计工作，按时报送财务部门。

(6) 负责完成上级交办的其他工作。

思考与练习

1. 我国物业设施设备维护与管理的内容包括哪几部分?
2. 物业设备的维护及保养具体包括哪些内容?
3. 我国常见物业管理公司的物业设施设备维护与管理机构是如何设置的?
4. 简述工程部经理的岗位职责。

第二章　物业给水系统

学习目标

了解物业室内给水系统的分类和组成；熟悉物业室内给水系统的常用设备；了解物业给水系统管道的布置与敷设；掌握物业给水系统的管理与维护及物业给水系统常见故障的应急处理。

物业给水系统是为了保证建筑内生活、生产、消防所需水量、水压和水质要求而修建的系统工程设施。它的任务是将城镇（或小区）给水管网或自备水源的水引入室内，再经室内配水管网送至各用水器具和设备。给水系统可分为物业室内给水系统和物业室外给水系统两大部分。

第1节　物业室内给水系统

一、物业室内给水系统的分类与组成

1. 物业室内给水系统的分类

物业室内给水系统按照其用途可分为以下三类：

（1）生活给水系统

生活给水系统是指供人们生活饮用、烹饪、盥洗、洗涤、沐浴等日常用水的给水系统。水质必须符合国家规定的生活饮用水卫生标准。

（2）生产给水系统

生产给水系统是指供给各类产品生产过程中所需用水的给水系统。生产用水对水质、水量、水压的要求随工艺要求的不同有较大的差异。

（3）消防给水系统

消防给水系统是指供给各类消防设备扑灭火灾用水的给水系统。消防用水对水质的要求不高，但必须按照建筑设计防火规范保证足够的水量和水压。

上述三类基本给水系统可以独立设置，也可根据各类用水对水质、水量、水压、水温的不同要求，结合室外给水系统的实际情况，经技术经济比较，或兼顾社会、经济、技术、环境等因素的综合考虑，组成不同的共用给水系统。如生活、生产共用给水系统；生活、消防共用给水系统；生产、消防共用给水系统；生活、生产、消防共用给水系统等。

2. 物业室内给水系统的组成

一般情况下，建筑室内给水系统由下列各部分组成，如图 2—1 所示。

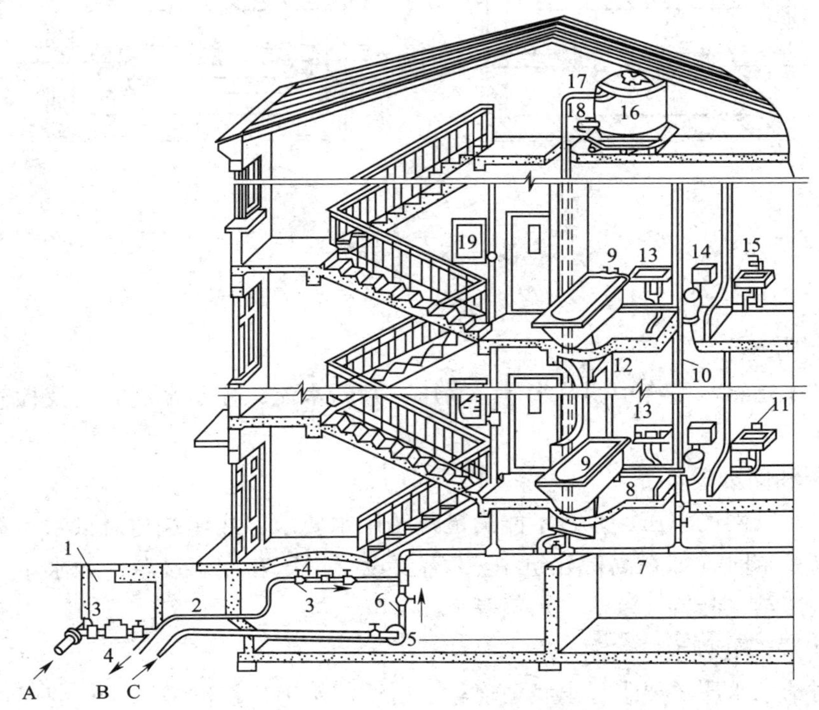

图 2—1 建筑室内给水系统

1—阀门井 2—引入管 3—闸阀 4—水表 5—水泵 6—止回阀 7—干管 8—支管 9—浴缸 10—立管 11—水龙头 12—淋浴器 13—脸盆 14—大便器 15—洗涤盆 16—水箱 17—进水管 18—出水管 19—消火栓 A—从室外管网进水 B—入储水池 C—来自储水池

(1) 水源

水源是指室外给水管网供水或自备水源。

(2) 引入管

对单体建筑而言，引入管是由室外给水管网引入建筑内管网的管段。

(3) 水表节点

水表节点是指安装在引入管上的水表及其前后设置的阀门和泄水装置的总称。水表用以计量该幢建筑或某用户的总用水量。水表前后的阀门用于水表检修、拆换时关闭管路，水表节点一般设在水表井中，如图 2—2 所示。温暖地区的水表井一般设在室外，寒冷地区的水表井宜设在不会冻结处。某些建筑内部给水系统中，需计量水量的某些部位和设备的配水管上也需安装水表。住宅建筑每户住家均应安装分户水表。分户水表以前大都设在每户住家内，现在的趋势是将分户水表集中设在户外（如楼梯间）。

(4) 给水管网

给水管网是指由建筑内水平干管、立管和支管组成的给水管道系统。

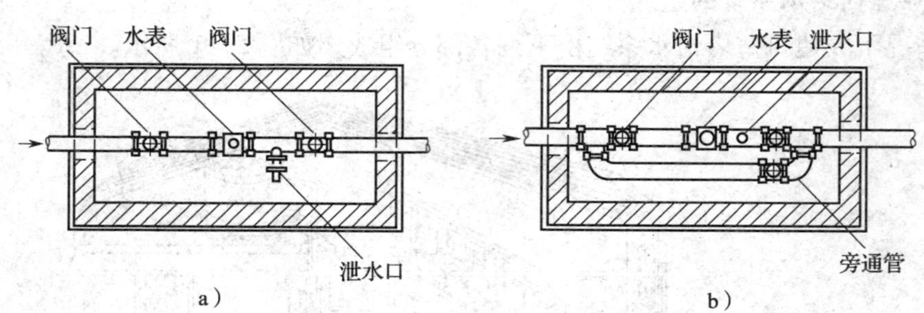

图 2—2 水表节点

a）无旁通管水表节点 b）有旁通管水表节点

（5）控制附件

控制附件是指给水系统中调节水量、水压，判断水流，控制水流方向及检修用的各类阀门。

（6）增压和储水设备

当室外给水管网的水压、水量不能满足建筑用水要求，或建筑内对供水可靠性、水压稳定性有较高要求时（如在高层建筑中），需要设置增压和储水设备，如水泵、气压给水装置、变频调速给水装置、水池、水箱等。

（7）给水局部处理设施

当用户对给水水质的要求超出我国现行生活饮用水卫生标准或因其他原因造成水质不能满足要求时，就需要设置一些设备，对构筑物进行给水深度处理。

二、物业常用给水方式

给水方式是指建筑内部给水系统的供水方案，它是由建筑功能、高度、配水点的布置情况、室内所需的水压和水量及室外管网的水压和水量等因素决定的。下面介绍一般物业小区中几种常见的给水方式。

1. 市政管网直接给水方式

市政管网直接给水方式适用于室外给水管网提供的水量、水压在任何时候均能满足建筑室内管网最不利点的用水要求的情况，如图 2—3 所示。

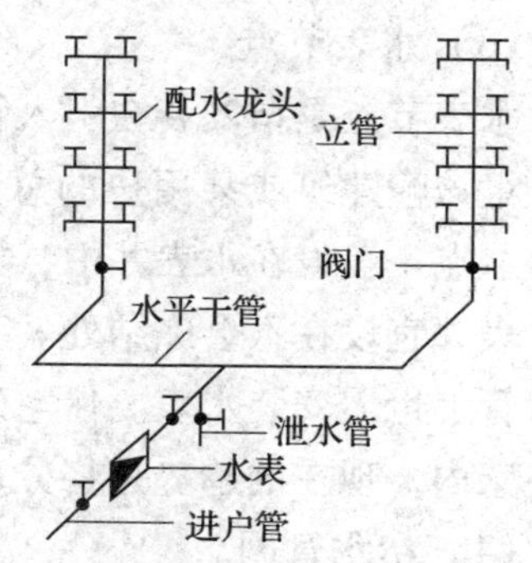

图 2—3 市政管网直接给水方式

市政管网直接给水方式具有系统简单、投资少、维护方便、供水安全的特点。该系统不需要设水泵、水箱、储水池、气压给水装置。

2. 单独设水箱的给水方式

当室外给水管网供水压力大部分时间满足要求，仅在用水高峰时段由于水量增加，市政管网中水压降低而不能保证建筑上层用水时，如图2—4a所示；或者建筑内要求水压稳定，并且该建筑具备设置高位水箱的条件，可采用单独设水箱的给水方式，如图2—4b所示。该方式在用水低峰时，利用室外给水管网直接供水并向水箱充水。用水高峰时，水箱出水供给给水系统，从而达到调节水压和水量的目的。

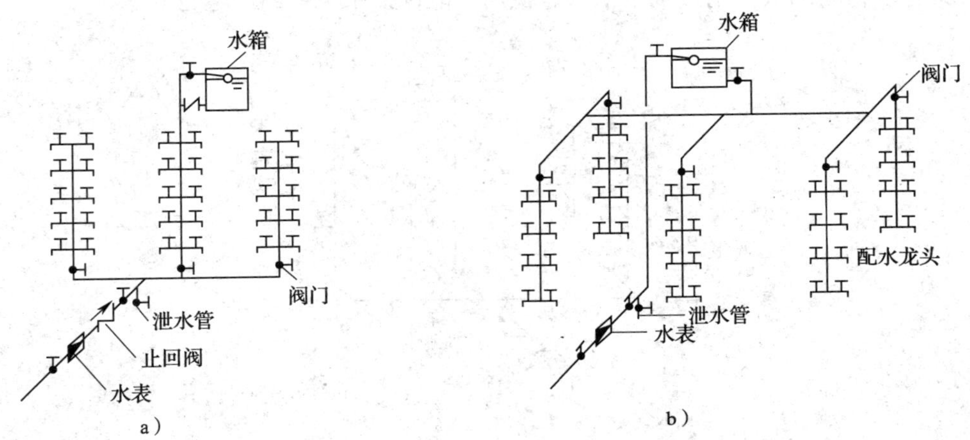

图2—4　单独设水箱的给水方式

单独设水箱的给水方式具有管网简单、投资少、运行费用低、维修方便、供水安全性高等优点，但因增设了水箱，故会增大建筑物荷载，且占用室内使用面积。水箱如果处理不当，会导致水的二次污染。

3. 单独设水泵的给水方式

当室外给水管网水压大部分时间不足时，可采用单独设水泵的给水方式，如图2—5a所示。当建筑内用水量大且较均匀时，可用恒速水泵供水；当建筑内用水不均匀时，宜采用变速泵供水或恒速泵与变速泵配合共同供水，以提高水泵的效率。若供水部门同意，也可用水泵直接从外网抽水，如图2—5b所示。

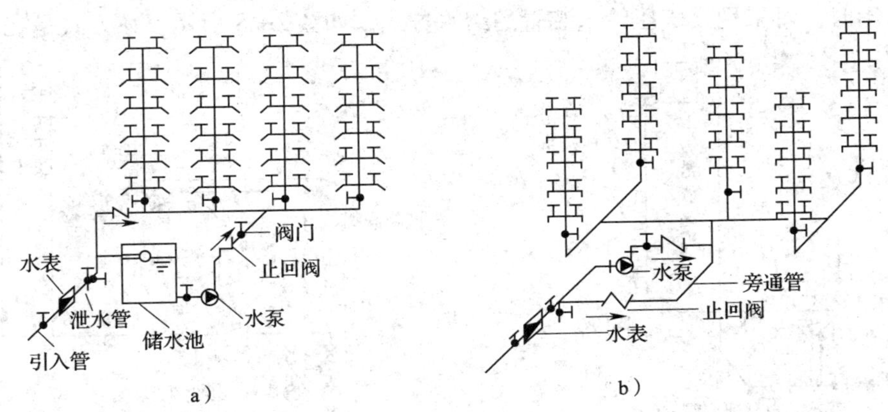

图2—5　单独设水泵的给水方式

由于此种方式不设水箱，故减少了水质污染的可能性。

4. 设水泵和水箱的给水方式

当室外管网的水压经常不足，且室内用水不均匀，允许直接从外网抽水时，可采用设水泵和水箱的给水方式，如图2—6所示。该方式中的水泵能及时向水箱供水，可减小水箱容积，又有水箱的调节作用，水泵出水量稳定，能保证水泵在高区运行。

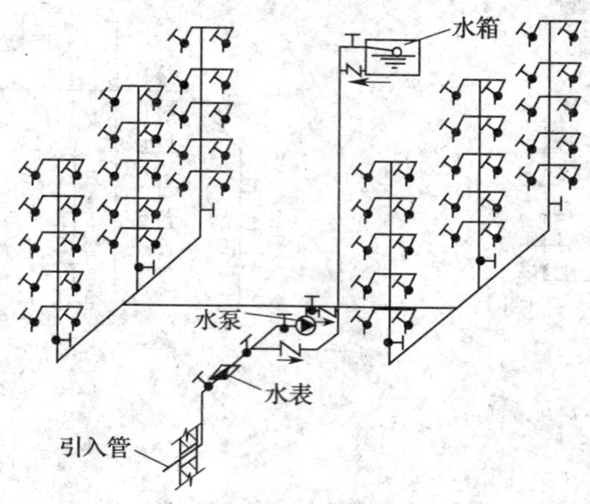

图2—6 设水泵和水箱的给水方式

5. 设储水池、水泵和水箱联合给水方式

当建筑用水可靠性要求高，室外管网水量、水压经常不足，不允许直接从外网抽水，或者是外网不能保证建筑的高峰用水，且用水量较大，或是要求储备一定容积的消防水量时，都应采用设储水池、水泵和水箱联合给水方式，如图2—7所示。这种供水系统供水安全性高，但因增加了加压和储水设备，系统会变得复杂，且投资及运行费用高，一般用于多层和高层建筑。

6. 设气压给水装置的给水方式

当室外给水管网压力低于或经常不能满足室内所需水压，室内用水不均匀，且不宜设置高位水箱时，可采用设气压给水装置的给水方式，如图2—8所示。该方式是在给水系统

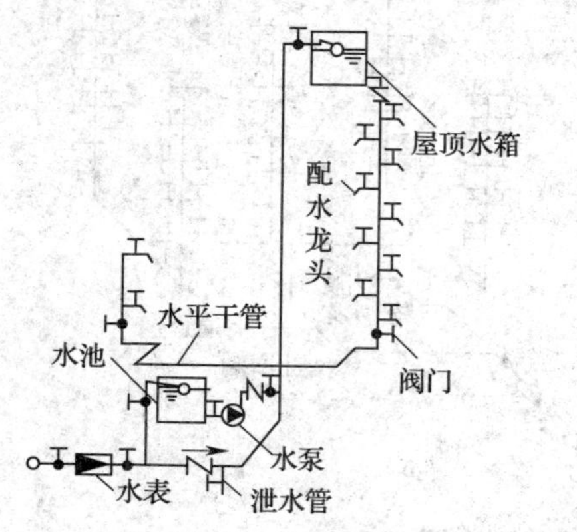

图2—7 设储水池、水泵和水箱联合给水方式

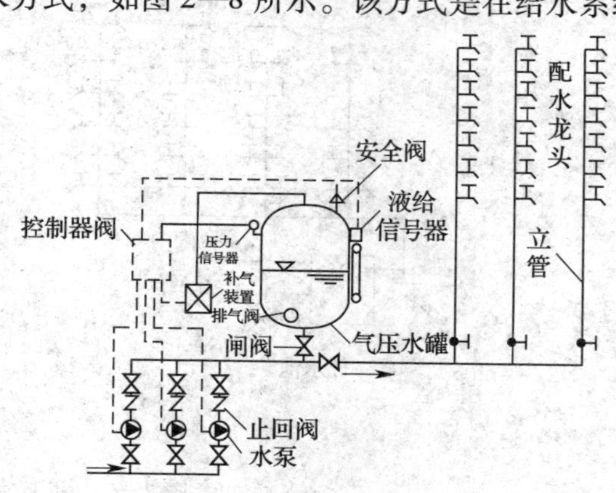

图2—8 设气压给水装置的给水方式

中设置气压给水设备，该设备利用气压水罐内气体的可压缩性协同水泵增压供水。气压水罐的作用相当于高位水箱，但其位置可根据需要较灵活地设在高处或低处，目前多用于消防供水系统。

7. 分区给水方式

对于多层和高层建筑来说，室外给水管网的压力只能满足建筑下部若干层的供水要求。为了节约能源，有效地利用外网的水压，常将建筑物的低区设置成由室外给水管网直接供水，高区由增压储水设备供水，这种分区给水方式如图2—9所示。为保证供水的可靠性，可将低区与高区的一根或几根立管相连接，在分区处设置阀门，以备低区进水管发生故障或外网压力不足时，打开阀门由高区向低区供水。

8. 分质给水方式

根据不同用途所需的水质不同，分别设置独立的给水系统，这种供水方式称为分质给水方式，如图2—10所示。饮用、烹饪、盥洗与淋浴等生活用水水质符合“生活饮用水水质标准”；杂用水给水系统水质较差，仅符合“生活杂用水水质标准”，只能用于建筑内冲洗便器、绿化、洗车、扫除等用水。

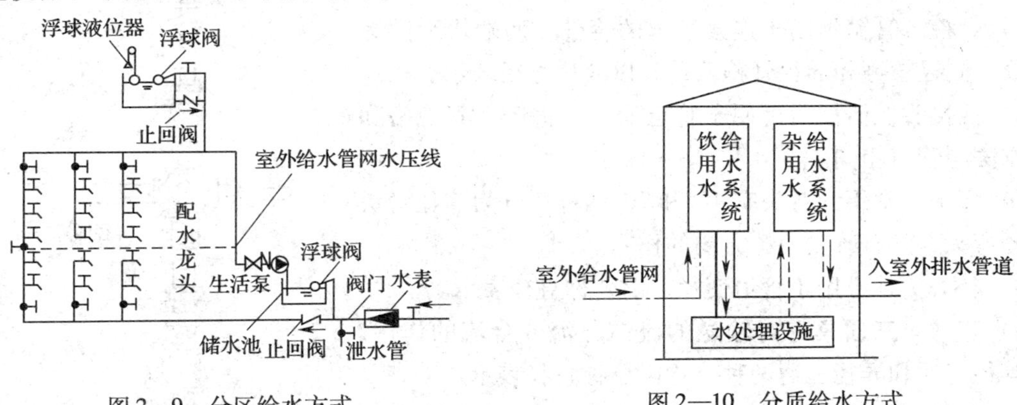

图2—9 分区给水方式

图2—10 分质给水方式

三、物业常用给水系统的组成构件

建筑内部的给水管道系统是由管道、管件和各种附件以及水表连接而成的。管道材料及附件多种多样，物业人员应该熟悉它们的性能及适用情况，发现问题时能及时正确更换。

1. 给水管材和给水管件

（1）给水管材

1）钢管。钢管强度高，承受水压大，抗震性能好，质量比铸铁管轻，单管长度大，接头少，易于加工和安装，但耐腐蚀性差，造价较高。钢管又可分为焊接钢管和无缝钢管两种。焊接钢管又分为镀锌钢管和非镀锌钢管。钢管的连接方法有螺纹连接、焊接和法兰连接。螺纹连接是最常用的方法。

2）不锈钢管。不锈钢管具有钢管所具有的一切优点，而且耐酸碱，耐腐蚀，外观也很好，但造价较高，一般用在星级宾馆和高档公寓中。

3）铸铁管。用于给水管道的铸铁管为给水铸铁管。铸铁管具有不易腐蚀、造价低、使用年限长等优点，但其材质较脆，质量大，单管长度小，适于做地埋管道。

4）塑料管。目前，在我国用得最多的给水塑料管是硬聚氯乙烯塑料管，又称 PVC 管，使用温度为 -5 ~ +45℃。塑料管具有良好的化学稳定性，耐腐蚀，不受酸、碱、盐、油类等介质的侵蚀，水流阻力小，质量轻，安装方便，但耐温性差，强度较低，因此在使用上受到一定的限制。

5）其他管件。其他管件主要包括铜管和石棉水泥管。铜管具有韧性强、耐腐蚀、质量较轻、安装方便等优点，但造价太高，在发达国家应用较多，近年来我国的一些高档建筑也有采用。石棉水泥管的水力性能良好，耐温性强，但脆性大，可用于埋地管。

（2）给水管件

管道配件是指在管道系统中起连接、变径、转向、分支等作用的零件，简称管件。管件的种类很多，不同管道应采用与该类管材相对应的专用管件，如图 2—11 所示。

1）管箍。管箍是用于连接管道的管件，两端均为内螺纹，分为同径管箍和异径管箍两种，以公称直径表示。

2）活接头。活接头可便于管道安装及拆卸，其规格和表示方法与管道相同。

3）弯头。常用的弯头有 45°和 90°两种，分为等径弯头和异径弯头，具有改变流体方向的作用。

4）补心。补心用于管道变径，以公称直径表示。

5）三通。三通具有对输送的流体分流或合流的作用，分为等径三通和异径三通两种，均以公称直径表示。

6）丝堵。丝堵是用于堵塞管件的端头或堵塞管道上预留口的管件。

7）四通。四通分为等径四通和异径四通两种，均以公称直径表示。

8）对丝。对丝用于连接两个相同管径的内螺纹管件或阀门，规格与表示方法与钢管相同。

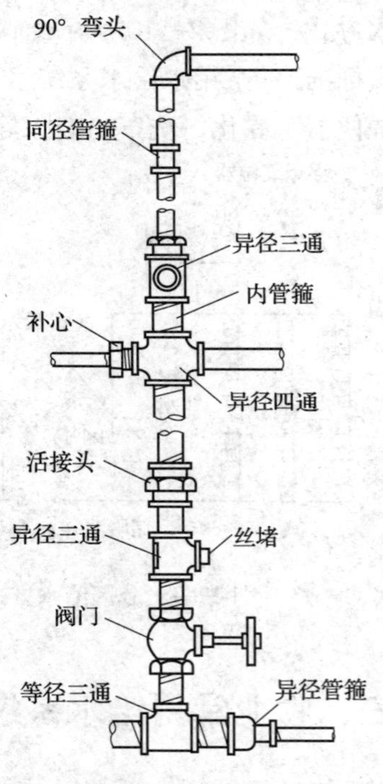

图 2—11 管件的螺纹连接配件

2. 常用附件及水表

常用的附件包括配水附件和控制附件。

（1）配水附件

配水附件主要指安装在卫生器具和用水点的各式水龙头，用以调节和分配水流。常用的配水龙头如图 2—12 所示。

1）球形阀式配水龙头。球形阀式配水龙头如图 2—12a 所示，由于水流经过龙头时改变方向，故阻力较大。这种龙头一般安装在洗涤盆、污水盆、盥洗槽等卫生器具上。

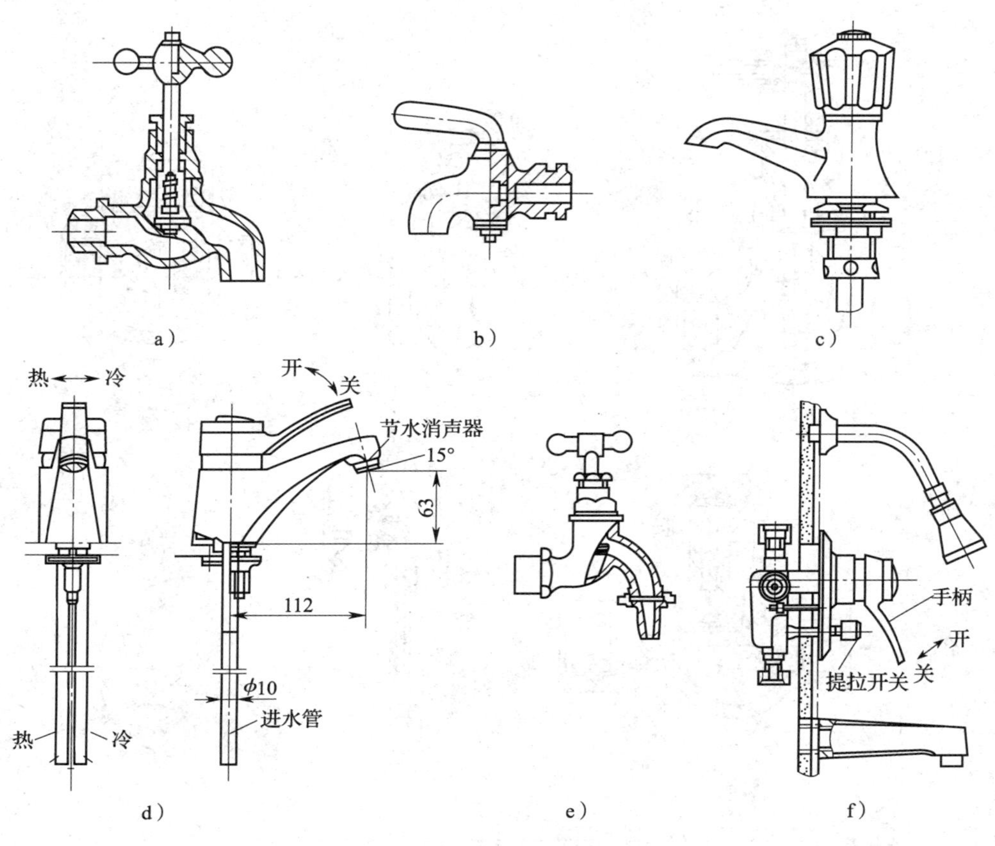

图 2—12　各类配水龙头

a）球形阀式配水龙头　b）旋塞式配水龙头　c）盥洗龙头　d）洗脸盆混合龙头　e）胶带龙头　f）浴盆水龙头

2）旋塞式配水龙头。旋塞式配水龙头如图 2—12b 所示。这种龙头旋转 90°即可完全开启，水流直线通过，阻力较小，可迅速获得较大的流量，但容易引起水锤冲击，一般用于洗衣房、开水间、浴室等用水设备上。

3）盥洗龙头。盥洗龙头如图 2—12c 所示，设在洗脸盆上专供冷水或热水用，有莲蓬头式、角式、鸭嘴式、长脖式等多种形式。

4）洗脸盆混合龙头。洗脸盆混合龙头如图 2—12d 所示，用以调节冷、热水流量，用于洗浴、洗涤等，种类很多。

5）胶带龙头。胶带龙头如图 2—12e 所示，其特点是龙头上有特制的接头，安装在需要连接胶管供水的地方。

此外，还有许多特殊用途的水龙头，如小便斗龙头、集淋浴喷头和水嘴于一身的浴盆水龙头，如图 2—12f 所示。

（2）控制附件

控制附件是指用来调节水量、水压，控制水流方向以及开启和关闭水流的各类阀门。常用的阀门如图 2—13 所示。

第二章

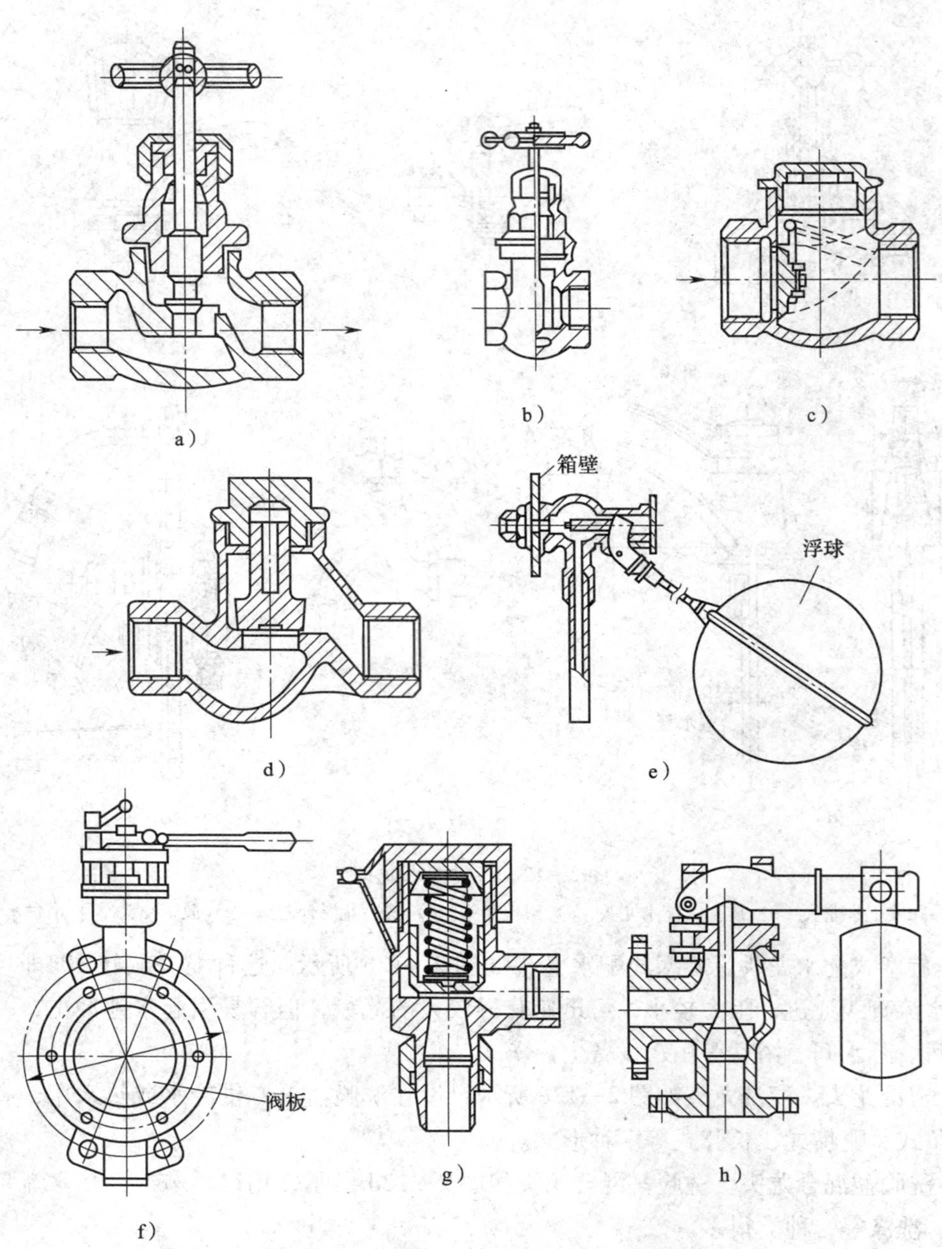

图 2—13 各类控制附件

a）截止阀 b）闸阀 c）旋启式止回阀 d）升降式止回阀

e）浮球阀 f）蝶阀 g）弹簧式安全阀 h）杠杆式安全阀

1）截止阀。截止阀如图 2—13a 所示，是一种可以开启和关闭水流的阀门。这种阀门关闭严密，但水流阻力大，故只适用于管径小于或等于 50 mm 的管道上。

2）闸阀。闸阀如图 2—13b 所示，其作用同截止阀，全开时水流直线通过，水流阻力小，但杂质落入阀底后闸板不易关严，产生漏水现象，适用于管径大于 50 mm 的管道。

3）止回阀。止回阀又称逆止阀或单向阀，用以阻止水流的反向流动，安装时应使水流方向与阀体上的箭头方向一致。止回阀有旋启式止回阀、升降式止回阀、消声止回阀等。旋启式止回阀如图 2—13c 所示，可以安装在水平和垂直管道上，因其启闭迅速，易引起水锤冲击，故不宜在压力大的管道上使用。升降式止回阀如图 2—13d 所示，因其水流阻力较大，故只适宜安装在小管径的水平管道上。消声止回阀可以消除阀门关闭时的水锤冲击和噪声。另外还有一些其他形式的止回阀。

4）浮球阀。浮球阀是用于自动控制水位的阀门，常安装于水箱或水池上，用来控制水位，保持液位恒定。其缺点是体积较大，阀芯易卡，导致关闭不严而溢水，如图 2—13e 所示。

5）蝶阀。蝶阀的阀板在 90°翻转范围内起调节、节流和关闭作用，常用于给水管道上，是一种体积小、构造简单的阀门，其操作扭矩小，启闭方便。蝶阀有手柄式及涡轮传动式两种，常用于较大管径的给水管道和消防管道上，如图 2—13f 所示。

6）安全阀。安全阀是一种保安器材，为避免管网、设备中的压力超过规定值而遭破坏，需安装此阀。其工作原理是：当系统的压力超过设计规定的最高允许值时，阀门自动开启放出流体，直至系统的压力降到允许值时才会自动关闭。安全阀一般有弹簧式、杠杆式两种，如图 2—13g、h 所示。

（3）水表

水表是用来记录用水量的仪表，其安装包括水表、阀门及配套管件的安装。

1）水表的种类。按测量原理不同，水表可分为容积式水表和流速式水表，生活中常用的是流速式水表。流速式水表是指安装在封闭管道中，由一个运动元件组成，并由水流运动速度直接使其获得动力速度的水表，分为旋翼式和螺翼式两类，如图 2—14 所示。旋翼式水表的叶轮轴与水流方向垂直，水流阻力大，计量范围小，多为小口径水表，宜于测量较小的水流量。螺翼式水表的叶轮轴与水流方向平行，水流阻力小，多为大口径水表，宜于测量较大的流量。

2）水表的选用。一般管径小于或等于 50 mm 时，应采用旋翼式水表；管径大于 50 mm 时，应采用螺翼式水表。

建筑物内不同使用性质或不同水费单价的用水系统，应在引入管后分成各自独立给水管网，并分表计量。在住宅类建筑内应安装分户水表，分户水表设在每户的分户支管上，或按单元集中设于户外，同时在表前需设阀门。

3. 给水加压与调节设备

室外给水管网的水压或流量经常或间断性不足，有时不能满足室内给水要求，应增设加压与调节设备，常用的有水箱、水泵、气压给水装置及储水池和吸水井。

（1）水箱

根据用途不同，水箱可分为高位水箱、减压水箱、冲洗水箱、断流水箱等多种类型。其形状多为矩形和圆形，制作材料有钢板、钢筋混凝土、玻璃钢和塑料等。这里主要介绍给水系统中使用较广泛的、起到保证水压及储存和调节水量作用的高位水箱，如图 2—15 所示。

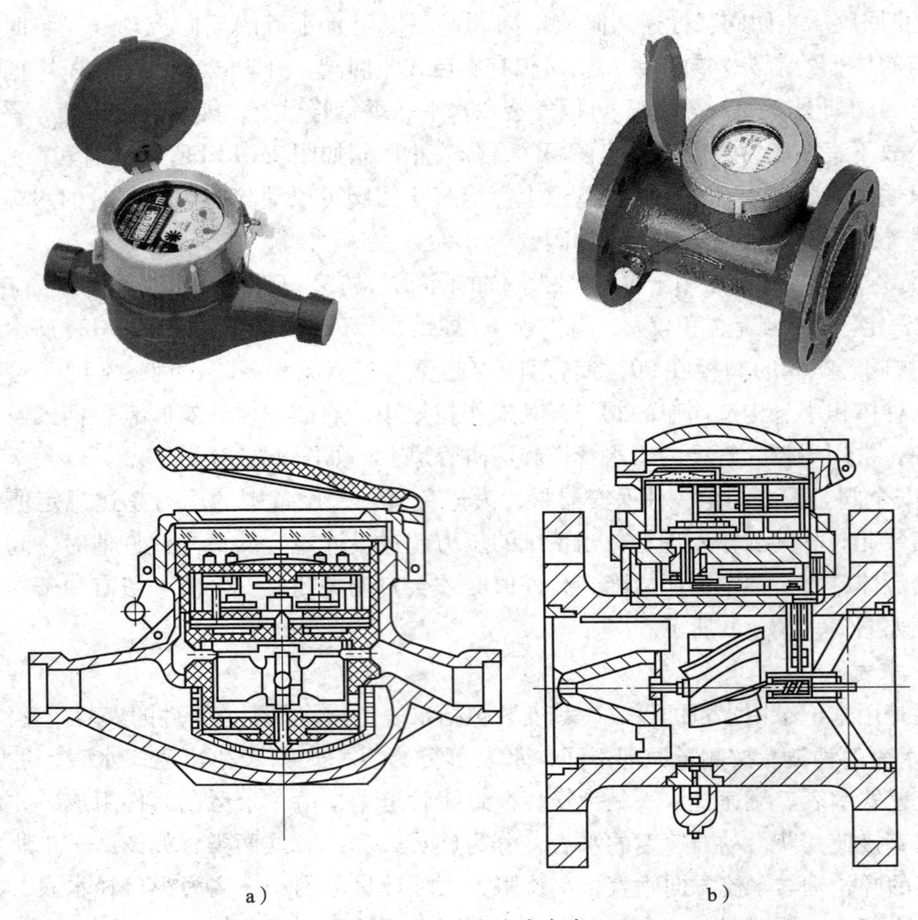

a） b）

图 2—14 流速式水表

a）旋翼式水表 b）螺翼式水表

1）进水管。进水管的管径可按水泵出水量或管网设计秒流量计算确定。进水管一般由水箱侧壁接入，也可从顶部或底部接入。当水箱直接由室外给水管网进水时，为防止溢流，进水管出口应装设液压水位控制阀或浮球阀，并在进水管上装设检修阀门。若采用浮球阀，一般应不少于两个，浮球阀直径与进水管管径相同。

2）出水管。出水管的管径应按管网设计秒流量计算确定。出水管可从侧壁或底部接出，出水管内底或管口应至少高出水箱内底 50 mm，以防沉淀物进入配水管网。为防止短流，出水管不宜与进水管在同一侧。若进水、出水合用一根管道时，如图 2—16 所示，则应在出水管上装设阻力较小的旋启式止回阀，止回阀的标高应低于水箱最低水位 1.0 m 以上，以保证止回阀开启所需的压力。

3）溢流管。水箱溢流管可从底部或侧壁接出，溢流管口应设在水箱设计最高水位 50 mm 以上处，管径应比进水管大一级。溢流管上不允许设置阀门，溢流管出口应设网罩。

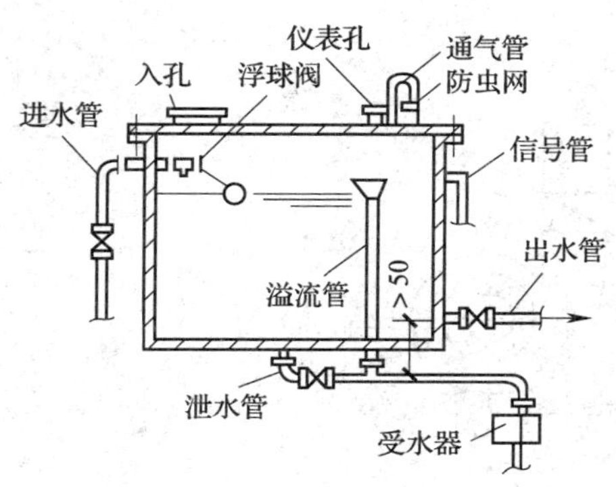

图 2—15　水箱及配管、附件

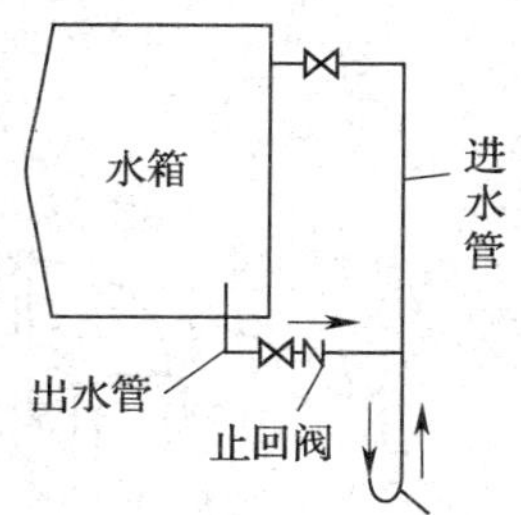

图 2—16　水箱进水管和出水管合用

4）水位信号装置。该装置是反映水位控制阀失灵报警的装置。可在溢流管口下 10 mm 处设信号管，一般自水箱侧壁接出，其出口接至经常有人值班房间内的洗涤盆等处。

5）泄水管。水箱泄水管应自底部接出，用于检修或清洗时泄水，管上应装设闸阀，其出口可与溢水管相接，但不得与排水系统直接相连，其管径为 40～50 mm。

6）通气管。对于供生活饮用水的水箱，当储量较大时，宜在箱盖上设通气管，以使箱内空气流通。其管径一般大于或等于 50 mm，管口应朝下并设网罩。

7）检修入孔。为便于清洗、检修，箱盖上应设检修入孔。

（2）水泵

水泵是给水系统中的加压设备。在给水系统中，一般采用离心式水泵，它具有结构简单、体积小、效率高、流量和扬程在一定范围内可以调整等优点。

1）离心式水泵的工作原理。离心式水泵由泵壳、叶轮、密封装置等部分组成，如图 2—17 所示。离心式水泵通过离心力的作用输送和提升液体。水泵启动前，要将泵壳和吸水管中充满水，以排出泵内空气，当叶轮高速转动时，在离心力的作用下，叶轮间的水被甩入泵壳获得动能和压能。由于泵壳的断面逐渐扩大，所以水进入泵壳后流速逐渐减小，部分动能转化为压能，继而流入压水管，因此，泵出口处的水具有较高的压力。在水被甩走的同时，水泵进口形成真空，由于大气压力的作用，水池中的水沿吸水管源源不断地被压入水泵进口，流入泵体。从而使离心式水泵连续、均匀地供水。

2）水泵机组的试运转。设备安装完毕，经检验合格后，应进行试运转以检查安装质量。试运转前应制定运转方案，检查与水泵运行有关的仪表、开关，应保证它们完好、灵活；检查电动机转向，应符合水泵转向的要求。设备检查包括：对润滑油的补充或更换；各部位紧固螺栓是否松动或不全；填料压盖松紧度要适宜；吸水池水位是否正常；盘车应灵活、正常，无异常声音，最后做带负荷运转。

①检查水池（水箱）内水是否已充满，打开水泵吸水管阀门，使吸水管及泵体充水，此时检查底阀是否严密。打开泵体排气阀排气，满水正常后，关闭水泵出水管上的阀门。

②启动水泵，逐渐打开出水阀门，直至全部打开，系统应正常运转。

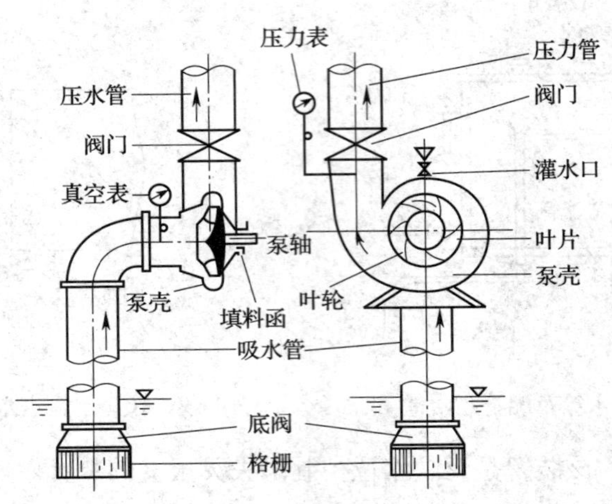

图 2—17　离心式水泵

③水泵运转后，检查以下项目：填料压盖滴水情况、水泵和电动机振动情况、有无异常声响情况、记录电动机在带负荷后启动电流及运转电流情况、观察出水管压力表的表针有无较大范围的跳动或不稳定情况、检查出水流量及扬程等。水泵试运转时，要求叶轮与泵壳不应相碰，进口、出口部位的阀门应灵活，轴承温升应符合要求。

（3）气压给水装置

气压给水装置是利用密闭储罐内空气的可压缩性进行储存、调节、压进水量和保持水压的装置，其作用相当于高位水箱或水塔，在给水系统中主要起增压和水量调节作用。按气压给水装置输水压力稳定性不同，可分为变压式和定压式两类。

1）变压式气压给水装置。该装置在向给水系统输水过程中，水压处于变化状态，如图 2—18 所示。

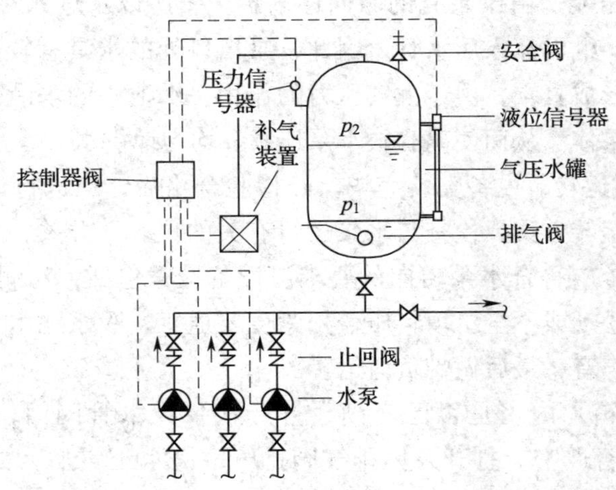

图 2—18　单罐变压式气压给水装置

当罐内压力较小（如为p_1）时，水泵向室内给水系统加压供水，水泵出水除供用户外，多余部分进入气压罐，罐内水位上升，空气被压缩。当压力达到较大（如为p_2）时，水泵停止工作，用户所需的水由气压罐提供。随着罐内水量的减少，空气体积膨胀，压力将逐渐降低，当压力降至p_1时，水泵再次启动。这种方式适用于用户对水压允许有一定波动的情况。

2）定压式气压给水装置。该装置在向给水系统输水过程中，水压相对稳定，如图2—19所示。目前常见的做法是在上述变压式供水管道上安装压力调节阀，将调节阀出口水压控制在要求范围内，使供水压力稳定。当用户要求供水压力稳定时，宜采用这种方式。

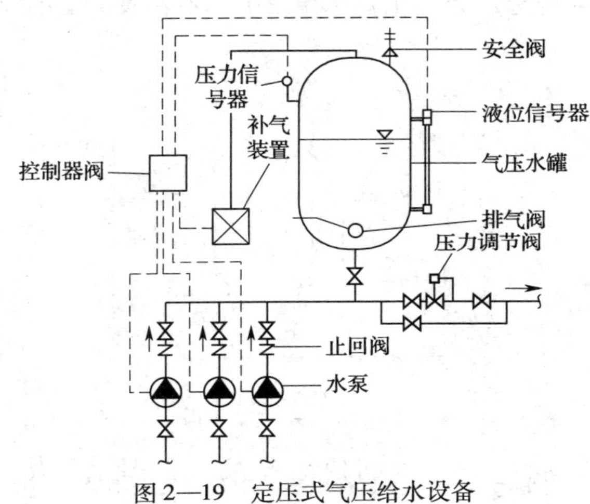

图2—19　定压式气压给水设备

此外，按罐内气、水的接触方式不同，还可将气压给水设备分为气、水接触式和隔膜式两种类型。

（4）储水池和吸水井

1）储水池。储水池是储存和调节水量的构筑物。当一幢（特别是高层建筑）或数幢相邻建筑所需的水量和水压明显不足，或者是用水量很不均匀（在短时间内特别大），城市供水管网难以满足时，应当设置储水池。

储水池可设置成生活用水储水池、生产用水储水池、消防用水储水池，或者是生活与生产、生活与消防、生产与消防和生活、生产与消防合用的储水池。储水池的形状有圆形、方形、矩形和因地制宜的异形。小型储水池可以是砖石结构、混凝土抹面，大型储水池应该是钢筋混凝土结构。不管是哪种结构，必须牢固，保证不漏（渗）水。

生活储水池不得兼作他用，消防和生产事故储水池可兼作喷泉、水景和游泳池等的水源，但不得少于要求水置的最低值。消防用水与生活或生产用水合用一个储水池时，应有保证消防储水、平时不被动用的措施，如图2—20所示。

2）吸水井。当室外给水管网能够满足建筑内所需水量，但室外管网又不允许水泵直接抽水时，可设置仅满足水泵供水要求的吸水井。

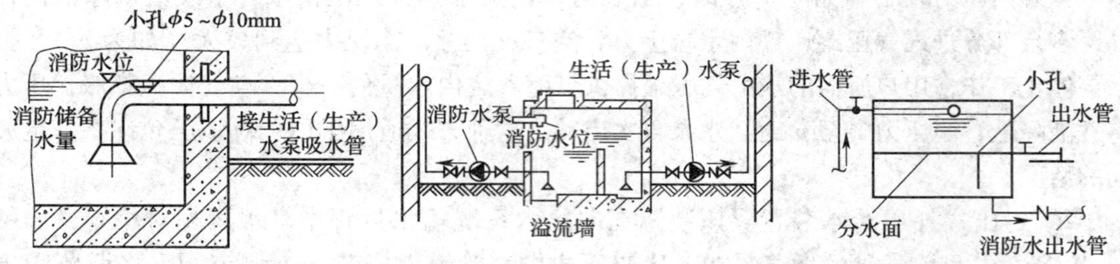

图 2—20　水池（箱）中消防储水平时不被动用和水质防护措施

吸水井尺寸应满足吸水管的布置、安装和检修及水泵正常工作的要求，其最小尺寸如图 2—21 所示。吸水井最小有效容积不得小于最大一台或多台同时工作水泵 3 min 的出水量。

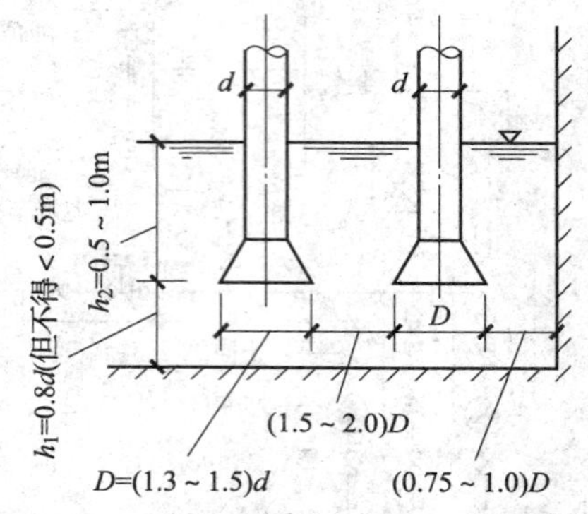

图 2—21　吸水管在吸水池中布置的最小尺寸

四、物业室内给水系统管道的布置、敷设与验收

1. 物业室内给水系统管道的布置

给水管道的布置必须与该建筑物的建筑和结构的设计情况、使用功能、用水要求、配水点和室外给水管道的位置及其他建筑设备的设计方案相配合，兼顾消防给水、热水供应、建筑中水、建筑排水等系统进行综合考虑，处理和协调好各种管线的相关关系。

管道布置形式分类如下：

（1）按供水可靠程度要求分类

室内给水管道布置形式按供水可靠程度要求可分为枝状和环状两种形式。

枝状管网单向供水，供水安全可靠性差，但节省管材，造价低；环状管网管道相互连通，可双向供水，安全可靠，但管线长，造价高，如图 2—22 所示。一般建筑室内给水管网宜采用枝状布置。高层建筑宜采用环状布置。

（2）按水平干管的布置位置分类

室内给水管道布置形式按水平干管的布置位置可分为上行下给、下行上给和中分式三种形式。

1）上行下给式。干管设在顶层天花板下、吊顶内或技术夹层中，由上向下供水形式为上行下给式，如图2—23所示。适用于设置高位水箱的民用与公共建筑和地下管线较多的工业厂房。

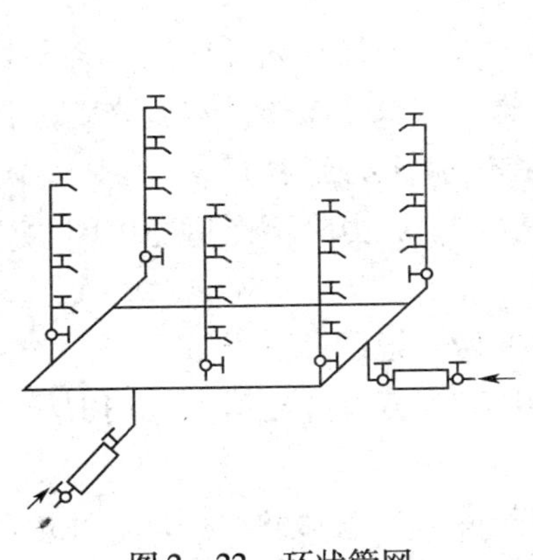

图2—22　环状管网

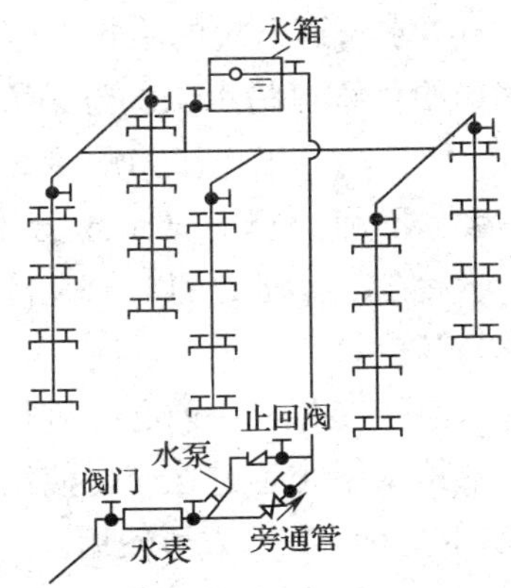

图2—23　上行下给式

2）下行上给式。干管埋地、设在底层或地下室中，由下向上供水形式为下行上给式，如图2—24所示。适用于利用室外给水管网直接供水的工业与民用建筑。

3）中分式。水平干管设在中间技术层或中间某层吊顶内，由中间向上、下两个方向供水形式为中分式，如图2—25所示。适用于屋顶用作露天茶座、舞厅或设有中间技术层的高层建筑。同一幢建筑的给水管网也可同时兼有以上两种形式。

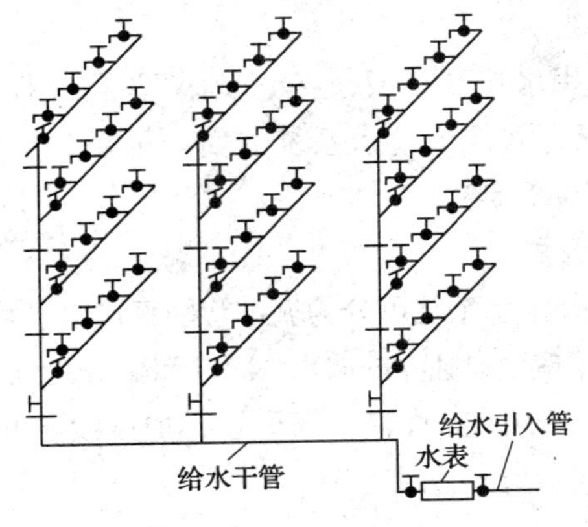

图2—24　下行上给式

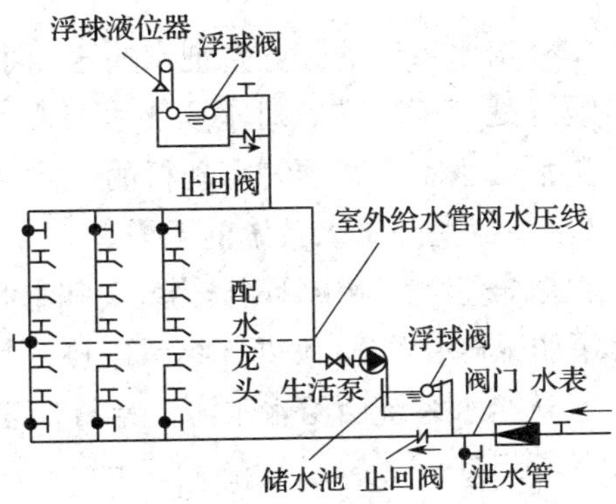

图2—25　中分式

2. 物业室内给水系统管道的敷设

根据建筑物的用途和对美观的要求不同，给水管道的敷设分为明装和暗装两种形式。

（1）明装

管道沿墙、梁、柱及楼板暴露敷设称为明装。明装具有施工和维修方便、造价低等优点，但室内美观性差。一般适用于普通民用及公共建筑、工业建筑等。

（2）暗装

管道布置在管道竖井、吊环、墙上的预留管槽等内部隐藏设置处称为暗装。暗装可保持室内美观，但造价高，维修不便。适用于高档宾馆、酒店等建筑。

3. 物业室内给水系统管道的验收

物业室内给水管道系统的验收工作包括以下几个方面：

（1）室内给水管道的水压试验必须符合设计要求。当设计未注明时，各种材质的给水管道系统试验压力均为工作压力的 1.5 倍，且不得小于 0.6 MPa，然后降到工作压力进行检查，应不渗、不漏。塑料管给水管道系统应在试验压力下稳压 1 h，压力降不得超过 0.05 MPa；然后在工作压力的 1.15 倍状态下稳压 2 h，压力降不得超过 0.03 MPa，同时检查各连接处不得渗漏。

（2）给水系统交付使用前必须进行通水试验并做好记录。

（3）生活给水系统管道在交付使用前必须冲洗和消毒，并经有关部门取样检验，符合《生活饮用水卫生标准》[①] 方可使用。

（4）室内直埋给水管道（塑料管道和复合管道除外）应做防腐处理。埋地管道防腐层的材质和结构应符合设计要求。

第 2 节　物业室外给水系统

一、物业室外给水系统概述

室外给水系统的任务是把水输送到小区各建筑用水器具（或设备）及小区需要用水的公共设施处，满足它们对水质、水量和水压的要求，并保证给水系统的安全可靠和节水。室外生活给水水质必须符合现行的《生活饮用水卫生标准》。

1. 物业室外给水系统的组成

根据居住小区城市管网压力情况和水源状况，室外给水系统可分为城市管网直接给水系统和水泵加压给水系统。如果小区采用独立水源供水，还应建设独立的取水、净水和配水工程。

室外给水系统由给水水源、计量仪表、接户管、小区支管、小区干管、加压设备和储水设备等组成。

（1）接户管

接户管是指布置在建筑物周围直接与建筑物引入管和排出管相连接的给水、排水管道，如图 2—26 所示。

（2）小区支管

小区支管是指布置在居住小区内道路下与接户管相连接的给水管道，如图 2—26 所示。

① 见国家标准 GB 5749—2006。

(3) 小区干管

小区干管是指布置在小区道路或城市道路下与小区支管相连接的给水管道，如图2—27所示。

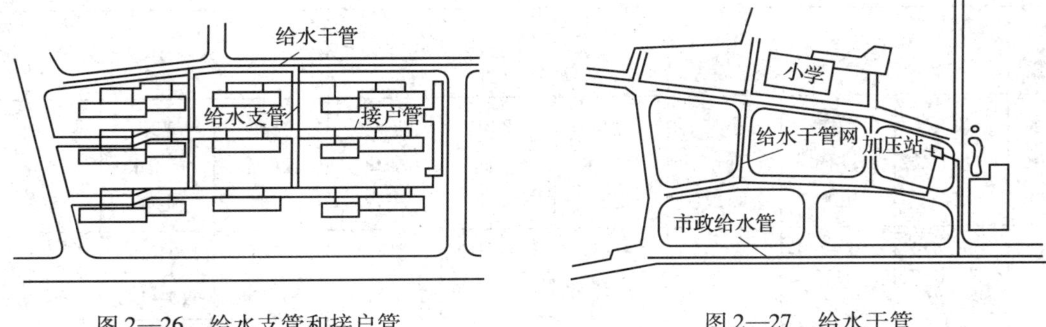

图2—26　给水支管和接户管

图2—27　给水干管

2. 物业室外给水方式

(1) 城市管网直接给水

对于给水水压能满足的层数，或设置屋顶水箱、夜间水压调蓄供水时，可采用城市管网直接给水。

(2) 小区集中或分散加压给水

当城市管网水压不能满足小区压力要求时，应采用小区加压给水方式，常见的有水池—水泵、水池—水泵—水塔、水池—水泵—水箱、管道泵直接抽水—水箱、水池—水泵—气压罐以及水池—变频调速水泵。

上述每种给水方式各有其特点，选择小区给水方式时，应充分利用城市给水管网的水压，优先采用直接给水方式。当采用加压给水时，也应充分利用城市给水管网的水压。

3. 小区给水系统的确定

小区给水系统分为生活给水系统和消防给水系统。对于低层和多层的居住小区，按消防规范要求可不设室内消防给水系统，小区多采用生活与生产共用的消防给水系统。

多层和高层组合的居住小区应采用分区给水系统。在高层建筑只有一幢或幢数不多且供水压力要求差异较大的情况下，应在每一幢建筑单独设置水池和水泵增压给水系统。

若小区内若干幢高层建筑相邻，可分片共用一套水池和水泵增压给水系统。

若小区全部是高层建筑，可集中设置一套水池和水泵增压给水系统。

选用供水系统时，应根据高层建筑的数量、分布、高度、性质和管理等情况，经技术经济比较确定。

4. 物业室外给水用水量及给水设备

(1) 室外给水设计用水量

居住小区给水设计用水量包括居民生活用水量、公共建筑用水量、绿化用水量、水景和娱乐设施用水量、道路和广场用水量、公用设施用水量、未预见用水量及管网漏水量、消防用水量。

居民生活用水量是指日常生活所需的饮用、淋浴、洗涤及冲洗便器等用水。居民生活用水定额及小时变化系数见表2—1。

表2—1　　居住小区综合生活用水定额及小时变化系数

城市规模	特大城市			大城市			中、小城市		
用水情况分区	最高日用水定额	平均日用水定额	小时变化系数	最高日用水定额	平均日用水定额	小时变化系数	最高日用水定额	平均日用水定额	小时变化系数
一	260~410	210~340	2.0~1.8	240~390	190~310	2.3~2.1	220~370	170~280	2.5~2.2
二	190~280	150~240		170~260	130~210		150~240	110~180	
三	170~270	140~230		150~250	120~200		130~230	100~170	

公共建筑用水是指医院、学校、公共浴室、旅馆、洗衣房及影剧院等较大用水量的公共建筑用水，其用水量标准按建筑给水、排水设计规范确定。小区内浇洒道路和绿化用水量及浇洒次数见表2—2。

表2—2　　浇洒道路和绿化用水量及浇洒次数

项目	用水量（L/m²·次）	浇洒次数（次/天）
浇洒道路用水	1.0~1.5	2~3
场地绿化用水	1.5~2.0	1~2

管网漏水量包括室内卫生器具、水箱漏水量。未预见用水量包括用水量定额的增加、临时施工用水量、外来人口临时用水量等。两者可按最高日用水量的10%~20%计算。

消防用水量包括室内消防用水量和室外消防用水量，消防用水量仅用于校核管网用水量计算结果，不属正常用水量。

（2）室外给水加压站

室外给水加压站应在居住小区单独设置，可与小区热力站合建，但其设备应相互独立，并单独管理。小区给水加压站和城市给水加压站的功能相似，但规模较小，一般由泵房、蓄水池、水塔和附属建筑物等组成，如图2—28所示。小区给水加压站一般选择半地下式、矩形、自灌式泵房。泵房内由水泵机组、动力设备、吸水和压水管路及附属设备等组成。

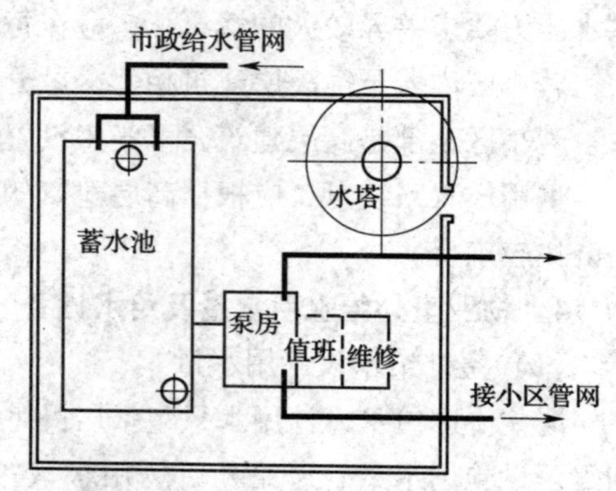

图2—28　某小区给水加压站布置

泵房内的水泵多选用离心泵，扬程高的可选用多级离心泵，隔振、消声要求高时可选用立式离心泵。当加压站同时担负消防给水任务时，水泵的流量应按生活给水量和消防给水量之和考虑。

水池、水塔或高位水箱的有效容积按生活用水调节水量、安全储水量和消防储水量考虑。

二、物业水景工程与游泳池给水系统

1．物业水景工程

随着生活条件的改善，人们对居住条件和居住环境的要求也越来越高，现代化的居住小区须有安全、舒适和卫生的生活环境；同时，供人们欣赏及娱乐的小区水景、游泳池也是必不可少的景观和公共设施。

（1）小区水景的构成

小区水景由土建部分、管道系统、造景器材与设备及光电控制装置等组成，如图 2—29 所示。

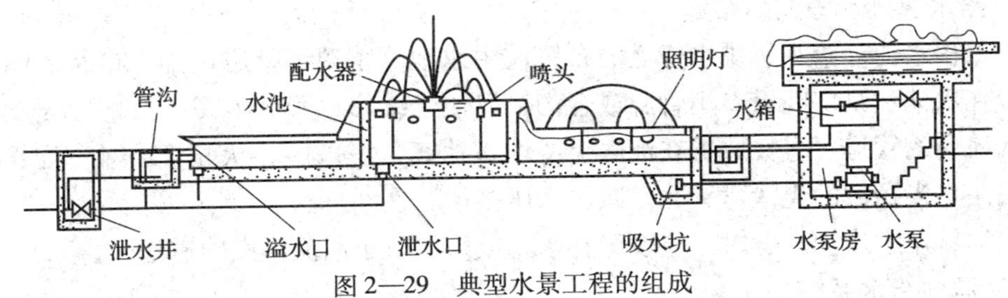

图 2—29　典型水景工程的组成

1）土建部分。包括水泵房、水景水池、管沟、阀门井和泄水井等。

2）管道系统。是指水景工程的给水管道和排水管道系统。

3）造景器材与设备。是指各种造景用的工艺喷头、配水器、照明灯具和水泵机组等。

4）光电控制装置。包括给水阀门、光控设施、声控设施和电气自动控制设备等。

（2）水景的器材与设备

1）喷头。喷头是人工水景的重要部件，要求噪声小、外形美、节能、耐腐蚀、不变形、不老化。一般用铜、不锈钢、铝合金、陶瓷和塑料等材料制成。喷头的常见形式有直流式喷头、吸气式喷头、水雾式喷头、环隙式喷头、多孔型喷头、组合式喷头、折射式喷头和回转式喷头等，如图 2—30 所示。

2）水泵。中型水景工程常选用卧式或立式离心泵和管道泵，小型水景工程采用卧式潜水泵、微型泵或管道泵。水泵的流量按循环流量确定，扬程由计算确定。

3）控制阀门。控制阀门是电控和声控水景工程的关键装置之一，要求能适时、准确地控制水流的变化，并与电控和声控信号同步，反复动作不失误。

4）照明灯具。照明分陆地照射和水下照射，可采用探照灯、白炽灯和气体放电灯。白炽灯适用于自动控制和频繁启动，但耗电较多；气体放电灯耗电少，不适合频繁启动。

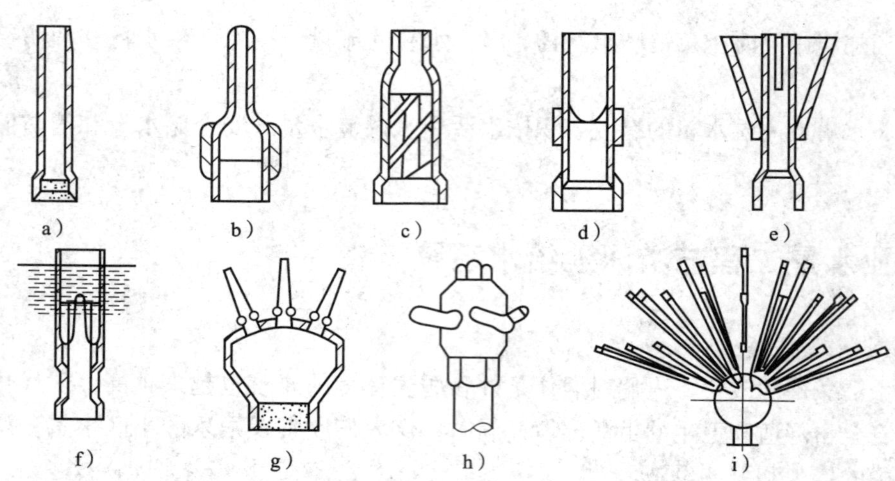

图2—30 几种常用喷头

a) 直流式喷头 b) 可转动喷头 c) 旋转式喷头（水雾喷头） d) 环隙式喷头 e) 散射式喷头 f) 吸气（水）式喷头 g) 多股喷头 h) 回转喷头 i) 多层多股球形喷头

(3) 给水、排水管道的布置

水景工程水池外给水、排水管道的布置应由水池、水源、泵房、排水口及周围环境确定。一般在水池和泵房间设专用管廊或管沟，以便于维修，管沟地面应有一定坡度坡向集水坑；水池内的管道可直接放置在池底上或埋入池底，宜采用环状配管或对称配管，转弯处应采用曲率半径大的光滑弯头，以减少水压损失。

用生活饮用水作为水源时，应设置补水箱或采取防止回流污染的措施。

2. 游泳池给水系统

目前，在大、中型正规物业管理小区中，游泳池已成为不可缺少的公共设施，供人们休闲、娱乐和健身，常采用露天或室内游泳池。

(1) 给水方式

游泳池有多种给水方式，可根据当地水源和设施情况决定。

1) 直流给水方式。长期打开游泳池进水阀门，连续不断地供给新鲜水，同时又连续不断地从泄水口和溢流口排走被污染的水，每小时补充的水量应为池水容积的15%～20%，每天应清除池底和水面的污物，并对池水进行消毒。该系统由给水管、给水口和阀门等组成，如图2—31所示。这种系统具有系统简单、投资少、运行费用少等优点，但具有浪费水资源、水温和水质难保证等缺点。

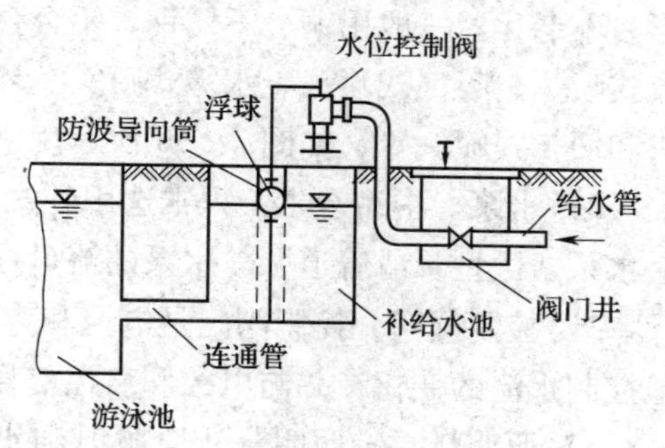

图2—31 直流给水游泳池

2) 定期换水方式。每隔1～3天将池水放空，清洗池底和池壁，再注入新鲜水，并对水进行消毒。该方式具有系统简单、投资少、管理方便等优点，但水温和水质难保证，且换水时不能使用，当前不推荐使用此方式。

3）循环净化给水方式。游泳池的水由循环泵抽出，通过过滤、净化、加热和消毒，达到水质和水温要求后再送回游泳池重复使用，如图2—32所示。其具体循环方式分为顺流式、逆流式和混合式三种，分别如图2—33、图2—34、图2—35所示。这种方式具有节约用水、保证水质、运行费用低等优点，是目前用得最多的方式，但系统复杂，投资大，维护及管理不便。

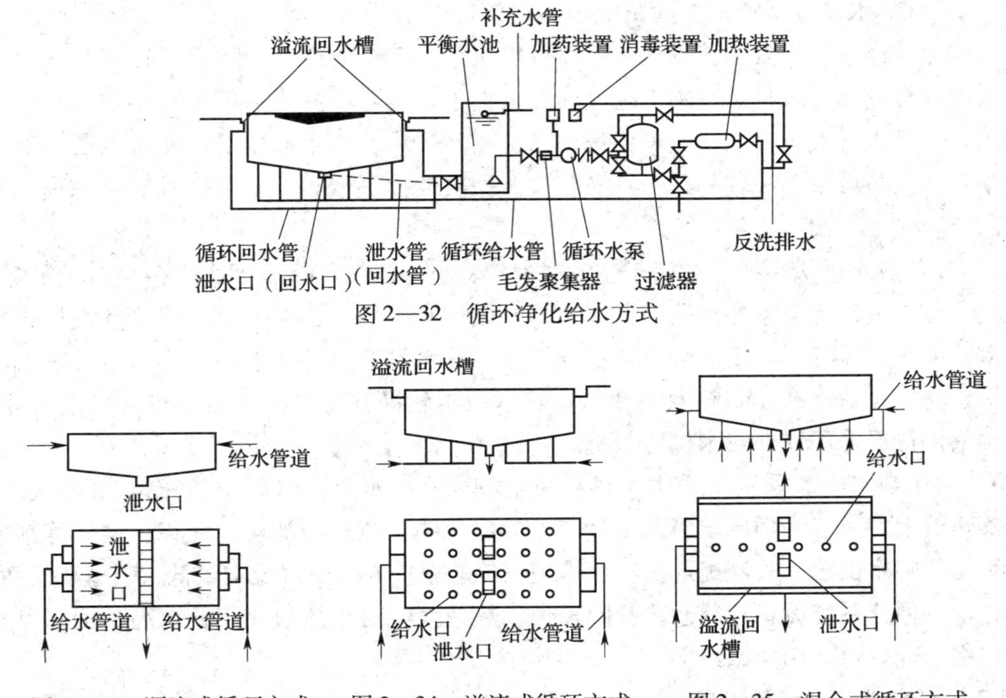

图2—32 循环净化给水方式

图2—33 顺流式循环方式　图2—34 逆流式循环方式　图2—35 混合式循环方式

（2）池水的净化、消毒与加热

水的净化方式分为溢流净化、循环净化和换水净化，循环净化给水方式流程如图2—32所示。由于池水与人体直接接触，还可能进入人体，游泳者也会带进、分泌一些细菌，为防止病菌、病毒的传染，必须对池水进行严格的杀菌和消毒处理，常用的消毒法是氯化消毒法。露天游泳池和以温泉水为水源的游泳池一般不进行加热。如果温度低，应按设计热量损失选择加热设备，对池水进行加热，以达到池水温度要求。

（3）游泳池的辅助设施

为保证池水不被污染，防止疾病传播，必须设置浸脚消毒池、强制沐浴器和浸腰消毒池，还应配套设置更衣室、厕所、泳后沐浴设施、休息室及器材库等辅助设施。

三、物业热水供应系统

热水供应系统是加热和储存热水的设备、输配热水的管路和使用热水用户的设施总称。

随着人们生活水平的提高，一些高档小区、写字楼均设置了室内热水供应系统和饮水供应系统，这也是建筑小区日后发展的趋势。

1. 热水供应系统的分类及组成

（1）热水供应系统的分类

热水供应系统按供应范围的大小可分为区域热水供应系统、局部热水供应系统和集中热水供应系统。

1）区域热水供应系统。为区域中多幢建筑物统一供应热水，它由城市热力网或小区锅炉房供热，经过热交换器获得热水后，再供应给各建筑的热水用水点。在城市热力网的热水水质符合使用要求且热力网工况允许的条件下，也可以从热力网中直接取水。这种系统的优点是供水规模较大，热能利用效率高，设备集中，热水成本低，使用方便，对环境污染小；缺点是设备系统较复杂，管网较长，一次性投资较大。有条件时应优先选用这种系统。

2）局部热水供应系统。适用于住宅、食堂、小型旅馆等热水用水点少且分散的建筑，可在用水点附近设置小型的加热设备，如小型燃气热水器、小型电热水器、蒸汽加热热水器、太阳能热水器等。其优点是设备系统简单、热水管路短、热能损失小、造价较低、使用灵活、易于建造；缺点是热效率较低、热水成本较高。目前没有集中热水供应的建筑，可根据具体情况采用局部热水供应系统。

3）集中热水供应系统。适用于热水用量较大，用水点比较集中的宾馆、医院、集体宿舍等建筑中，一般为楼层较多的一幢或几幢建筑物。热水的加热、储存、输送等都集中于锅炉房，热水由统一管网配送，集中管理，热效率较高，热水成本较低，节省建筑面积，使用方便。但此系统设备较复杂，管网较长，热耗大。对于热水使用要求高，用水点多且相对集中的建筑可采用此系统。

（2）热水供应系统的组成

各类热水供应系统一般均由热媒系统、热水管网系统和热水系统附件三部分组成，如图 2—36 所示。

1）热媒系统。热媒系统又称第一循环系统，它由热源、热媒管网和水加热设备组成，其作用是制备热水。由锅炉生产的蒸汽或热水通过热媒管网送到水加热设备，经过交换将冷水加热。同时，蒸汽变成冷凝水，靠余压回到凝水池，与补充的软化水一起经过冷凝水泵提升再送回锅炉加热为蒸汽。在区域热水供应系统中，水加热设备的热媒管道和冷凝水管道直接与热力网连接。若使用热水锅炉直接加热冷水，则不需要热媒和热媒管网。

2）热水管网系统。热水管网系统又称第二循环系统，它由热水配水管网和热水回水管网组成，其作用是将热水输送到各用水点并保证水温要求。在图 2—36 中，冷水由屋顶水箱送至水加热器，经与热媒进行热交换后变成热水。热水从加热器的出水管流出，经配水管网送至各用水点。为保证各用水点的水温要求，在配水立管和配水干管上设置回水干管，使一定量的热水经循环泵回到水加热器中重新加热。对热水使用要求不高的建筑可不设置回水干管。

3）热水系统附件。热水系统附件包括控制蒸汽和热水压力、流量、温度的控制附件、管道连接附件和保证系统安全运行的附件等，如温度自动调节器、闸阀、减压阀、安全阀、排气阀、膨胀罐、疏水器、管道补偿器等。

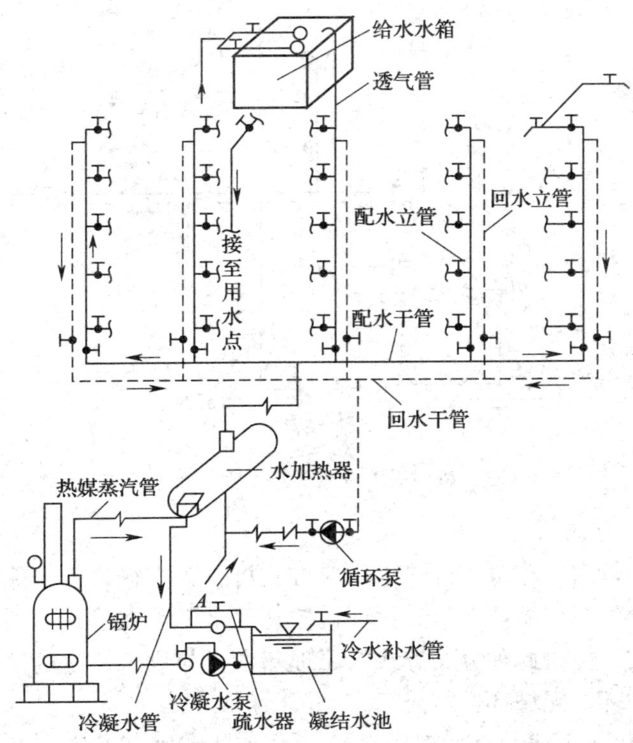

图 2—36　热媒为蒸汽的集中热水供应系统的组成

2. 热水的加热方式和供应方式

（1）热水的加热方式

根据热水加热方式的不同分为直接加热和间接加热两种供水方式。

1）直接加热。直接加热主要是利用热水锅炉把冷水直接加热到所需温度或通过蒸汽锅炉将蒸汽直接通入冷水，与冷水混合使其转换成热水。该方式具有设备简单、热效率高、节能等优点。但蒸汽直接加热供水方式存在噪声大，对蒸汽品质要求高，冷凝水不能回收，热源需大量经水质处理的补充水等特点，一般不适用于住宅小区热水供应。如图 2—37 所示为热水锅炉直接加热干管下行上给方式。

2）间接加热。间接加热主要是利用热交换器，通过一定的传热面积将冷水加热到所需设计温度，如图 2—36 所示。该方式最大的特点是热媒与被加热水不直接接触。尽管其设备比直接加热复杂，热效率低，但由于蒸汽间接转换放热变成凝结水，可以回收重复利用，减轻热源锅炉所需补水的软化水处理量，并且热水水温和水量也较易调节，加热时不产生噪声等，适用于供水稳定、安全，对噪声要求低的住宅小区、写字楼等。

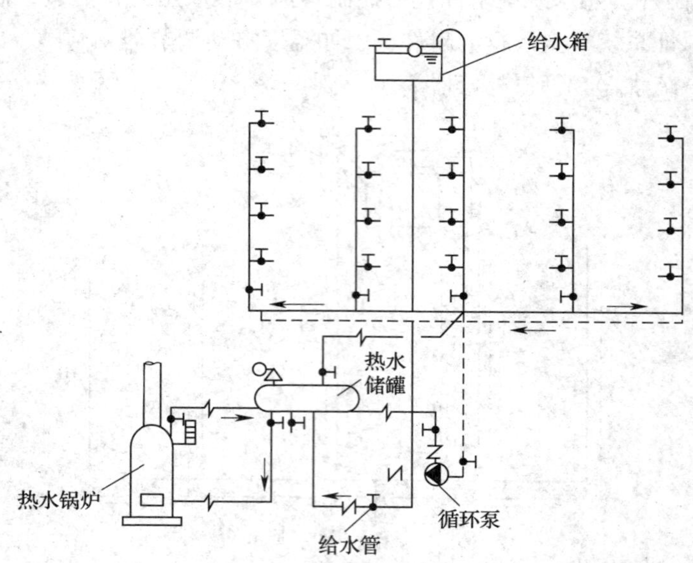

图 2—37　热水锅炉直接加热干管下行上给方式

（2）热水的供应方式

按管网有无循环管道，建筑小区热水供应方式可分为全循环、半循环、无循环；按其循环的动作方式可分为机械循环和自然循环；按其配水干管在建筑内的位置，可分为上行下给式和下行上给式，由于此种分类方式的原理基本上与供水系统的原理是一致的，在这里只对全循环、半循环、无循环进行介绍。

1）全循环热水供水方式。全循环热水供水方式是指热水干管、立管及支管均能保持热水的循环，打开配水龙头均能及时得到符合设计水温要求的热水，该方式适用于有特殊要求的高标准建筑中，如图 2—38a 所示。

2）半循环热水供水方式。半循环热水供水方式又分为立管循环和干管循环两种供水方式。

①立管循环。立管循环是指热水干管和立管内均保持有循环热水，打开配水龙头只需放掉支管中少量的存水，就能获得规定水温的热水，该方式多用于设有全日供应热水的建筑和设有定时供应热水的高层建筑中，如图 2—38b 所示。

②干管循环。干管循环是指仅保持热水干管内水的循环，使用前先用循环水泵把干管中已冷却的存水加热，打开配水龙头时只需放掉立管和支管内的冷水就可获得符合要求的热水，多用于定时供应热水的建筑中，如图 2—38c 所示。

3）无循环热水供水方式。无循环热水供水方式是指管网中不设任何循环管道，适用于热水供应系统较小、使用要求不高的定时供应系统，如公共浴室、洗衣房等，如图 2—38d 所示。

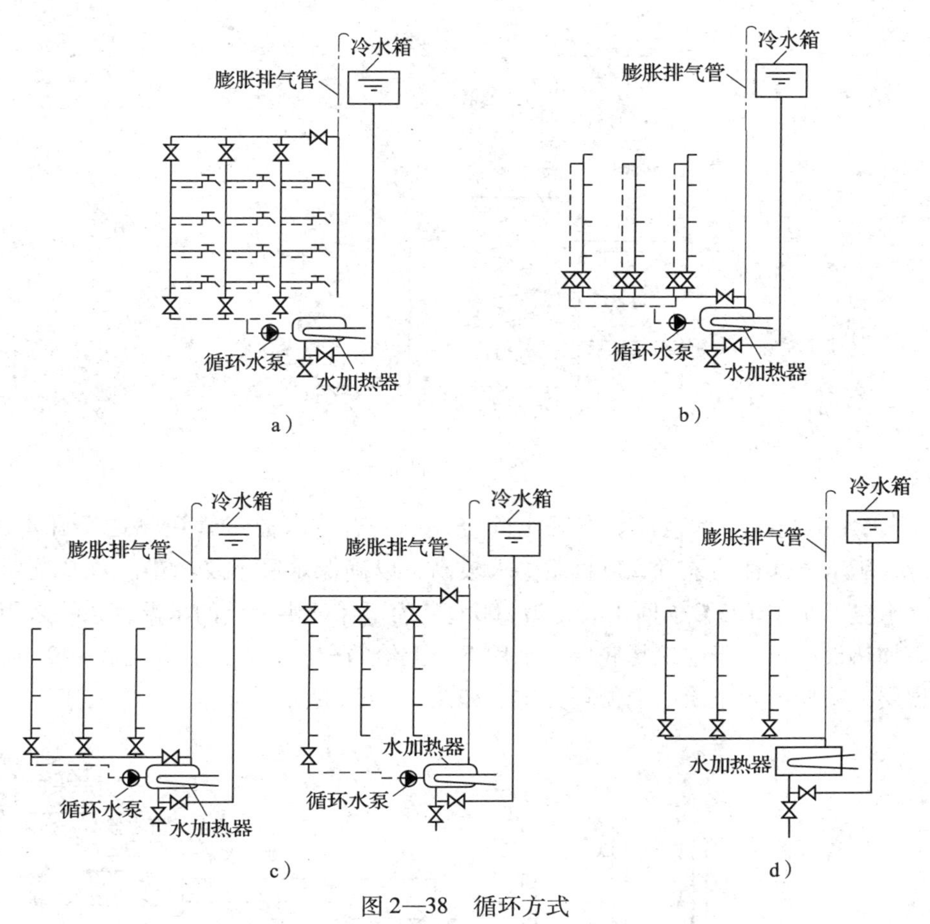

图 2—38 循环方式

a）全循环 b）立管循环 c）干管循环 d）无循环

3. 饮用水供应系统

饮用水供应系统是现代建筑中给水系统的一个重要组成部分。随着人们生活水平的不断提高，室内的卫生设施也日趋完善，对饮用水的水质要求也越来越高。随着我国城镇建设行业标准《饮用净水水质标准》（CJ 94—2005）的实施，目前饮用水供应也逐步走上正轨。为满足人们对饮用水的需求，制备饮用水的方法也越来越多。目前，许多城市的居住小区已经将一般生活用水和饮用水分开供应，并安装了饮用净水系统。

（1）饮用水供应系统的类型

1）开水供应系统。多用于办公楼、旅馆、学生宿舍和军营等建筑。

2）冷饮用水供应系统。一般用于大型商场、娱乐场所和工矿企业的生产车间等。

3）饮用净水供应系统。多用于高级住宅。

采用何种类型主要依据人们的生活习惯及建筑物的性质和使用要求确定。

（2）饮用水的供应方式

1）开水集中制备集中供应。在开水间集中制备开水，人们用容器取水饮用，如图 2—39 所示。

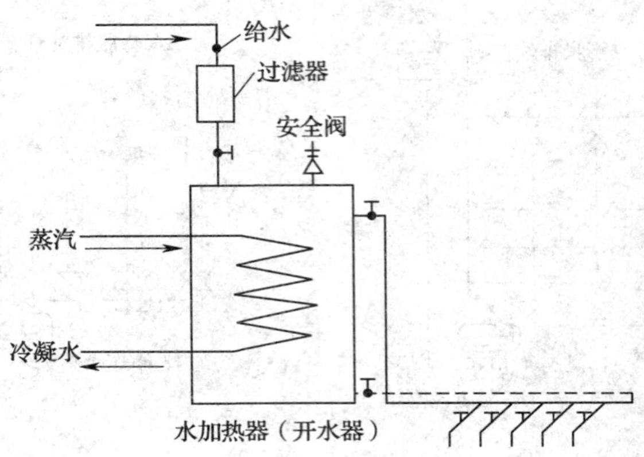

图 2—39 集中制备开水

2）开水集中制备分散供应。在开水间统一制备开水，通过管道输送至开水用水点，如图 2—40 所示。这种系统对管道材质要求较高，以确保水质不受污染。该系统要求加热器的出水水温不小于 105℃，回水温度为 100℃。为了保证供水点的水温，系统采用机械循环方式。加热设备可设于建筑物底层，采用下行上给的全循环方式，如图 2—40a 所示；也可设于顶层，采用上行下给的全循环方式，如图 2—40b 所示。

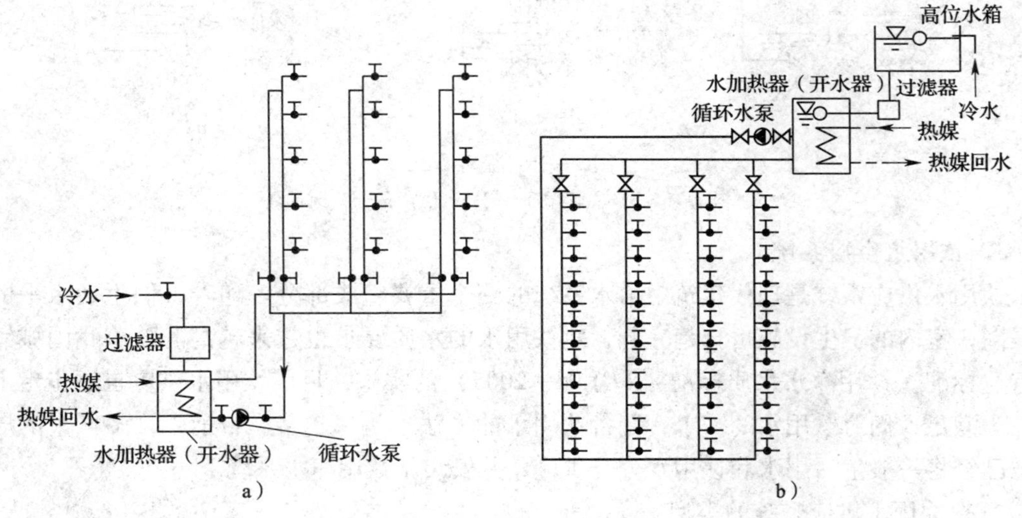

图 2—40 管道输送开水全循环方式

a）下行上给 b）上行下给

3）冷饮用水集中制备分散供应。冷饮用水供应系统如图 2—41 所示。适用于中小学校、体育场、游泳场、火车站等人员流动较集中的公共场所，人们可以从饮水器中直接喝水。冷饮用水供应系统应避免水流滞留影响水质，需要设置循环管道，循环回水也应进行消毒、灭菌处理。

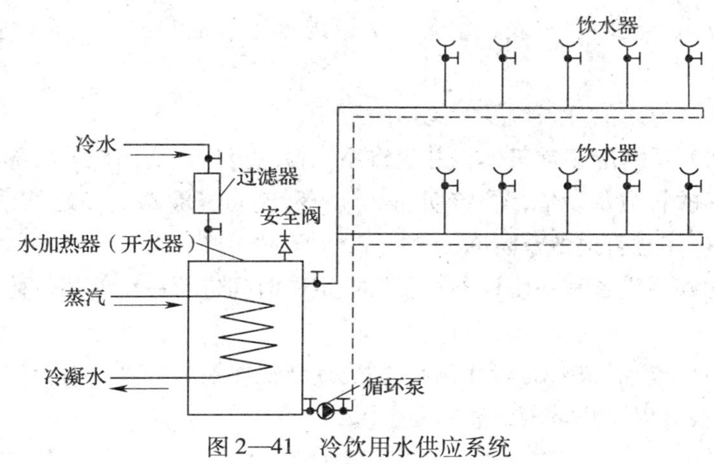

图 2—41 冷饮用水供应系统

第 3 节 物业给水系统维护与管理

一、物业给水系统管理范围

关于物业管理公司对给水系统的管理范围，政府部门都有明确的规定。供水管线与设施设备管理、维修范围的界定应实行供水单位、物业管理单位、业主三方分段负责制。

1. 业主职责

从单元供水立管三通开始到用户总阀门、水表及终端部位应由业主负责管理。当这些部位出现漏水或损坏时，应由业主自行维修或实行有偿维修。由此造成相邻房屋损坏或影响使用的应积极主动维修。

2. 物业管理单位职责

从水泵房输出总阀门至各单元供水管线与立管应由物业管理单位负责管理。当该段供水管线或立管发生漏水或出现故障时，应由物业管理单位负责维修，当该段管线需要中修、大修时，应由物业管理单位向业主委员会提交物业维修申请报告、开发建设单位“住宅质量保证书”、“工程预算书”、维修资金分摊情况说明等材料，经业主大会审议通过并形成书面决议，向市区房管局申报使用房屋专项维修资金。

3. 供水单位职责

从供水主干线至水泵房（含水泵房设施设备、水箱）输出总阀门（含总阀门）应由供水单位负责管理。当该段供水干线或设施设备出现漏水或损坏时，应由供水单位负责维修，其费用由供水单位自行解决。

二、物业给水系统管理内容

1. 防止二次供水的污染，对水池、水箱定期消毒，保持其清洁卫生。

2. 对供水管道、阀门、水表、水泵、水箱进行经常性维护和定期检查，确保供水安全。

3. 发生漏水、停水故障，应及时抢修。

4. 保持消防水系统的正常工作，并应将系统检查报告送交当地消防部门备案。

5. 露于空间的管道及设备，须定期进行检查和刷防腐涂料，以延长设备的使用寿命，北方寒冷地区还应注意管道冬季防冻。

6. 对于临时停用设备和备用设备，要按规定的时间进行一次使用试验，使设备经常处于备用状态。

7. 检查水泵、电动机有无异常声响，如发现情况要及时处理，对使用到期或过期的残旧设备应及时更换，以防止重大事故的发生。

三、物业给水系统维护

1. 给水系统管道的维护

(1) 防腐

金属管道的外壁容易氧化锈蚀，明装和暗装都必须采取保护措施，以延长管道的使用寿命。通常的防腐做法是管道除锈后，在外壁涂刷防腐涂料进行防腐处理。明装的焊接钢管和铸铁管外刷防腐漆一道、银粉面漆两道；镀锌钢管外刷银粉面漆两道；暗装和埋地管道均刷沥青漆两道；对防腐要求高的管道，采用有足够的耐压强度，与金属有良好的黏结性，防水性、绝缘性和化学稳定性好的材料做管道防腐层，如沥青防腐层，即在管道外壁刷底漆后，再刷沥青面漆，然后外包玻璃布，管外壁所做的防腐层数可根据防腐要求确定。当给水管道及配件设在含有腐蚀性气体的房间内时，应采用耐腐蚀管材或在管外壁采取防腐措施。

(2) 防冻与防结露

当管道及其配件设置在温度低于零度以下的环境时，为保证使用安全，应当采取保温措施。在湿热环境下的管道，由于管道内的水温较低，空气中的水分会凝结成水附着在管道表面，严重时还会产生滴水现象，这种管道结露现象不但会加速管道的腐蚀，还会影响建筑的使用，如使墙面受潮，粉刷层脱落，影响墙体质量和建筑美观。

管道的防冻、防结露与保温通常有两种做法：

1) 管道外包棉毡（指岩棉、超细玻璃棉、玻璃纤维和矿渣棉毡）做保温层，再外包玻璃丝布保护层，表面涂调和漆。

2) 管道用保温瓦（泡沫混凝土、硅藻土、水泥蛭石、泡沫塑料、岩棉、超细玻璃棉、玻璃纤维、矿渣棉和水泥膨胀珍珠岩）做保温层，外包玻璃丝布保护层，表面刷调和漆。

(3) 防漏

如果管道布置不当，或者是管材质量和敷设施工质量低劣，都可能导致管道漏水，这不仅浪费水量，影响正常供水，严重时还会损坏建筑，特别是在湿陷性黄土地区，埋地管漏水将会造成土壤湿陷，影响建筑基础的稳固性，可能造成建筑物的局部乃至整体破坏。防漏的措施有以下几种：

1）避免将管道布置在易受外力损坏的位置，或采取必要且有效的保护措施，使其免于直接承受外力。

2）要健全管理制度，加强管材质量和施工质量的监督和检查。

3）在湿陷性黄土地区，可将埋地管道设在防水性能良好的检漏管沟内，一旦漏水，水可沿沟排至检漏井内，便于及时发现和检修。

4）管径较小的管道可敷设在检漏套管内。

（4）防振和防噪声

当管道中水流速度过大，关闭水龙头、阀门时，易出现水击现象，从而引起管道、附件的振动，不仅会损坏管道及附件，造成漏水，还会产生噪声。为防止管道的损坏和噪声污染，在设计时应控制管道的水流速度，尽量减少使用电磁阀或速闭型阀门、龙头。在住宅建筑进户支管阀门后应装设一个家用可曲挠橡胶接头进行隔振，并可在管道支架、吊架内衬垫减振材料，以减小噪声的扩散，如图 2—42 所示。

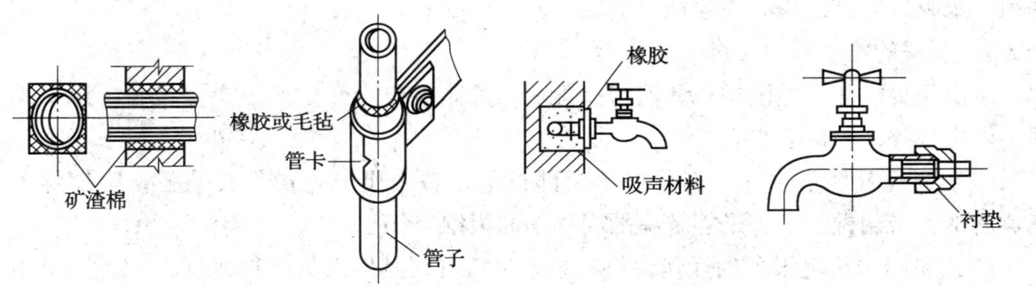

图 2—42　各种管道的防振和防噪声措施

2. 水池、水箱的维护

（1）水池、水箱的清洗与消毒

每年对地下水池清洗两次，对地面水箱清洗两次，若遇特殊需要可增加清洗次数，并填写“水池、水箱清洗、消毒工作时间安排表”（参见附录6）。清洗后，由专业清洗单位取水样送当地防疫站化验取证，使水质达到国家卫生饮用水的标准。清洗工作由取得合格证的专业人员执行，清洗人员要有健康合格证。

1）清洗前的准备工作

①清洗人员应准备好所需的机电工具、清洗工具、消毒工具及消毒药物。

②根据清洗时间安排，报管理处主任审批停水时间。清洗前一周应贴出通告通知客户停水时间，以便客户做好储水准备。

2）清洗程序

①关闭进水总阀，关闭水箱之间的连通阀门，开启泄水阀，排空水池、水箱中的水。

②让泄水阀门处于开启位置，用鼓风机对着水池、水箱口吹风 2 h 以上，以便空气流

通，排出水池、水箱中的有毒气体，吹进新鲜空气。把燃着的蜡烛放入池底，如不熄灭说明水池内不缺氧。

③安装灯具供水池、水箱内照明用，方便清洗和检修人员进入池内工作。

④清洗完毕排尽水池、水箱中的污水，再向水池、水箱内洒漂白剂消毒。半小时后，再次进入水池、水箱内冲洗。

⑤注水入水池、水箱，取水样到当地卫生防疫检测站化验取证。

⑥加盖、加锁。

⑦做好相关记录工作，填写“水池、水箱清洗及消毒记录表”（参见附录7）。

（2）水池、水箱的保养及检查

水箱间与水池间应保持清洁，水箱应定期进行防腐、除锈工作，水箱进水阀的自动控制阀应经常检查，如失灵应及时查明原因，排除故障或通知检修。进水阀应经常轮换使用，保证阀门灵活，并及时做好相关记录工作，填写“水池、水箱保养检查表”（参见附录8）。

水箱渗漏的主要原因是产生裂缝，修复裂缝的方法是向裂缝中灌注环氧树脂。浮球阀关不严的原因主要是胶皮垫磨损，维修时应更换胶皮垫。浮球阀不出水的原因主要是挑杆锈蚀、水眼被堵，维修时应除锈、通眼。

3. 泵房的维护

泵房是提供住户生活用水和消防储备水、关系住户生命财产的重要设备，应管理好泵房，做好服务，明确职责。

（1）泵房及地下水池、消防系统全部机电设备由机电人员负责监控，定期保养、维修、清洁，定期做记录，未能解决的问题书面报维修部。

（2）泵房内机电设备的操作由机电组人员负责，其他人员不得操作，无关人员不得进入泵房。

（3）消防泵、生活泵在正常情况下，选择开关置于自动位置，所有操作标志简单、明确。

（4）生活水泵一星期内轮换使用一次，主接触器开关每半月检查、擦洗一次。

（5）消防泵按定期保养规定进行检查，每半年进行一次“自动、手动”操作检查，每年进行一次全面检查。

（6）泵房每周打扫一次卫生，泵房管道每半月清洗一次。

（7）填写“水泵运行日检查表”和“水泵月保养记录”（参见附录9和附录10）。

第4节　物业给水系统故障应急预案

一、给水管道爆裂，出现跑水现象的处理

1. 给水立管或支管爆裂的处理

（1）当辖区内发现跑水或接到跑水通知后，负责人和维修人员应立即赶到事故现场，

立刻关闭距离漏水部位最近的水源阀门及电源。

（2）立即通知客户服务中心及暖通机械主管。

（3）水源关闭后及时修理漏水部件，检查周围环境是否有设备、线槽等被水浸泡。若漏水部位在业主房间内，应协助业主将被水浸湿的物品进行转移、安置，通知保洁人员将积水排干，并向业主说明漏水的原因。

（4）如果漏水给业主造成了一定损失，工程部负责对事故现场进行拍照、记录，查明事故原因。以便作为今后赔偿业主损失的依据。

（5）漏水严重时，应通知保安部协助封堵电梯厅、配电室、强电竖井、电话机房以及其他重点部门。同时，将电梯升至最高点并关闭，以免被水浸湿重要部件而造成损失。

（6）做好登记备案及设备复查工作，填写"物业设施设备维修档案记录表"。负责人填写"紧急情况处理记录表"（参见附录 11 和附录 12），并向部门经理汇报事故的原因、经过、责任及处理结果。

2. 给水干管爆裂的处理

（1）立即关闭相关联的主干水管道上的闸阀。

（2）如果关闭了主干水管道上相关联的闸阀后仍不能控制住大量泄水，则应关停相应的水泵。

（3）立即通知客户服务中心及暖通机械主管。

（4）暖通机械主管及时联络自来水公司进行抢修。

（5）客户服务中心负责发出通知告知业主提前做好准备工作。

（6）在暖通机械主管或部门经理的组织和指挥下，尽快开挖出所爆裂部位水管。

（7）自来水公司修好所爆裂部位水管后，应由工程部开水试压（用正常供水压力试压），看有无漏水或松动现象。

（8）确认一切正常后，回填土方，恢复水管爆裂前的原貌。

（9）做好登记备案及设备复查工作，填写"物业设施设备维修档案记录表"。负责人填写"紧急情况处理记录表"，并向部门经理汇报事故的原因、经过、责任及处理结果。

二、泵房遭到水浸的处理

1. 视进水情况关掉机房内运行的设施设备并拉下电源开关。

2. 堵住漏水源。

3. 如果漏水较大，应立即通知暖通机械主管，同时尽力阻止进水。

4. 漏水源堵住后，应立即组织排水。

5. 排干水后，应立即对进水设施设备进行除湿处理，如用干燥、无污抹布擦拭，热风吹干，自然通风，更换相关管线等。

6. 确认进水已消除，各绝缘电阻符合要求后，开机试运行。

7. 如无异常情况出现则可以投入正常运行。

8．做好登记备案及设备复查工作，填写“物业设施设备维修档案记录表”。负责人填写“紧急情况处理记录表”，并向部门经理汇报事故的原因、经过、责任及处理结果。

三、物业出现断水现象的处理

1．当发现楼内断水时，应立即通知暖通机械主管，立即派人检查断水区域，判明是高区还是低区。

2．如属低区断水，应与上一级供水部门取得联系，通知派人维修；如果是高区断水，派人检查是水泵的问题还是水箱的问题，并及时维修。

3．如断水问题短时间内无法恢复，应及时通知楼内受影响的业主，告知断水原因及恢复时间。

4．生活水系统事故处理完毕，做好登记备案及设备复查工作，填写“物业设施设备维修档案记录表”。负责人填写“紧急情况处理记录表”，并向部门经理汇报事故的原因、经过、责任及处理结果。

四、物业水质污染的处理

1．物业管理部门（或委托其他部门进行）的例行检查

（1）若出水浊度超标，应检查水箱的盖是否盖严；通气管、溢流管管口网罩是否完好；水箱内是否有杂质沉淀；埋地管道有无渗漏现象等。

（2）若细菌总数或大肠杆菌超标，除应进行上述检查外，还应检查消毒器的工作情况；水箱排水管、溢流管与排水管道是否有空气隔断，是否造了回流污染。

（3）若出水铁含量超标，一般是由钢制水箱顶板或四壁防腐层脱落造成的。

除上述水质污染现象外，还可能存在其他水质指标不合格的情况，此时可以请有关部门（如卫生防疫站、自来水公司等）帮助进行分析，找出污染原因，制定解决办法。

2．用户发现出水混浊或出水带色时的检查

（1）水箱清洗完毕，用户最初放出的水可能是混浊、有色的。因此，物业管理部门应在水箱清洗前发布通知，告知用户有可能出现这种情况。

（2）水在管道中的滞留时间过长，也可能造成出水混浊、有色。如清晨放出的水和使用热水器最初放出的水。

（3）若用户长时间放出的水是有色的，则物业管理部门应对水质进行检测，找出污染原因。

五、水龙头出流量过大或过小的处理

水龙头出流量过大或过小是给水系统常见的问题之一。

1. 水龙头出流量过大

一般来说，多层建筑底层和高层建筑各分区的底下几层容易出现水龙头出流量过大、过急，水流喷溅的现象，给用户带来不便，其主要原因是建筑底下几层给水管道中的水压过高。为解决此问题，可在底下几层用户进水管上安装减压阀或者在水龙头中安装减压阀或节流塞，也可将底下几层用户的进水管阀门的开启度调小。

2. 水龙头出流量过小

出流量过小的现象往往出现在建筑上面几层用户中，其主要原因是上面几层给水管道中水压过低或底下几层用户大量用水。为解决此问题，可考虑提高水泵的扬程或在水箱出水管上安装管道泵，这样往往又会造成低层用户水龙头出水量大的现象。因此，最好的方法是实行分区给水方式。

六、管道和器具漏水的处理

1. 支管、立管出现漏水的原因分析及处理方法

业主的给水管道使用一段时间后，由于管道老化或腐蚀、房屋地基下沉、管件质量差、用水器使用不当等，均可导致管道漏水。给水支管、立管漏水情况一旦发生，势必造成业主水作业房间出现积水现象或水费偏高。是否漏水，管理人员可以直接观察水表，如不用水时水表指针仍持续走动，基本上可以确定漏水。这时，应先检查业主给水卫生器具是否漏水，如无漏水，再沿管道走向寻找漏水点，及时予以维修或更换管件。

2. 埋地干管出现漏水的原因分析及处理方法

建筑小区内的埋地管道也有可能发生漏水现象，表现为地面潮湿渗水，漏水原因一般是管道被压坏或管道接头不严。发现漏水后物业管理公司应及时关闭总阀门，及时组织报修或抢修工作。

3. 阀门漏水的原因分析及处理方法

目前，在装修档次不高的建筑中，进户阀门一般为铁制阀门，只有在出现问题时才偶尔使用，故大多数锈蚀严重，一般不敢轻易去拧；否则，要么拧不动，要么拧后关闭不严产生漏水现象。防止阀门损坏漏水的措施是：建议用户每月开、关一次阀门，并使阀门周围保持清洁，若阀门损坏，则应及时维修或彻底更换优质阀门，如铜制隔膜阀等。为防止管道和器具漏水，除物业管理公司应成立专职维修队伍，设立报修电话和报修信箱外，还应鼓励居民及时发现漏水并报修。为此，应向居民宣传发现和预防漏水的办法，见表2—3。

表 2—3　　发现和预防漏水的办法

检查的设备	漏水的发现	预防的办法
水龙头	漏水从“吧嗒吧嗒”的声音开始	不要使劲拧，应马上修理
便器水箱	不使用时便器仍然流水或水箱溢水	使用前检查便器是否淌水，水箱是否溢水
给水立管	墙壁或墙纸有潮湿处	经常观察有无异样
地面下的给水管	周围有溢水或潮湿渗水	不要在敷设地下水管的地面放重物或兴建建筑物

七、屋顶水箱溢水或漏水处理

屋顶水箱溢水是由于进水控制装置或消耗启闭失灵所致。发现溢水现象后，应马上检查进水浮球阀或液位控制装置及水泵，看它们是否处于正常状态。若属于进水控制装置的问题，应立即关闭水泵和进水阀门并进行检修；若属于消耗启闭失灵，则应关断电源，检修水泵。

引起水箱漏水的原因有两个，一是水箱上的管道接口发生问题；二是箱体出现裂纹。水箱漏水可以从箱体或地面浸湿的现象中发现，因而应经常对水箱间进行巡视。

八、水泵故障的处理

水泵产生故障的原因及排除方法见表2—4。

表2—4　水泵产生故障的原因及排除方法

故障现象	产生故障可能原因	排除方法
启动后不出水或出水（扬程）不足	水泵没有灌满水或真空泵抽气时没有抽尽	继续灌水或抽气
	水泵扬程不够，水泵扬程小于装置扬程	改变安装方式，以降低装置扬程或更换扬程高的水泵（重新选择合适的泵型）
	吸水管路不严密，有空气漏入	检查吸水管并消除漏气部分
	电动机旋转方向相反，水泵反转	改换接线方式
	叶轮进水口流道堵塞	检查并清除杂物
	进水管浸没深度不够，泵内吸入了空气	降低吸水管，增大浸没深度
	填料密封严重漏气	旋紧压盖或更换新填料
	并联水泵的出口压力低于母管压力	检查并设法降低母管压力
	叶轮（双吸叶轮）装反	检查叶轮方向，重新组装
	叶轮口环磨损过大，叶轮前盖板磨穿	修理或更换叶轮并检查轴承磨损情况
	配套电动机转速低于水泵所要求的转速等	更换合适的电动机
水泵出水流量减小	吸水管滤网淤塞	清洗进水滤网
	密封环及叶轮磨损过大	更换密封环及叶轮
	叶轮堵塞	检查和清洗叶轮
	出水阀门开度不够	适当开大阀门
	吸水管浸没深度不够	降低吸水管，增大浸没深度
	逆止阀开得太小	修理或更换逆止阀
	吸水扬程过高	检查吸水管路、吸水面，调整吸水扬程
	填料函漏气	压紧或更换新填料

续表

故障现象	产生故障可能原因	排除方法
轴承过热	轴承安装不正确或间隙不适当	检查并加以修理、调整
	油位太低，轴承冷却、润滑油量不足	加油至规定位置
	油质不好或油内混有杂质	把脏油放出并进行清洗，加入合格的新油
	轴承损坏	更换新轴承
	装配时，轴承端盖与轴承之间的轴向间隙太小	调整轴承端盖与轴承之间的轴向间隙至规定范围
	转子中心不正，泵轴、电动机轴不同轴	校正中心
	泵轴弯曲	校直或更换泵轴
	轴承冷却水量不足	疏通冷却水管或更换大的冷却水管
	压力润滑油系统循环不良	检查循环系统是否严密、畅通
水泵振动和噪声	地脚螺栓松动	旋紧地脚螺栓
	基础不稳固	加固基础
	泵轴或电动机轴弯曲	校直或更换轴
	轴承损坏或磨损过大	更换轴承
	两联轴器不同轴，中心不正	按标准找正联轴器中心
	泵内旋转部件和静止部件有严重摩擦	解体检查，消除摩擦
	叶轮损坏或局部阻塞	更换叶轮或清除阻塞物
	管道支架不牢或管道存在明显的应力	加固管道支架或消除应力
	安装高度太高，发生汽蚀现象	采取措施或减小安装高度
	转动零部件松动或损坏（如减振圈或连接销断裂等）	消除松动现象，或更换损坏的零件
	轴承润滑油有问题	检查并更换新油
	泵的叶轮、转子或电动机转子平衡性差	进行静平衡试验并调整
机械密封漏水	安装质量及工艺问题，密封面损伤及夹杂物	安装时避免碰伤和损坏动、静环密封面；清理动、静环表面的异物
	弹簧的压缩量不够，弹簧偏斜、腐蚀或老化等	弹簧压缩量应适度，弹簧力均匀，紧力足够，不偏斜，有腐蚀、老化现象应换弹簧
	轴套处泄漏，造成轴外漏水	保证O形密封圈尺寸正确，避免损伤或未被压紧，V形密封圈不要装反向
	密封端盖漏水	更换端盖密封，密封垫尺寸应合适，将密封面清理干净，保证密封端盖不偏斜
	动、静环密封面结晶和结垢导致漏水	停泵后停冷却水，避免结垢

续表

故障现象	产生故障可能原因	排除方法
机械密封漏水	机械密封冷却水水质和水温的影响	机械密封切忌干摩擦、高温，应先通冷却水，排气后再启动水泵，保证水质和水温
	泵轴向窜动量太大会影响机械密封正常工作	应保证检修时轴窜动正常
	轴承及振动的影响，轴承不能正常工作，动、静环密封面就会偏斜、泄漏	检查轴承的工作情况，更换轴承，消除振动
填料密封发热或漏水过多	填料压得太紧或四周紧度不均匀	放松填料压盖，调整好四周间隙
	水封环装的位置不对	调整水封环（填料环）的位置，使其正好对准水封管口
	填料压盖止口没有进填料室内，填料压盖不正，磨轴	使填料压盖止口进入填料室内，确保填料压盖不磨轴
	填料磨损	更换填料
	轴套或轴颈磨损严重	更换轴套或泵轴
	填料规格不对，以大带小或以小带大	填料规格应合适
	填料压盖压得不紧	拧紧填料压盖或补加一层填料
	填料长短或接口不合适	填料长短正好，45°切口，接头相互错开90°～180°
电流表读数过大	轴承损坏	更换轴承
	叶轮被卡住或叶轮与密封环之间或叶轮盖板与泵壳、泵盖发生摩擦	消除卡住或摩擦现象
	叶轮叶型不对	更换合适的叶轮
	泵轴弯曲	校正或更换泵轴
	填料或机封压得太紧	旋松压盖螺栓
	泵的轴向力平衡装置失效	检查、修理平衡装置
	泵的流量大于许可流量	关小出水管阀门
	三相电动机有一相熔丝烧断或电动机三相电流不平衡	更换熔丝或检修电动机
电流表读数过小	水泵流道堵塞	检查及清洗叶轮
	泵内有空气或打空泵	排出空气或检查并消除打空泵现象
	出口阀门或进水阀门开度不足或系统内用水量小	适当开大出口阀门或进水阀门

思考与练习

1. 室内给水系统由哪几部分组成？各组成部分的作用是什么？

2. 简述物业室内给水系统管道的布置形式。

3. 室外给水系统由哪几部分组成？各组成部分的作用是什么？

4. 物业水景工程由哪几部分组成？给水、排水管道应如何布置？

5. 物业给水系统的管理范围有哪些？理论联系实践，根据给水系统管理范围要求，应如何解决物业管理中的具体问题？

6. 给水系统的维护需要注意哪些问题？

7. 在日常的物业管理中，如何对泵房进行专业管理？

技能训练

1. 结合实践，说说所在学校饮用水的加热方式，并根据所学到的知识谈谈相应的供应方式。

2. 理论联系实践，在物业管理过程中，业主对小区的水质提出投诉意见，针对小区的实际情况，如何从专业的角度查找原因并进行治理？

第三章　物业排水系统

学习目标

了解物业室内排水系统的分类和组成；熟悉物业室内排水系统的常用设备；了解物业排水系统管道的布置与敷设；熟悉物业屋面雨水排放；了解物业中水系统；掌握物业排水系统的管理与维护；掌握物业排水系统常见故障的应急处理。

排水系统是指建筑或小区内用来排除污水、废水及雨水、雪水的系统。它的任务是接纳、汇集建筑内人们生活、生产的污水和废水，以及屋面的雨水、雪水，并在满足排放要求的条件下，将其排入城市下水管道。物业管理所涉及的排水系统部分包括室内排水系统和小区排水系统，主要包括室内排水管道、通气管、清通设备、抽升设备、室外小区检查井和排水管道等。

第1节　物业室内排水系统

一、物业室内排水系统概述

1．室内排水系统的分类与组成

（1）室内排水系统的分类

1）根据所排除污水的性质分类

①生活污水排水系统。是指排除人们日常生活过程中产生的污（废）水的管道系统，包括粪便污水排水管道及生活废水排水管道。

②工业废水排水系统。是指排除生产过程中产生的污（废）水的管道系统，包括生产废水排水管道及生产污水排水管道。

③屋面雨水排水系统。是指排除降落在屋面的雨（雪）水的管道系统。其中含有从屋面冲刷下来的灰尘。

2）根据建筑内部排水体制分类

①合流制。将污水和雨水用同一管道排除，称为合流制排水系统。

②分流制。将雨水和污水分别设置管道排除，称为分流制排水系统。工业废水中既含有大量污染物质，也含有能回收利用的贵重工业原料。为减少环境污染，变废为宝，室内排水系统宜清浊分流、分质分流；否则会影响回收价值和处理效果。

（2）室内排水系统的组成

室内排水系统一般由卫生器具或生产设备受水器、排水管系、通气管系、清通设备、污水抽升设备等部分组成，如图3—1所示。

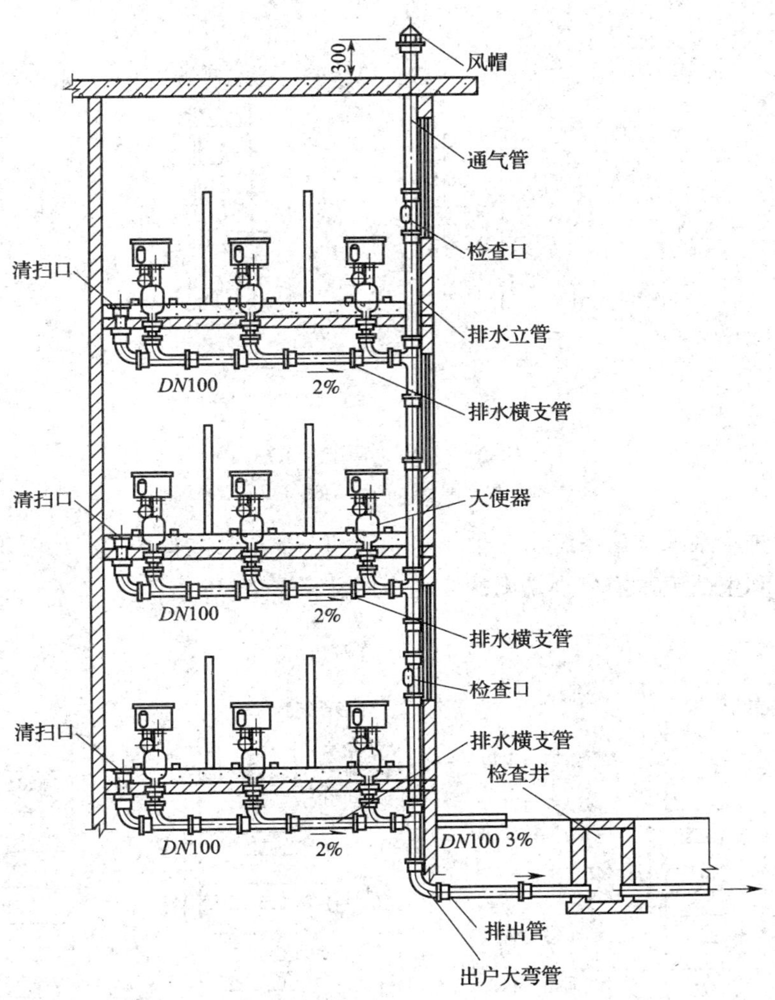

图3—1　室内排水系统的组成

1）卫生器具或生产设备受水器。这是室内排水系统的起点，是用来承受用水和将用后的废水、废物排泄到排水系统中的容器。污水、废水从器具排水口，经器具内的水封装置或器具排水管连接的存水弯排入排水管系。其主要包括便溺用卫生器具、盥洗和沐浴用卫生器具、洗涤用卫生器具等。

2）排水管系。由器具排水管（连接卫生器具或横支管之间的一段短管，除坐式大便器具外，其间包括存水弯）、有一定坡度的横支管、立管、埋设在室内地下的总干管和排出到室外的排出管等组成。

3）通气管系。用于向排水管道内补给空气，以使管道内部气压平衡，防止卫生器具水封破坏，使水流流畅，同时将管道内的有毒、有害气体排入大气。根据通气管的设立形式可分为以下三种：

①单立管排水系统。该系统是指只有一根排水立管，不设专用通气立管的排水系统，如图 3—2 所示。

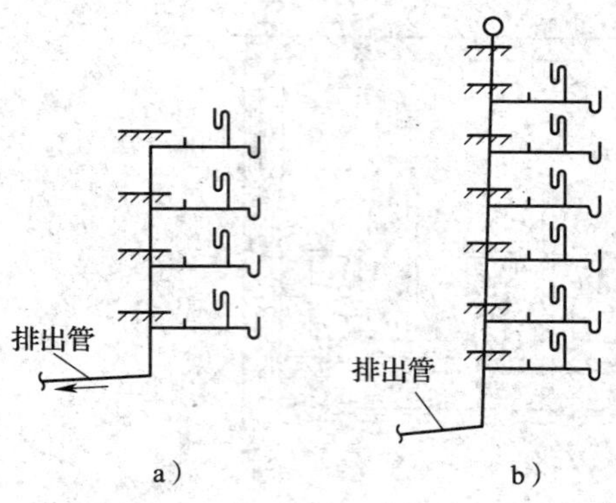

图 3—2　单立管排水系统

a）无通气单立管系统　b）有通气单立管系统

②双立管排水系统。该系统由一根排水立管和一根通气立管组成，如图 3—3 所示，可用于生活污水和生活废水需分别排出的各类多层、高层建筑。

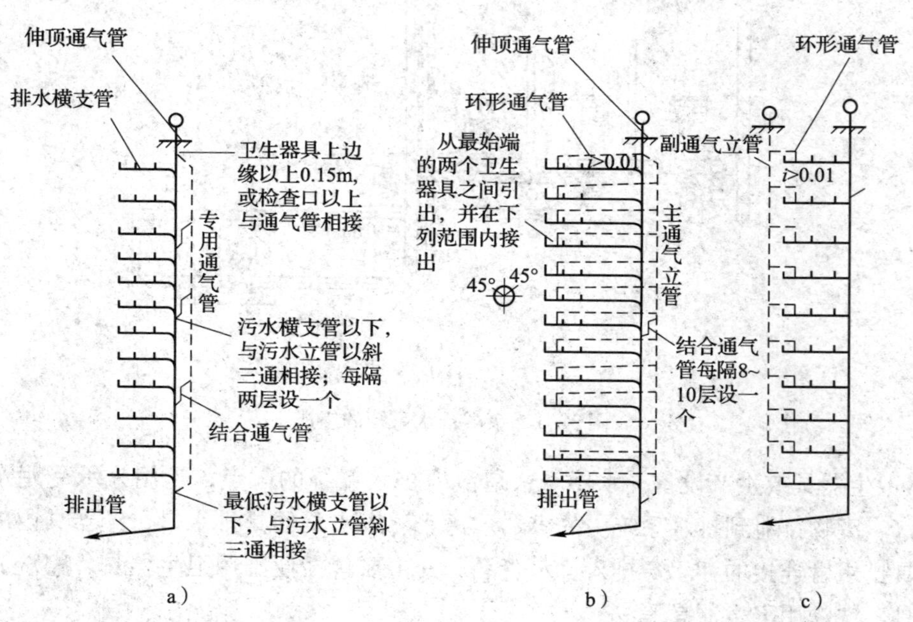

图 3—3　双立管排水系统

a）设置专用通气立管　b）设置环形通气管和主通气立管　c）设置环形通气管和副通气立管

③三立管排水系统。该系统由两根排水立管和一根通气立管组成，如图 3—4 所示。可用于生活污水和生活废水需分别排出的各类多层、高层建筑。

4）清通设备。为了保持室内排水管道排水畅通，必须加强经常性的维护和管理；同时，为了检查和疏通管道，在排水管道系统上需设清通设备。一般包括检查口、清扫口、检查井及带有清通门（盖板）的90°弯头或三通接头等设备。

①检查口。一般设在立管及较长的水平管段上，供立管或立管与横支管连接处有异物堵塞时清掏用。

②清扫口。一般装于横支管，尤其是各层横支管连接卫生器具较多时，横支管起点均应设置清扫口（有时也可用能供清掏的地漏代替）。

③检查井。检查井用于在管道转弯、变径处和坡度改变及连接支管处，对于散发有害气体或大量蒸汽的工业排水管道也要安装检查井。

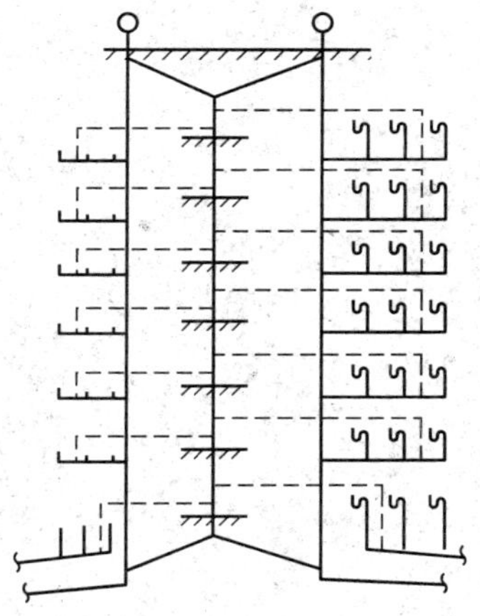
图3—4　三立管排水系统

5）污水抽升设备。污水抽升设备包括污水泵和空气扬水器等，用于排除地下室、人防工程、地下铁道等地下建筑物不能自流排到室外的污水、废水。

2. 高层建筑排水系统

高层建筑排水系统应保证水流畅通。高层建筑中卫生器具多，排水量大，且排水立管连接的横支管多。当多根支管同时排水时，必将引起管道中较大的压力波动，导致水封被破坏，污染室内空气环境。为防止水封被破坏，保证室内空气环境，高层建筑排水系统必须解决好通气问题，使管道内压力平衡、水流畅通。

为保证高层建筑排水畅通和水封不被破坏，当设计排水流量超过排水立管的排水能力时，应采用双立管排水系统、三立管排水系统或特殊的单立管排水系统。以下简单介绍几种特殊的单立管排水系统。

（1）苏维托排水系统

苏维托排水系统属于单立管排水系统，在各层立管与横管连接处采用气水混合器接头配件，可避免产生过大的抽吸力，使立管中保持气流畅通，气压稳定。在立管底部转弯处设气水分离器（跑气器），使管内气压稳定，如图3—5所示。

（2）旋流排水系统

旋流排水系统设有两个特殊配件，上部为旋流器，下部为导流弯头，即有导向叶片的45°弯头。旋流器能使立管中的水流沿管壁旋转而下，减小立管内的压力变化，防止水封被破坏。导流弯头设在排水立管底部转弯处，在导流叶片的作用下，可避免因横管内出现水跃而封闭气流，造成过大的正压。

（3）UPVC螺旋排水系统

UPVC螺旋排水系统由特殊配件——偏心三通（见图3—6）和内壁带有六条间距为50 mm且呈三角形凸起的螺旋导流线UPVC管（见图3—7）组成。偏心三通设在横管和立管连接处，污水经偏心三通沿切线方向进入立管，旋流下降，立管中的污水在凸起的螺旋

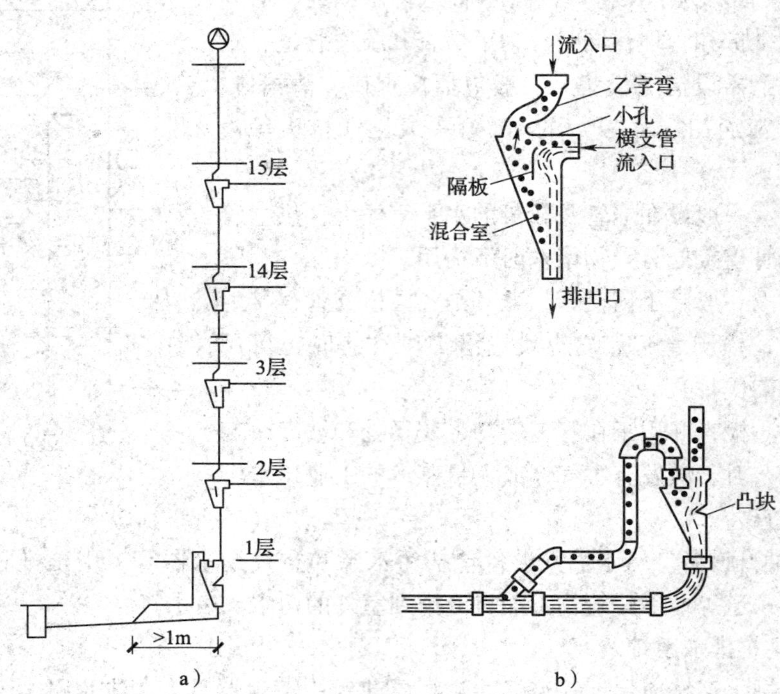

图 3—5 苏维托排水系统

a）布局 b）气水混合器

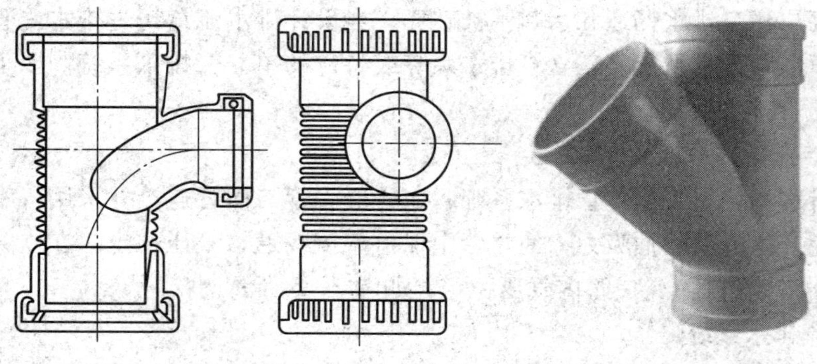

图 3—6 偏心三通

导流线的导流下，在管内形成较为稳定且密实的水膜旋流，旋转下落，使立管中心保持气流畅通，压力稳定。

除了上述几种排水系统外，还有芯型排水系统、UPVC 隔音空壁管系统等。双立管排水系统具有运行可靠、性能好、应用广泛等优点，但其系统复杂、管材耗量大、占用空间大、造价高；特殊单立管系统具有结构简单、施工方便、造价低等优点，可根据实际情况选用。

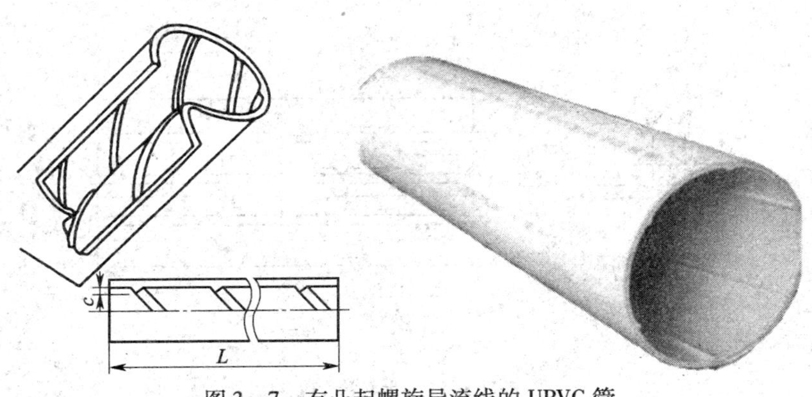

图 3—7　有凸起螺旋导流线的 UPVC 管

二、物业屋面排水系统

1. 屋面雨水的排除方式

屋面排水系统是收集和排除屋面的雨水和冰雪融化水的系统，以免屋面积水造成渗漏。按照排水管道的路径不同，屋面排水系统可分为外排水系统和内排水系统。

（1）外排水系统

外排水系统的排水管道是沿外墙敷设的。这种系统的优点在于室内不会产生管道的跑、冒、滴、漏等问题。外排水系统又分为檐沟外排水系统和天沟外排水系统。

1）檐沟外排水系统。该系统由檐沟和水落管组成，如图 3—8 所示。屋面水沿具有一定坡度的屋面集流到檐沟中，然后再由水落管引到地面，经明沟或经雨水口流入雨水管道。水落管多采用铸铁管或镀锌铁皮管，也可采用石棉水泥管、PVC—U 管等。

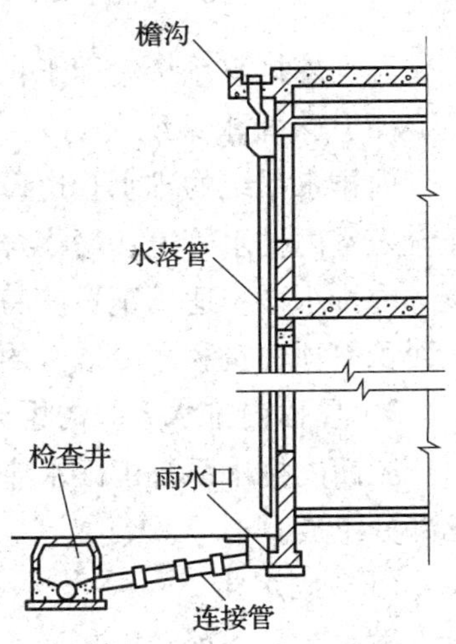

图 3—8　檐沟外排水系统

檐沟外排水系统适用于普通住宅、屋面面积较小的公共建筑和单跨工业厂房，但无法解决多跨厂房内跨的雨水排除问题。

2）天沟外排水系统。该系统由天沟、雨水斗和水立管组成，天沟布置如图 3—9 所示，天沟断面如图 3—10 所示。

天沟设置在两跨中间并坡向端墙，一般雨水斗设在伸出山墙的天沟末端，并与沿外墙布置的雨水立管相连接。屋面雨水沿坡向天沟的屋面汇集到天沟，再沿天沟流入雨水斗，经雨水立管排至地面、明沟或雨水管道。天沟断面多为矩形，为防止漏水，天沟应以建筑物的伸缩缝、沉降缝为分水线，在其两边设置。天沟单向长度一般不宜大于 50 m，为避免天沟积水过多而产生溢水现象，天沟末端的端壁上（或女儿墙、山墙上）应设置溢流口，如图 3—11 所示。

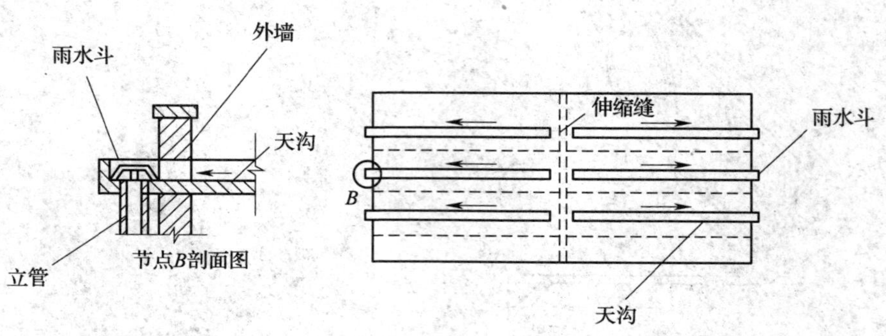

图 3—9 天沟布置

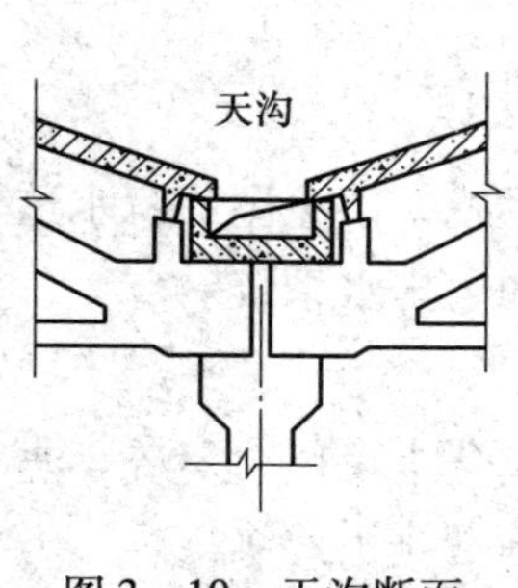

图 3—10 天沟断面

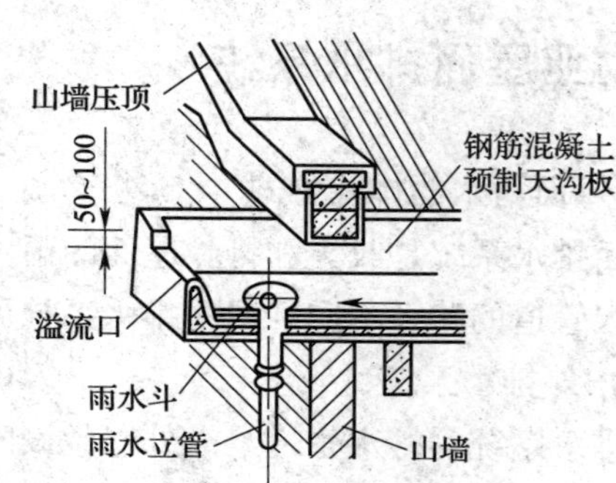

图 3—11 天沟穿山墙及端壁设置

天沟外排水系统适用于长度不超过 100 m 的多跨工业厂房。

（2）内排水系统

内排水系统的排水管道设置在室内，屋面水沿具有坡度的屋面汇集到雨水斗，经雨水斗流入室内排水管道，最终排至室外雨水管道，如图 3—12 所示。

内排水系统适用于长度特别大或屋面有天窗的多跨厂房、锯齿形或壳形屋面的建筑、大面积平顶建筑和寒冷地区的建筑以及对建筑立面要求高的建筑。

2. 屋面内排水系统的组成

屋面内排水系统由雨水斗、连接管、悬吊管、立管、排出管、埋地管、附属构筑物等几部分组成。

（1）雨水斗

雨水斗是一种专用装置，是屋面雨水的进水口，其作用是排除雨水，拦截污物以免堵塞管道，疏导水流，减小水流掺气量。设在阳台、花台、供人们活动的屋面和窗井处的雨水斗可采用平篦式雨水斗。

寒冷地区的雨水斗应设在屋面积雪易融区内。另外，雨水斗的布置还应以伸缩缝、沉降缝和防水墙为分水线，两边各自为一套系统。若分水线两侧的两个雨水斗需连接在同一根立管或悬吊管上时，应采用柔性接头，并保证不满水，如图 3—13 所示。

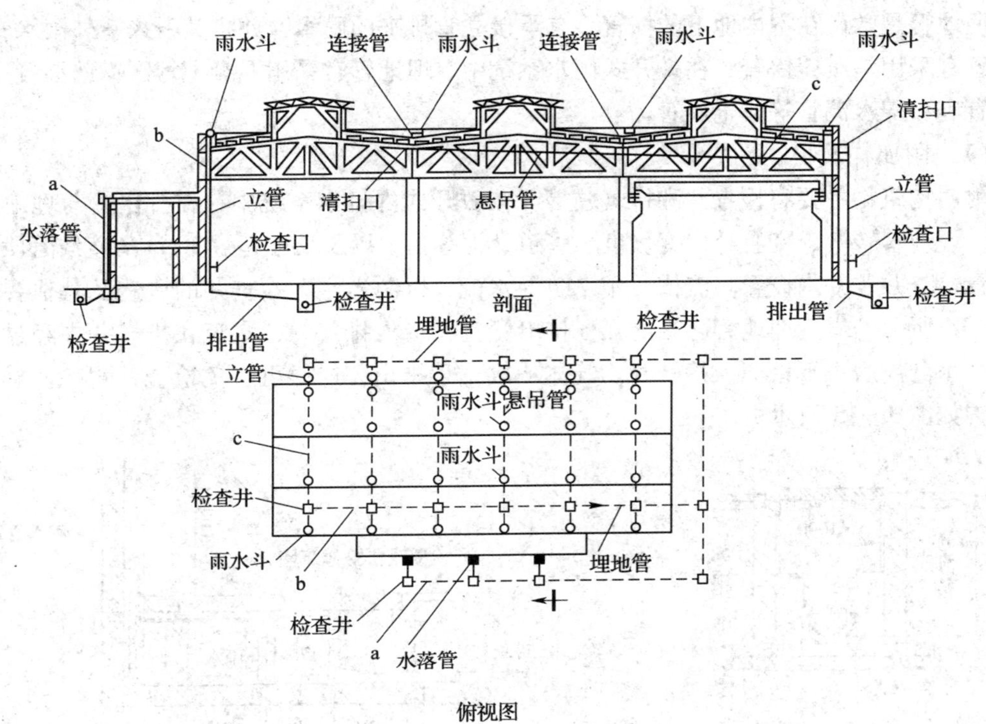

图 3—12　内排水系统

a—水落管系统　b—单斗系统　c—多斗系统

(2) 连接管

连接管为连接雨水斗和悬吊管的一段竖向短管，连接管一般采用铸铁管或钢管，并应牢固地固定在建筑物的承重结构上，其下端宜用斜三通与悬吊管连接。

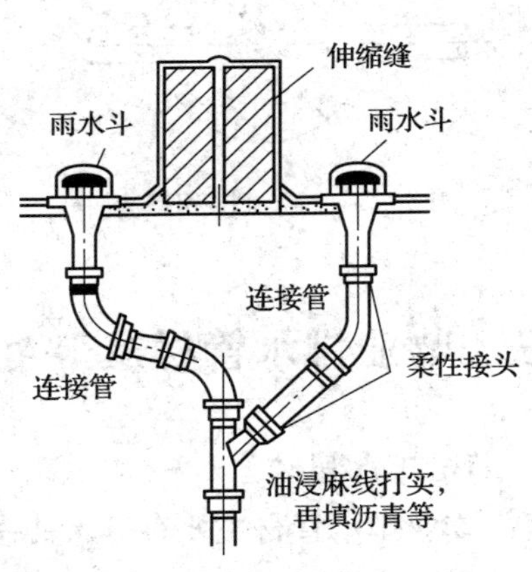

图 3—13　伸缩缝等两侧雨水斗的连接

(3) 悬吊管

当室内地下不宜敷设雨水横管时，可采用悬吊管排水。悬吊管一般沿屋架或梁敷设，并应牢固地固定在上边。悬吊管一般采用铸铁管，在可能受到振动或生产工艺有特殊要求时，可采用钢管焊接连接。

(4) 立管

立管承接悬吊管或雨水斗排来的雨水，并将其引入埋地管或排出管。立管管材与悬吊管相同。

(5) 排出管

排出管是将立管的雨水引入检查井的一段埋地横管，管材一般采用铸铁管。排出管上不应接其他排水管道。

（6）埋地管

埋地管是敷设在室内地下的横管。它承接立管排来的雨水，并将其引入室外雨水管道。埋地管宜采用承压铸铁管，在敞开式雨水系统中，埋地管宜采用混凝土管、钢筋混凝土管、陶土管和石棉水泥管等非金属管。

（7）附属构筑物

附属构筑物主要有检查井和排气井等。在敞开式内排水系统中，在排出管与埋地管连接处，埋地管转弯、变管径、变坡度、管道交汇等处，以及长度超过 30 m 的直线管段上均应设置检查井。井内设置高流槽，用来疏导水流，以防溢水。检查井的构造及其他要求如图 3—14 所示。靠近埋地管起端的几根排出管宜先接入排气井，水流在排气井中经过水消能、气水分离后再平稳流入检查井。气体从放气管排出，这样可避免检查井冒水。排气井的结构如图 3—15 所示。

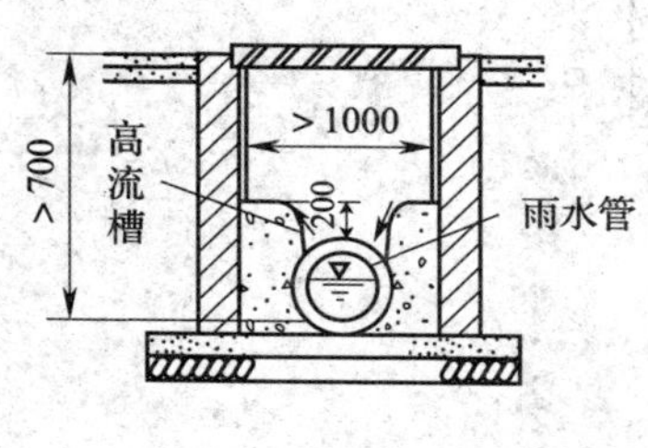

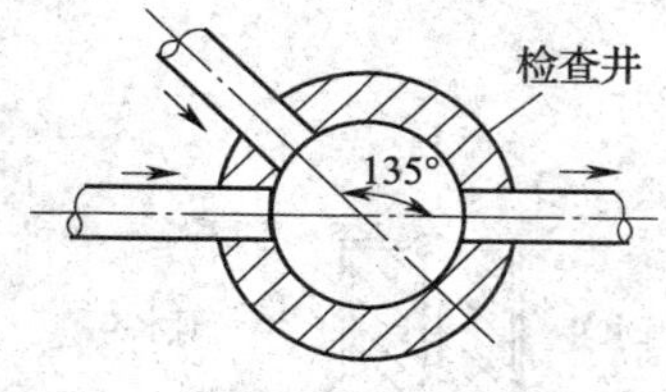

图 3—14 高流槽和检查井

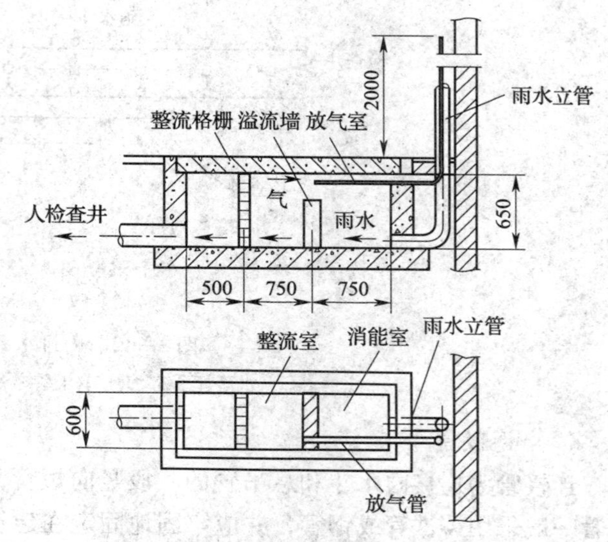

图 3—15 排气井的结构

三、物业排水管材及卫生器具

1. 排水管材

物业排水管材主要有排水铸铁管、塑料管、钢管、带釉陶土管、混凝土管和钢筋混凝土管等。生活污水管道一般采用铸铁管或塑料管。工业废水管道应视污水的性质选用相应的管材。

（1）排水铸铁管

排水铸铁管耐腐蚀，价格低廉，但质脆，质量大。常用于生活污水管道和雨水管道。排水铸铁管常采用承插式接口，接口应以生料带充填，用水泥或石棉水泥打口，不可用一般水泥砂浆抹口。对于高层建筑排水铸铁管，必须采用柔性连接，一般采用橡胶圈加螺栓紧固连接。

（2）塑料管

目前常用的排水塑料管是硬聚氯乙烯塑料管，其管壁比给水塑料管薄。塑料管具有耐腐蚀、内壁和外壁光滑、不易结垢、质量轻、价格低、容易切割等优点，但强度低，耐温性差，易产生噪声，常用于排放温度为 -5℃ ~ +50℃的污水。

（3）钢管

钢管主要用作洗脸盆、浴盆、小便器等卫生器具的排水管，在振动较大的地方也可用钢管代替铸铁管。镀锌钢管用于器具排水管时，采用螺纹连接；非镀锌钢管代替铸铁管时，可采用焊接连接。

（4）带釉陶土管

带釉陶土管耐酸碱腐蚀，但脆性大，强度低，可用于排放腐蚀性工业废水。陶土管一般采用承插连接。

（5）混凝土管和钢筋混凝土管

混凝土管和钢筋混凝土管多用于室外排水管道，一般直径在 400 mm 以下者为混凝土管，直径在 400 mm 以上者为钢筋混凝土管。

2. 卫生器具

卫生器具按使用功能不同可分为便溺器具、冲洗设备、盥洗及淋浴器具、洗涤器具、地漏、水封装置及其他专业用卫生器具等。

（1）便溺器具

1）大便器。常用的大便器有坐式、蹲式和大便槽三类。坐式大便器常用于住宅、宾馆类建筑。蹲式大便器多设于集体宿舍、医院、公共建筑等。大便槽多用于学校、公园、火车站等卫生标准不高且人员较多的场所。

2）小便器。小便器设于公共建筑男厕所内，有挂式、立式和小便槽三类。挂式小便器用于卫生标准高的建筑，其安装如图 3—16 所示。小便槽用于人员较多的公共建筑、学校、集体宿舍、工业企业等场所。

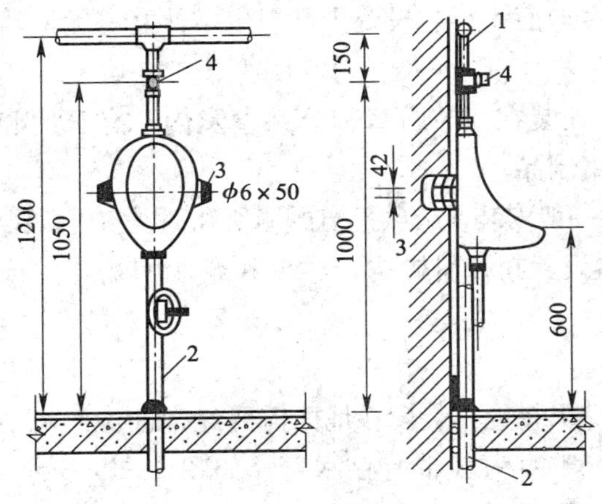

图 3—16　挂式小便器的安装

（2）冲洗设备

冲洗设备是便溺器具的重要配套设备，一般有冲洗水箱和冲洗阀。冲洗水箱的种类较多，按冲洗的水力原理分为冲洗式和虹吸式，目前多采用虹吸式；按启动方式分为手动式和自动式；按安装位置分为高水箱和低水箱。高水箱用于蹲式大便器、大便槽、小便槽。用于大便槽、小便槽和小便器时，一般采用定时自动冲洗水箱。低位水箱用于坐式大便器，一般为手动式，如图 3—17 所示。

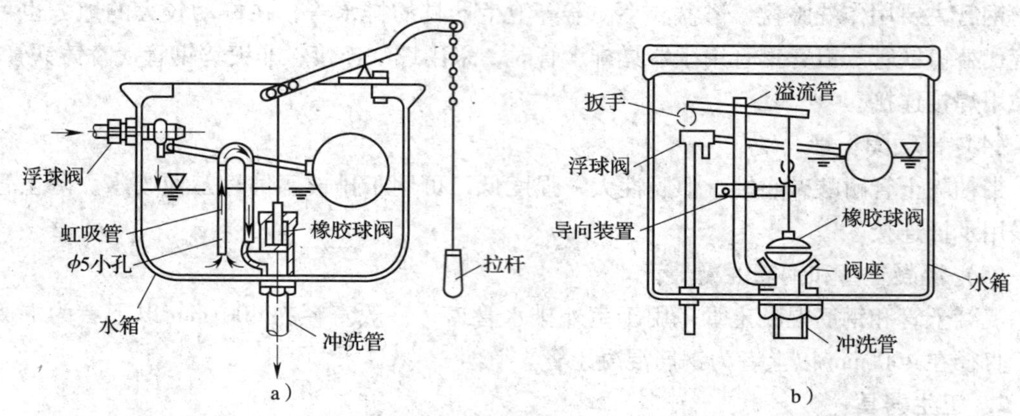

图 3—17 手动冲洗水箱

a）虹吸式水箱 b）冲洗式水箱

（3）盥洗及沐浴器具

1）洗脸盆。洗脸盆设置在盥洗室、浴室、卫生间及更改室内，多为陶瓷制品。

2）盥洗槽。盥洗槽为瓷砖、水磨石等材料现场建造的盥洗设备，有靠墙长条形盥洗槽和置于建筑物中间的环形盥洗槽，多用于卫生标准不高的集体宿舍、教学楼、火车站等处。

3）浴盆。浴盆设在住宅、宾馆等建筑的卫生间和公共浴室内，多为长方形，有陶瓷、搪瓷、玻璃钢等制品。浴盆配有冷、热水龙头或混合龙头，有的还配有淋浴设备。

4）淋浴器。淋浴器广泛用于公共浴室中，住宅中也多有采用，如图 3—18 所示。与浴盆相比，淋浴器具有占地面积小、投资少、卫生条件好等优点。

（4）洗涤器具

1）洗涤盆。洗涤盆安装在住宅厨房和公共食堂内，有家用和公共食堂用之分，现多为陶瓷、玻璃钢或不锈钢制品。

2）污水盆。污水盆一般安装在公共建筑的厕所和盥洗室内，供洗涤拖布、倾倒污水用。

3）化验盆。化验盆设置在科研机构、学校和企业的实验室或化验室内，盆内已带水封，多为陶瓷制品。

（5）地漏

地漏是一种特殊的排水装置，装设在地面需要经常冲洗的场所和地面有水需要排泄的地方。地漏的形式很多，本身大多带有存水弯，如图 3—19 所示。地漏一般为铸铁制品，现在有些高级宾馆或写字楼用不锈钢或铜质地漏。

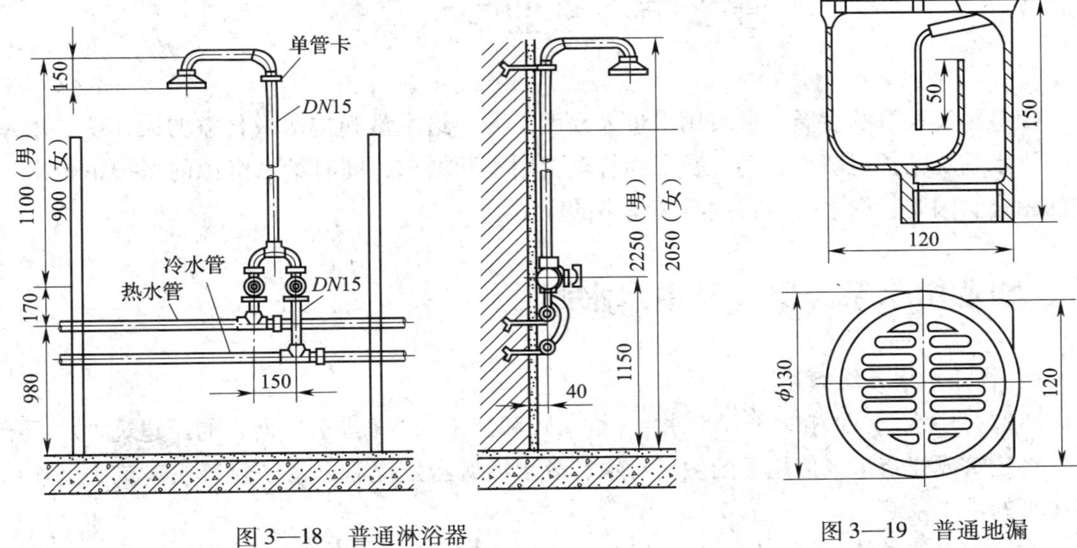

图 3—18 普通淋浴器

图 3—19 普通地漏

（6）水封装置

常用的水封装置有存水弯、承封井等。卫生器具和工业废水受水器与生活排水管道或其他可能产生有害气体的排水管道连接时，为防止有害气体侵入室内，应在排水口以下设存水弯，且存水弯水封深度不得小于 50 mm。当卫生器具的构造中已有存水弯（如坐便器、内置水封的挂式小便器、地漏等）时，不应再设存水弯。存水弯的形状如图 3—20 所示。

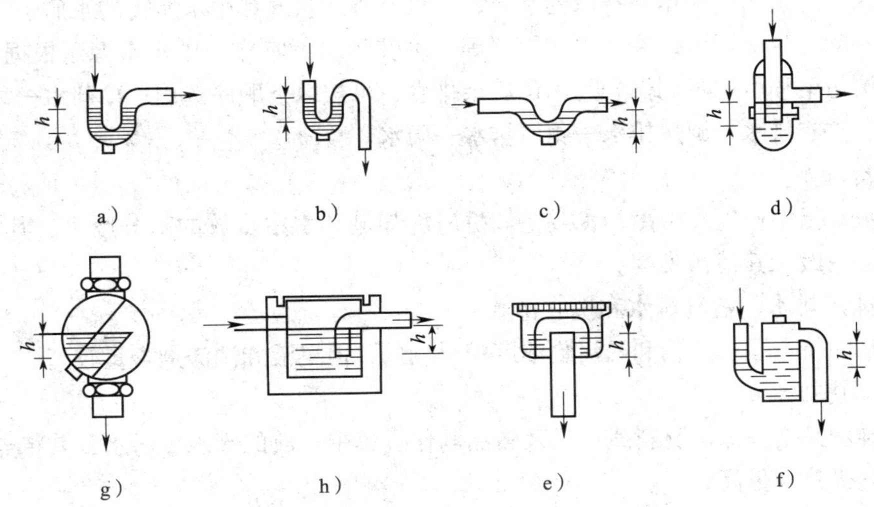

图 3—20 存水弯的形状

a）P形 b）S形 c）U形 d）瓶形 e）钟罩形 f）筒形 g）间壁形 h）水封形

第2节 物业中水系统

随着国民经济的发展，城市用水量大幅度上升，给水量和排水量日益增大，使给水系统、排水系统的扩建费用、动力费用和管理费用不断增加，同时给水资源的保护也带来一定的困难。因此，中水技术得到越来越多的应用。

一、物业中水系统概述及中水水源

1. 物业中水系统概述

所谓“中水”，是相对于“上水”（给水）和“下水”（排水）而言的。建筑中水系统是指将建筑或建筑小区使用后的生活污水、废水经适当处理后再用于建筑或建筑小区作为杂用水的供水系统。

建筑中水技术的开发利用不但可以有效地利用和节约有限的淡水资源，而且还可以缓解城市下水道的超负荷运行现象。近年来我国各地纷纷开展了污水、废水回用的试验和研究，中水工程的应用日益增多。根据不同民用建筑物用水量统计，一般杂用水量为生活总用水量的30%～40%，如果我国缺水地区广泛开展中水利用，则大量的淡水资源将被节约下来。中水作为可靠的第二水源，通过对其水质的抽测，在保证其出水水质符合生活杂用水水质标准的前提下，可用于冲厕、绿化、洗车等。

2. 物业中水的水源

中水水源的选用应根据原排水的水质、水量、排水状况和中水所需的水质、水量确定。中水水源一般为生活污水、冷却水、雨水等。医院污水不宜作为中水水源。根据所需中水水量，应按污染程度的不同优先选用优质杂排水，可按以下顺序选用：冷却水—沐浴排水、盥洗排水、洗衣排水—厨房排水—厕所排水—雨水。

（1）冷却水

冷却水是指工业生产中冷却水或空调机房冷却循环水中排放的部分废水，其特点是水温较高，但一般无其他污染物。

（2）沐浴排水、盥洗排水和洗衣排水

这些水的特点是有机物和悬浮物浓度相对较低，但皂液和洗涤剂含量较高。

（3）厨房排水

厨房排水是指洗涤原材料或用具及食品制作过程中排放的废水、污水，其特点是油脂、悬浮物和有机物含量高。

（4）厕所排水

厕所排水主要来源于大便器和小便器排放的污水，其特点是悬浮物、有机物和细菌含量高。

（5）雨水

除初期雨水外，雨水的水质相对较好。由于雨水的季节性特点，一般将其作为中水的补充水源。

二、物业中水系统的组成

1. 中水原水系统

中水原水系统是指收集、输送中水原水至中水处理设施的管道系统和一些附属构筑物，它分为污水、废水合流系统和污水、废水分流系统。

一般情况下，为简化处理，推荐采用污水、废水分流系统。

2. 中水处理设施

（1）预处理设施

预处理设施包括化粪池、格栅和调节池等。

（2）中水主要处理设施

中水主要处理设施包括沉淀池、气浮池、生物接触氧化池、生物转盘等。

（3）后处理设施

当中水水质要求高于杂用水时，应根据需要增加深度处理，即中水再经过后处理设施（如滤池、消毒设备等）处理。

3. 中水管道系统

（1）中水原水集水管道系统

中水原水集水管道系统是指将建筑内部排水系统排放的污水、废水输送至中水处理站的管线，同时设有超越管线，以便出现事故时可直接排放。

（2）中水供水管道系统

原水经中水处理设施处理后成为中水，首先流入中水储水池，再经水泵提升后与建筑内部的中水供水系统连接。建筑物内部的中水供水管网与给水系统相似，常用的中水供水系统共有三种形式，余压给水系统如图3—21所示，水泵、水箱供水系统如图3—22所示，气压给水系统如图3—23所示。

三、中水系统的分类

按中水系统服务的范围不同，一般分为建筑中水系统、小区中水系统和城镇中水系统。

1. 建筑中水系统

建筑中水系统是指单幢（或几幢相邻）建筑所形成的中水系统，视其情况不同又可再分为以下两种类型：

（1）具有完善排水设施的建筑中水系统

这种类型的中水系统是指建筑物排水管系为分流制，且具有城市二级水处理设施。中

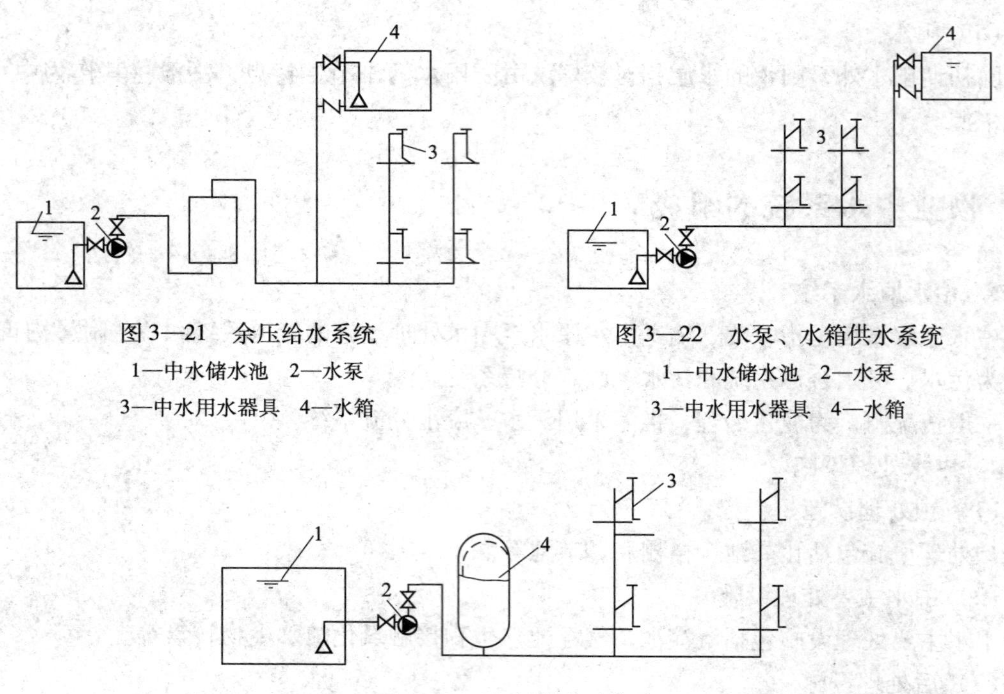

图 3—21 余压给水系统

1—中水储水池 2—水泵

3—中水用水器具 4—水箱

图 3—22 水泵、水箱供水系统

1—中水储水池 2—水泵

3—中水用水器具 4—水箱

图 3—23 气压给水系统

1—中水储水池 2—水泵 3—中水用水器具 4—气压罐

水的水源为本系统内的优质杂排水和杂排水（不含粪便污水），这种杂排水经集流处理后，仍供应本建筑内冲洗厕所、绿化、扫除、洗车、水景、空调冷却等用水。其水处理设施可设于建筑地下室或临近建筑的室外，如图 3—24 所示。

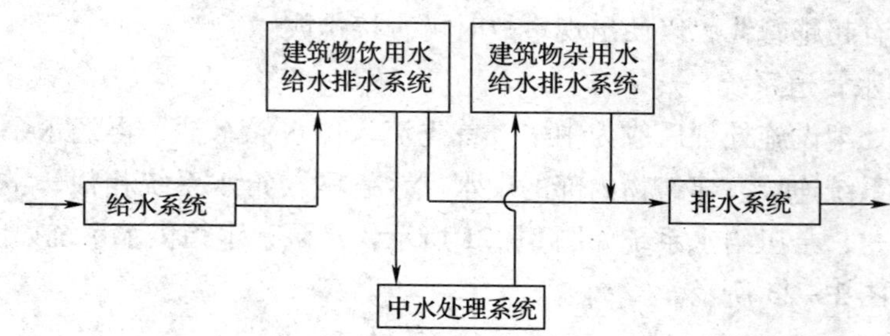

图 3—24 排水设施完善地区的单幢建筑中水系统

（2）排水设施不完善的建筑中水系统

这种类型的中水系统是指建筑物排水管系为合流制，且没有二级水处理设施或距二级水处理设施较远。中水水源取自该建筑的排水净化池（如沉沙池、沉淀池、除油池或化粪池等），如图 3—25 所示。

2. 小区中水系统

小区中水系统适用于城镇小区、机关大院、企业、学校等建筑群。中水水源取自建筑小区内各建筑物排放的污水、废水。室内饮用给水和中水供水应采用双管系统分质供水。

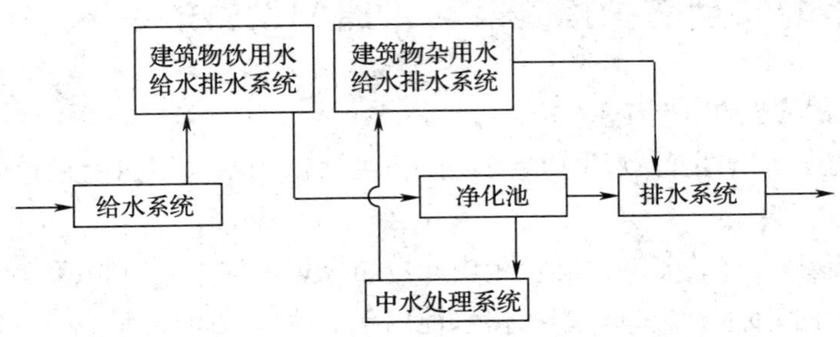

图 3—25　排水设施不完善地区的单幢建筑中水系统

室内排水应与小区室外排水体制相对应，污水应按生活废水和生活污水分质、分流进行排放，如图 3—26 所示。

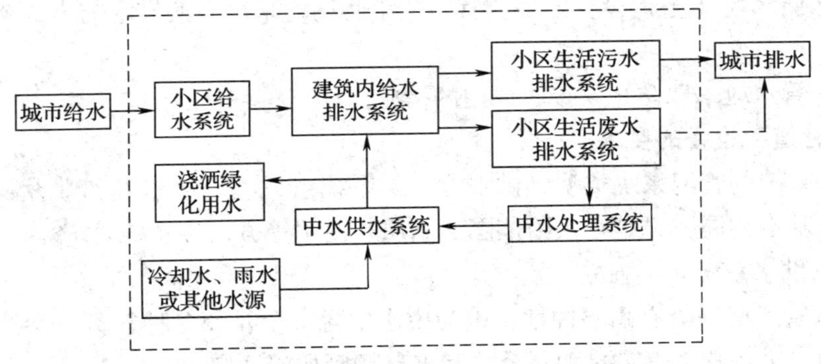

图 3—26　小区中水系统

3. 城镇中水系统

城镇中水系统以城镇二级污水处理厂的出水和部分雨水作为中水水源，经提升后送到中水处理站，处理达到生活杂用水水质标准后，供城镇杂用水使用。该系统不要求室内外排水系统必须采用分流制，但城镇应设有污水处理厂，城镇和室内供水管网应为双管系统，如图 3—27 所示。

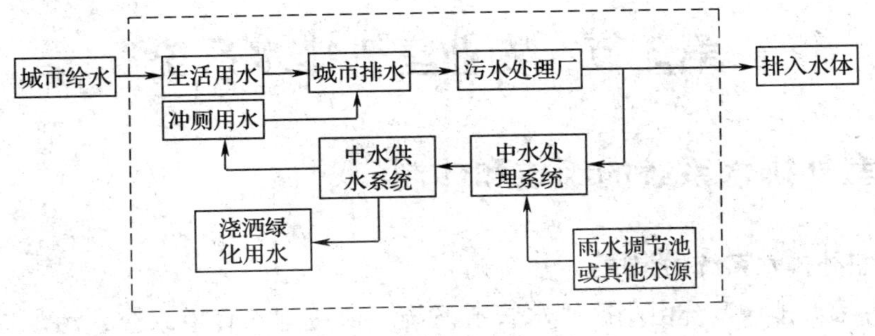

图 3—27　城镇中水系统

四、物业中水的安全防护措施及对管道和设备的要求

1. 物业中水的安全防护措施

(1) 中水管道严禁与生活饮用水管道连接。生活饮用水管道只能通过间接装置向中水池（箱）补水。

(2) 中水管道不宜安装于墙体和楼板内，以防标记不清，影响检修。

(3) 生活饮用水补水管出口与中水储水池内最高水位之间应有不小于2.5倍管径的空气隔断。

(4) 中水管道与生活饮用水、给排水管道平行埋设时，其水平净距不得小于0.5 m；交叉埋设时，中水管道应位于生活饮用水和给水管道之下、排水管道之上，其净距均不得小于0.15 m。

(5) 中水储水池（箱）设置的溢流管、泄水管均应采用间接排水的方式排出，溢流管上应设隔网。

(6) 中水管道应采取防止误接、误用的措施。

2. 中水管道和设备的要求

中水供水系统的管网系统类型、供水方式、系统组成、管道布置和敷设及水力计算与建筑给水系统基本相同，只是在供给范围、水质、使用等方面有特殊要求。

(1) 中水供水系统必须独立设置。

(2) 中水管道必须具有耐腐蚀性，因为中水中含有余氯和多种盐类，会产生多种生物和电化学腐蚀，采用塑料管、衬塑复合管和玻璃钢管比较适宜。

(3) 应采用耐腐蚀材料的管道和设备，并做好防腐蚀处理，使其表面光滑，易于清洗。

(4) 中水供水系统应根据使用要求安装计量装置。

(5) 中水管道不得装设取水龙头，便器冲洗宜采用密闭型设备和器具。绿化、浇洒、汽车冲洗宜采用壁式或地下式的给水栓。

(6) 中水管道应涂成浅绿色，水池、水箱、阀门、水表及给水栓等应标有“中水”字样，以免误用。

第3节　物业室外排水系统

一、物业室外排水系统的组成和体制

1. 物业室外排水系统的组成

室外生活污水排水系统由小区排水管道系统、街道排水管道系统、污水提升泵站、污水处理与再利用系统及排入水体的出水口等组成，如图3—28所示。

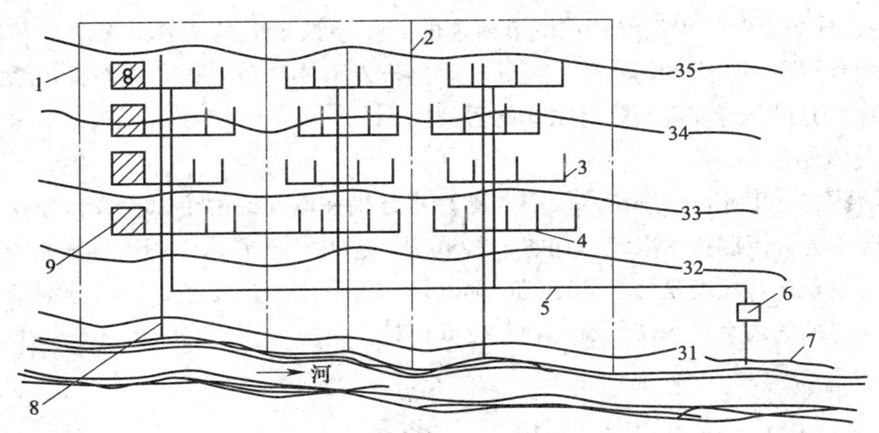

图 3—28　物业室外生活污水排水系统

1—城市边界　2—排水流域分界线　3—支管　4—干管　5—主干管　6—污水处理厂　7—出水口　8—雨水管　9—厂区或生活小区

(1) 小区排水管道系统

小区排水管道系统是把小区排出的污水排泄到街道排水系统的管道系统，它是敷设在小区内的排水管道系统。由出户管、检查井、建筑排水管道组成，其终点设置控制井。控制井应设在庭院最低但高于街道排水管的位置，并要保证与街道排水系统的管道相衔接的高度。

(2) 街道排水管道系统

街道排水管道系统是敷设在街道下的承接小区排水的管道。由支管、干管、和相应的检查井组成。其最小埋深需满足小区排水管的接入需要。管道系统还设有跌水井等附属构筑物。

(3) 污水提升泵站

当管道由于坡降要求造成埋深过大，需将污水抽升输送时，应设置污水提升泵站。

(4) 污水处理厂

污水处理厂设于排水管网的末端，对污水进行处理后排放水体，排放水体处设有出水口等。

2. 物业室外排水系统的体制

排水系统中把生活污水、工业污水和废水、雨水和雪水径流所采取的汇集方式叫作排水体制，一般分为合流制与分流制两种类型。

(1) 合流制排水系统

合流制排水系统是指将生活污水、工业污水和废水及雨（雪）水汇集到同一排水系统进行排放，如图 3—29a 所示。按照生活污水、工业污水和废水及雨（雪）水汇集后的处理方式不同，可分为以下两种：

1) 直泄合流制排水系统。混合污水未经处理而直接由排出口就近排入水体。在我国许多旧的城区大都采用这种系统，它使受纳水体遭受严重污染。

2）截流式合流制排水系统。在城市街道的管渠中设置截流干管，把晴天和雨天初期降雨时的所有污水都输送到污水厂，经处理后再排入水体。截流式合流制排水系统虽比前者有所改善，但仍不能彻底消除对水体的污染。

（2）分流制排水系统

将生活污水、工业污水和废水及雨（雪）水分别在两个或两个以上各自独立的管渠内排出的系统称为分流制排水系统，如图3—29b所示。由于把污水、废水排水系统和雨水排水系统分开设置，其优点是污水能得到全部处理，管道水力条件较好，可分期修建。主要缺点是降雨初期的雨水对水体仍有污染，投资相对较大。

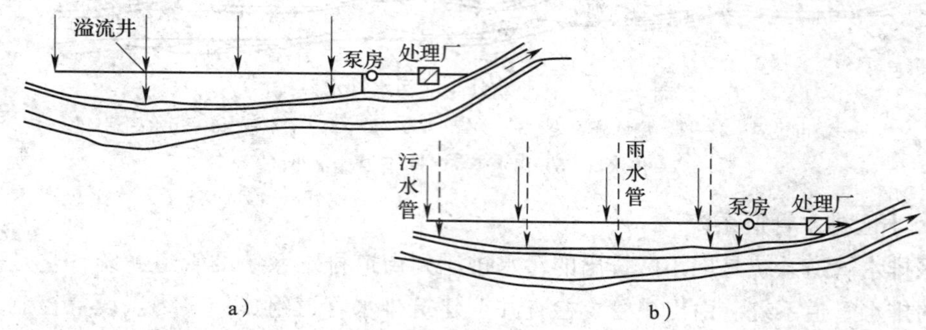

图3—29 合流制排水系统与分流制排水系统

a）合流制排水系统 b）分流制排水系统

二、物业室外污水和废水的抽升与局部处理

1. 污水和废水的抽升

民用和公共建筑的地下室、人防建筑、地下铁路车站及工业建筑内部标高低于室外地坪的车间等，其内部污水若不能自流排至室外检查井，则必须设置污水抽升设备来排出，即应设置污水泵、集水池和污水泵房。

（1）污水泵

污水泵的种类很多，主要为离心杂质泵，包括卧式离心污水泵、耐酸污水泵、潜污泵、液下泵等。潜污泵和液下泵在液面以下运行，开泵前不需引水，噪声和振动较小，设备简单，占用位置小，所以应优先选用。选用卧式离心污水泵时，因污水中会有很多杂质，吸水管口一般不能装设底阀，故不能人工灌水，为此最好设计成灌入式，即水池水面高于水泵轴线；否则，应设真空泵等抽气设备。耐酸污水泵适用于排送酸性、碱性或其他腐蚀性的污水和废水。此外，还有手播泵、喷射器等用于小流量的污水抽升设备。

污水泵应有一台备用机组。为使各水泵独立运行，各水泵应有单独的吸水管。为及时排出污水和减小集水池容积，污水泵的启动宜采用自动控制。当集水池无事故排水管时，水泵应有不间断的电源和动力供应装置。

（2）集水池

集水池的容积与污水泵的启动方式有关。污水泵自动启动时，集水池容积不小于最大一台水泵 5 min 的出水量，水泵每小时的启动次数不宜超过 6 次。水泵手动启动时，集水池容积根据建筑污水的排放量和水泵的工作情况确定，但生活污水集水池的容积不大于6 h 平均污水量。

（3）污水泵房

污水泵房应尽量靠近集水池，但还应考虑对周围环境的影响。在卫生环境要求很高的生产厂房和公共建筑内不得设置污水泵房。对一般性建筑，污水泵房可设在通风良好的地下室或底层内，但也应有隔振和防噪声措施。此外，还应使污水泵的出水管路尽量简短，注意防冻和采光问题。

2. 污水和废水的局部处理

当建筑污水和废水不符合排入城市污水管网或水体的条件时，应设污水局部处理构筑物。常用的污水局部处理构筑物有以下几种：

（1）化粪池

化粪池是截留生活污水中可沉淀和悬浮的污物、储存截留的污泥并使其厌氧消化的生活污水局部处理构筑物。在无污水处理厂的地区，建筑物粪便、污水应先经化粪池处理后再排入城市污水管网或水体。在有污水处理厂的地区也可设置化粪池，以减小污物在管道中沉淀的可能性，并减轻污水处理厂的负担。

化粪池一般为矩形，小型池为圆形。为提高处理效果，化粪池常设计成双格或三格。第一格用于污泥的沉淀和发酵，第二、第三格用于污水中剩余污泥的继续沉淀和污水澄清。双格化粪池如图 3—30 所示。化粪池的容积不宜过小，其最小尺寸为：长 1 m、宽 0.75 m、深 1.3 m。

化粪池虽然有很多缺点，但在我国应用很广泛。目前，国内外都在积极研究更高效、更卫生的生活污水局部处理构筑物和设备。

（2）隔油池（井）

隔油池（井）是截留污水中油类的局部处理构筑物。食堂、饭店、屠宰场等的排水中含有大量的植物油和动物油脂，在排入城市污水管道之前必须经隔油池（井）处理；否则，油类凝固后会堵塞管道。含有汽油、柴油、煤油等的汽车修理车间、汽车库及其他场所排出的油污水也需经隔油池（井）处理；否则，这些油类进入城市污水管道后易挥发成气体，当气体浓度达到一定程度后，会发生爆炸，引起火灾，破坏管道。隔油池（井）采用上浮法除油，其结构如图 3—31 所示。

（3）降温池

降温池是采用冷水混合、二次蒸发、水面散热等方法降低污水温度的构筑物。供热锅炉房和其他小型锅炉房排水温度较高，余热不便利用，但又不符合污水排入城市下水道水质标准中污水温度不高于 40℃ 的规定，因此，需经降温处理后才能排放。一般的处理方法是：首先，使热污水在常压下二次蒸发，减少热污水量和所带热量；然后，热污水再与降温池中的冷水混合，使水温降到 40℃ 后再排放。二次蒸发降温池的结构如图 3—32 所示。

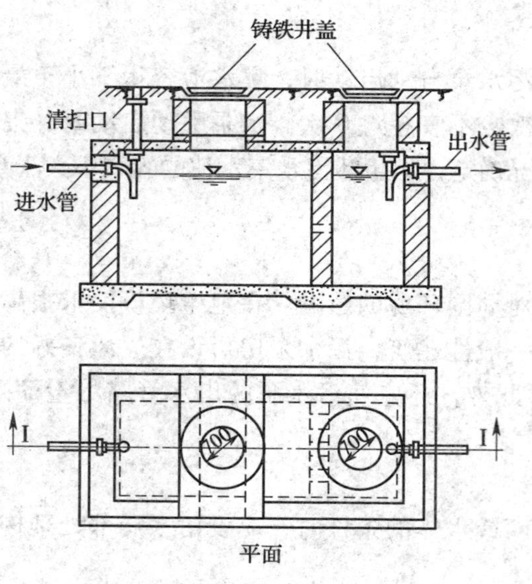

图 3—30 双格化粪池

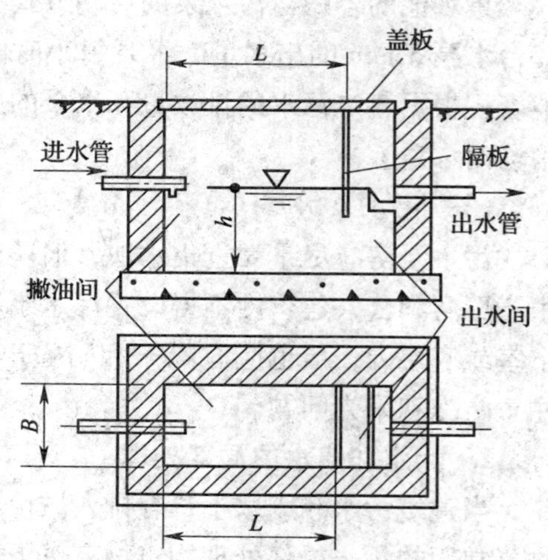

图 3—31 隔油池（井）的结构

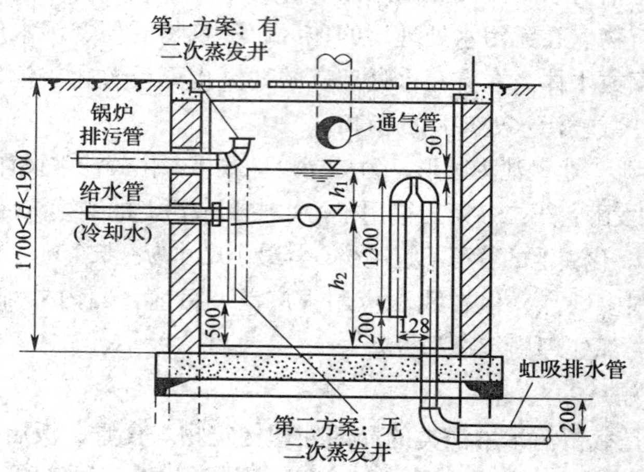

图 3—32 二次蒸发降温池的结构

降温池一般设于室外，尽量设计成敞开式，以利于降温。若设在室内，水池则应密闭，并设有入孔和通向室外的排气管。

第 4 节 物业排水系统维护与管理

一、物业排水系统管理范围

排水管道管理及维修范围的界定实行排水单位、物业管理单位、业主三方分段负责制。

1. 业主职责

从下水立管三通开始至地漏、坐便器、洗手盆、洗菜盆等部位应由业主负责管理。当这些部位出现漏水或损坏时，应由业主自行维修或实行有偿维修。由此造成相邻房屋损坏和影响使用的应积极主动维修。

2. 物业管理单位职责

从单元下水立管至小区排水管道（雨水排放管道）、窨井、化粪池应由物业管理单位负责管理。当该段排水管道发生堵塞或外溢时，应由物业管理单位负责维修。当该段管道需要中、大修时，应由物业管理单位向业主委员会提交物业维修申请报告、开发建设单位“住宅质量保证书”、“工程预算书”、维修资金分摊情况说明等材料，经业主大会审议通过并形成书面决议，向市区房管局申报使用专项维修资金。

3. 市政部门职责

化粪池以外的排水管道和窨井应由市政部门负责管理，当该段管道和窨井发生堵塞或外溢时，应由市政部门负责维修，其维修费用由市政部门自行解决。

二、物业排水系统管理内容

物业室内排水系统的管理内容包括以下几项：

1. 定期对排水系统进行养护、清通。
2. 教育住户不要把杂物投入下水道，防止堵塞。下水道堵塞应及时清通。
3. 定期检查排水管道及阀门是否有生锈或渗漏等现象，发现隐患应及时处理。
4. 定期检查和清扫室外排水沟渠，清除淤泥和杂物。
5. 检查楼板、墙壁、地面等处有无滴水、积水等异常现象，如发现管道确有漏水情况，应及时修理，以防损伤建筑物和有碍环境卫生。
6. 厕所、盥洗室应作为检查的重点，且每次检查的时间间隔以不超过一周为宜。

三、物业排水系统维护

1. 室内排水系统的维护

室内排水管道最常见的问题是管道堵塞。排水管道堵塞会造成流水不畅，排泄不通，严重的会在地漏、水池、马桶等处外淌。

造成堵塞的原因多为使用不当。例如，硬杂物进入管道，停留在管道中部、拐弯处、排水管末端。有的是在施工过程中，砖块、木块、水泥砂浆等进入管道中。修理时，可根据具体情况，判断堵塞物的位置，在靠近的检查口、清扫口、屋顶通气管等处采用人工或机械清通，或采用开天窗的方法进行大开挖，排除堵塞物。

2. 室外排水系统的维护

（1）熟悉排水管线的位置及基本布置情况。

（2）查看检查井的井盖是否严密，防止杂物落入，以免给修理工作造成麻烦。

（3）检查雨水井及其附件是否完好。

（4）排水管道要定期检查和冲洗。

（5）排水管道周围有树木生长时，每年至少两次检查排水管道内是否长出树根。

（6）夏季在暴雨过后要检查及清理排水和雨水管内的淤泥杂物。

（7）及时填写“排水系统例行保养、检查、测试记录”（参见附录13）。

第5节　物业排水系统故障应急预案

一、排水系统出现堵塞现象的应急处理

1. 物业管理单位接报后，问清事发地点，立即通知工程部和相关部门，带好排水设备及工具前往现场处理。

2. 确认堵塞的原因，堵塞的原因多为建筑施工或业主装修时将杂物掉进下水道，停留在管道拐弯处或排水管末端。修理时，可根据具体情况，判断堵塞物的位置，在靠近的检查口、清扫口、屋顶通气管等处采用人工或机械清通。

3. 如技术、设备原因或对堵塞部位难以判断，可请专业公司处理。客服部应该配合工程部向业主进行解释。

二、排水管道漏水的应急处理

排水管道漏水主要是由于管道接头不严造成的。发现排水管道漏水后，应立即用布绑紧裂口，关闭破裂管对应的用水设备，调集沙袋挡住电梯口和业主单元门口，报告物业管理单位主管，由其安排人员修补管道裂口或更换管道。

三、排水构件反臭气的处理

排水构件反臭气也是室内排水系统中常见的故障，反臭气的原因很多，这里主要总结五个原因，其相应的排除方法见表3—1。

表3—1　　排水构件反臭气的原因和排除方法

故障原因	排除方法
排水构件未设存水弯或设有存水弯但水封高度不够	建议设置或更换存水弯
通气管伸出屋面板处出现堵塞现象，导致水封失败	建议清通通气管

续表

故障原因	排除方法
排水构件的排水软管与排水系统支管往往采用承插式，在软管与支管间存在缝隙，即使安装存水弯，臭气会沿缝隙上返	在维修时用玻璃胶将缝隙封闭
排水系统的通气管一般都通向室外屋顶，当遇到大风、阴天等天气，室外气压比室内高，通气管内压力升高，管内臭气有时会透过存水弯倒灌人室	在维修时排水通气管伸出屋面的端头要有防风帽等保护措施（无动力防风帽等），以避免大风等天气时产生倒灌现象
下水管道长时间使用不清理会存有臭气	在维修时每个月清扫一次防臭地漏内的杂物，用湿盐水倒入下水管内和地漏中，控制管道内产生微生物霉变现象

四、排水管道爆裂，出现跑水现象的应急处理

1. 主要排水管爆裂引起大量泄水时，发现人或接报人应立即通知物业管理单位经理和设备主管。

2. 给排水专业人员立即关闭相关联的供水管闸阀。

3. 由设备主管联络市政相关部门进行抢修。

4. 观察四周环境，看漏水是否影响周边各项设备，如机房、电梯、线槽、电源开关、插座等，跑水量较大时，使用沙袋、布单、吸水机等阻止水势蔓延。如有浸水应立即切断电源，以防引起电气短路或水浸漏电，避免导致人身伤亡及由此引发的电气火灾，最后做排水除湿处理。

5. 爆裂排水管修复后，通过排水反复检查有无漏水现象。

思考与练习

1. 室内排水系统由哪几部分组成？各组成部分的作用是什么？

2. 中水系统的组成部分有哪些？各部分的具体内容是什么？

3. 物业中的中水安全防护注意事项有哪些？

4. 室外排水系统的组成部分有哪些？各组成部分的作用是什么？

5. 室内外排水系统的维护需要注意哪些问题？

6. 排水管出现堵塞现象的应急处理方法有哪些？

7. 结合本章学习的专业知识，排水管道出现爆裂、跑水现象的应急处理方法有哪些？试比较与给水管出现爆裂、跑水现象在处理方法上有哪些不同？

技 能 训 练

1. 理论联系实践，在物业管理过程中，业主对排水构件反臭气提出投诉意见，针对小区的实际情况，应如何从专业的角度查找原因并进行治理。

2. 屋面排水系统的方式有哪些？结合实践，谈谈所在学校各建筑的排水方式有哪些？排水效果如何？根据所学专业知识如何进行改进？

第四章　物业消防系统

学习目标

掌握物业消防灭火系统的组成；熟悉物业消防减灾及避难应急系统的设施组成及功能；了解火灾报警系统的应用形式；了解消防联动系统、消防广播系统的方式；掌握物业消防系统的管理与维护；掌握物业消防系统常见故障的处理。

近年来，建筑业发展较快，由于城市人口多，建筑物密集，所以有效监测、控制并迅速扑灭建筑火灾，保障人民生命和财产的安全是物业消防系统的任务。物业消防系统就是为完成上述任务而建立的一套完整、有效的体系。该体系就是在建筑物内部设置必需的消防灭火系统、消防减灾及避难应急系统、消防火灾自动报警与联动控制系统等建筑消防设施。

第1节　物业消防概述

一、物业火灾的成因

物业火灾的原因是多种多样的，主要原因可归纳为以下六个方面：

1. 生活用火不慎

我国城乡居民家庭火灾绝大多数为生活用火不慎引起。属于这类火灾的原因大致包括吸烟不慎、炊事用火不慎、取暖用火不慎、灯火照明不慎、小孩玩火、燃放烟花爆竹引起的火灾等。

2. 违反安全生产制度

由于违反安全生产制度引起火灾的情况很多。例如，在易燃、易爆的车间内动用明火，引起爆炸起火；将性质相抵触的物品混存在一起，引起燃烧爆炸；在用电焊、气焊焊接和切割时，因没有采取相应的防火措施而酿成火灾等。

3. 电气设备设计、安装、使用及维护不当

电气设备引起火灾的原因主要有电气设备过负荷、电气线路接头接触不良、电气线路短路、照明灯具设置和使用不当等。

4. 自然现象引起

自然现象引起的火灾主要有物质的自燃火灾、雷击引起火灾、静电引起火灾、地震引起的火灾。

5. 纵火

纵火分为刑事犯罪纵火及精神病人纵火引起的火灾。

6. 建筑布局不合理，建筑材料选用不当

在建筑布局方面，防火间距不符合消防安全要求，没有考虑风向、地势等因素对火灾蔓延的影响，往往会造成发生火灾时火烧连营，形成大面积火灾。在建筑构造、装修方面，大量采用可燃构件和可燃、易燃装修材料都大大增加了建筑火灾发生的可能性。

二、建筑火灾的特点

1. 火势凶猛且蔓延极快

现代建筑以多功能且装饰豪华而著称，由于装饰豪华，大量有机材料或可燃、易燃材料广泛地应用于建筑装修中。因此，一旦着火，这些遍布全楼的可燃材料便是大火猛烈燃烧的极好物质条件，同时也是火灾蔓延的良好途径。

对于高层建筑，楼内布满了各种管道及竖井，它们像一个个直立的“烟囱”，使火焰及烟雾在其中迅速向上升起，形成凶猛的“烟囱效应”，助推火势的增长与蔓延。

2. 火灾时人员与物质疏散困难

建筑物内特别是高层建筑中，人员众多且集中，若此时楼内疏散措施相对不多，交通工具（如电梯）又被迫停止运行，人员在疏散的慌乱中难免产生自相拥挤、碰伤、烟熏中毒，甚至因相互践踏而造成人身伤亡事故，这就更增加了疏散难度。

3. 火灾扑救困难

高层建筑火灾的扑救难度要比一般建筑大得多。高层建筑的林立、楼群的叠起，对消防的要求也势必越来越高，从而使消防车难以接近火场和火源。由于高层建筑高度偏高，现有的灭火设备难以奏效，这就对建筑物内部的自动消防系统及消防减灾系统提出了更高的要求。

三、物业消防系统的组成

发生在建筑物内部的火灾占据了火灾总量的大部分。物业消防系统就是设置在建筑物内部，用于在火灾发生时能够及时发现、确认、扑救火灾的设施，也包括用于传递火灾信息，为人员疏散创造便利条件和对建筑进行防火分隔的装置等的防火、灭火系统。

物业消防系统按其功能可分为三个部分，即火灾自动报警系统、灭火及消防联动系统、消防控制室，如图 4—1 所示。

1. 火灾自动报警系统

火灾自动报警系统主要由探测器、报警显示和火灾自动报警控制器组成。

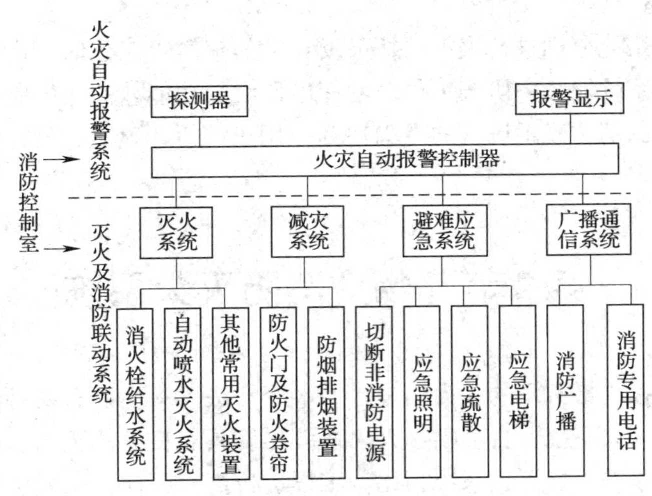

图 4—1　物业消防系统的组成及结构

该系统的主要功能和设置目的就是及时发现和确认火灾，同时向建筑物内的人员警示火灾的发生，并组织人员有序疏散，联动启动相应的消防设施扑灭火灾。火灾的监测可以通过设置在各部位的火灾探测器进行自动报警，或者通过手动报警按钮进行人工报警，也可以由人员直接通信向消防控制中心报警。

2. 灭火及消防联动系统

（1）灭火系统

建筑物内按消防规范设置的灭火系统有消火栓给水系统、自动喷水灭火系统及其他常用灭火装置，如气体自动灭火系统、泡沫自动灭火系统及干粉灭火系统等，都是为了在火灾发生时能够及时扑灭早期火灾。

（2）减灾系统

减灾系统主要有两大功能，一是防止火灾进一步蔓延，二是起阻烟作用。发生火灾时物质燃烧会产生烟，火灾中烟气的危害很大。国内外的研究表明，大量的烟气是造成人员伤亡的主要因素，因此，必须按照国家标准要求，在灭火的同时进行火灾现场的排烟，特别是做好疏散通道防烟工作。常见的机械防烟、防火装置有防火门及防火卷帘。

（3）避难应急系统

火灾发生后，为了及时通报火情、扑救火灾、有序而迅速地疏散人员，物业消防系统还需立即切断非消防电源，设置专用的应急照明、应急疏散、应急电梯等避难应急装置。

（4）广播通信系统

为了给人员疏散创造必要的条件，减少火灾可能造成的人员伤亡。当火灾确认后，为了及时通知人员撤离，避免混乱，以减少伤亡，火灾现场组织人员的疏散特别需要清晰、明确的引导，该任务一般由广播通信系统来完成。广播通信系统一般包括消防广播和消防专用电话。

3. 消防控制室

上述各消防子系统分别进行火灾的扑灭及人员的疏散等工作时，需要一个统一的控制指挥中心，使各子系统能紧密协调工作，发挥出最大的功能。消防控制室是安放火灾自动报警控制设备和控制消防联动设备的专门房间，用于接收、显示、处理火灾报警信号，控制有关的消防设施。

第2节 物业消防灭火系统

物业消防灭火系统最常用的灭火剂是水，水冷却法灭火主要有两种形式，即消火栓灭火系统和自动喷水灭火系统。自动喷水灭火系统尽管具有良好的灭火、控火效果，扑灭火灾迅速、及时，但与消火栓灭火系统相比，工程造价高。因此，从我国经济、技术条件出发，主要的灭火系统应采用消火栓灭火系统。例如，高层民用建筑中不论何种情况都必须设置室内和室外消火栓灭火系统。室内消火栓灭火系统已作为高层民用建筑最基本的灭火设备。

一、室内消火栓灭火系统

1. 室内消火栓系统的组成

室内消火栓灭火系统一般由消防供水水源、室内消防给水管网、室内消火栓设备、消防供水设备组成，如图4—2所示。

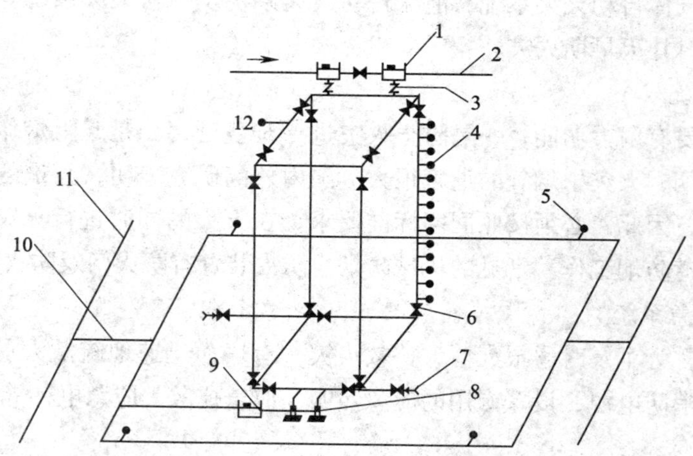

图4—2 室内消火栓灭火系统的组成

1—消防水箱 2—接生活用水 3—止回阀 4—室内消火栓 5—室外消火栓 6—阀门 7—水泵接合器 8—消防水泵 9—消防水池 10—进户管 11—市政管网 12—屋顶消火栓

（1）消防供水水源

消防供水水源主要来自市政给水管网、天然水源、消防水池。

（2）室内消防给水管网

室内消防给水管网包括进水管、水平干管、消防立管、各类阀门等。

（3）室内消火栓设备

室内消火栓设置在消火栓箱内，箱内一般配备消火栓、水龙带、水枪、水泵按钮、消防卷盘等设备，如图4—3所示。

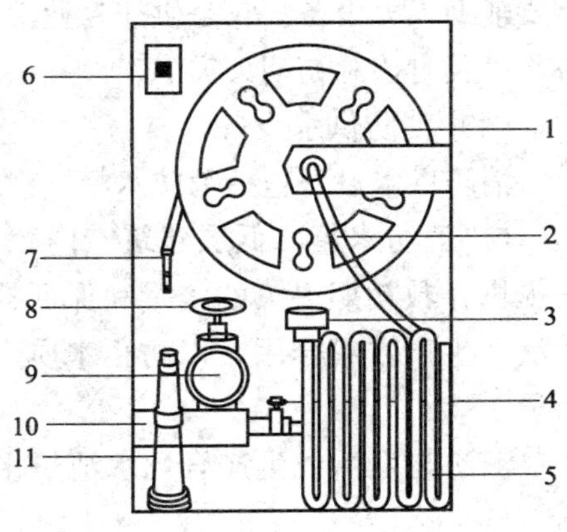

图4—3　消火栓箱

1—消防卷盘　2—软管　3—水龙带接口　4—阀门　5—水龙带　6—水泵按钮　7—卷盘水枪　8—消火栓　9—消火栓接口　10—消防管道　11—水枪

1）消火栓。是具有内扣式接口的球形阀式龙头，一端与消防管相接，另一端与水龙带连接。如图4—4所示，消火栓有双出口和单出口两种，按其出口直径分为50 mm和65 mm两种，双出口消火栓、高层民用建筑消火栓的直径应取65 mm，建筑中一般采用单出口消火栓。

a)

b)

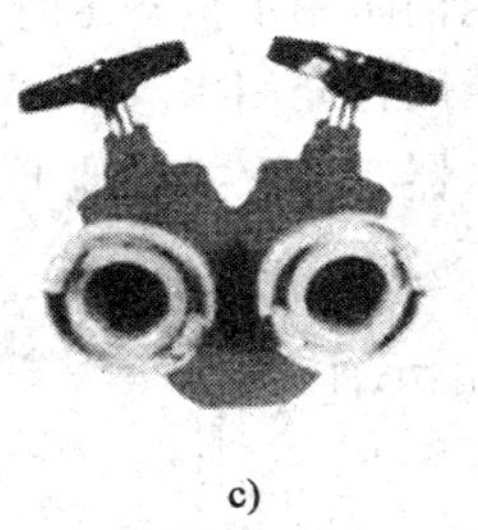
c)

图4—4　消火栓

a）单出口　b）单阀双出口　c）双阀双出口

2）水龙带。水龙带有衬胶、麻质和棉质几种。室内水龙带多用直径为50 mm和65 mm的麻质或衬胶消防水龙带，长度一般为15 m、20 m、25 m三种。水龙带长度应不超过25 m。

3）水枪。室内消火栓水枪均为直流水枪，常用规格有直径13 mm、16 mm、19 mm。直径为13 mm的水枪与直径为50 mm的消火栓相连、直径为16 mm的水枪与直径为50 mm或65 mm的消火栓相连（根据设计选用）、直径为19 mm的水枪与直径为65 mm的消火栓相连。

4）水泵按钮。为及时启动消防水泵，在消防水箱内的消防用水尚未用完前，消防水泵应进入正常运转。故在每一个消火栓箱内或在其附近位置必须设置启动消防水泵的按钮，并应设有保护按钮的设施。

5）消防卷盘。是设置在高级旅馆、综合楼和建筑高度超过100 m的超高层建筑内的重要辅助灭火设备。它是供非专业消防人员，如宾馆服务员和工作人员使用的简易消防设备，可及时控制初期火灾。

(4) 消防供水设备

消防供水设备包括消防水箱、消防水池、水泵接合器和气压给水装置。

1）消防水箱。低层建筑室内消防水箱是储存扑救初期火灾消防用水的储水设备，它提供扑救初期火灾的水量和保证扑救初期火灾时灭火设备必要的水压。消防水箱宜与生活、生产水箱合用，以防止水质变坏。水箱内应储存可连续使用10 min的室内消防用水量。

消防与生活或生产合用水池、水箱时，应具有保证消防用水平时不作他用的技术措施。

消防水泵应能满足消防时的水压、水量要求，并设有备用泵。

2）消防水池。消防水池用于无室外消防水源的情况，储存火灾持续时间内的室内消防用水量。消防水池可设于室外地下或地面上，也可设在室内地下室，或与室内游泳池、水景水池兼用。

3）水泵接合器。水泵接合器是一种火场临时供水设施。当室内消防水泵因故停止运转时，利用消防车从室外消火栓或消防水池抽水，通过水泵接合器向室内管网供水；或当遇大火，室内消防用水量不足时，利用消防车从室外消火栓或消防水池抽水，通过水泵接合器向室内管网补充用水。

第四章

水泵接合器有地上式、地下式和墙壁式三种，如图4—5所示。

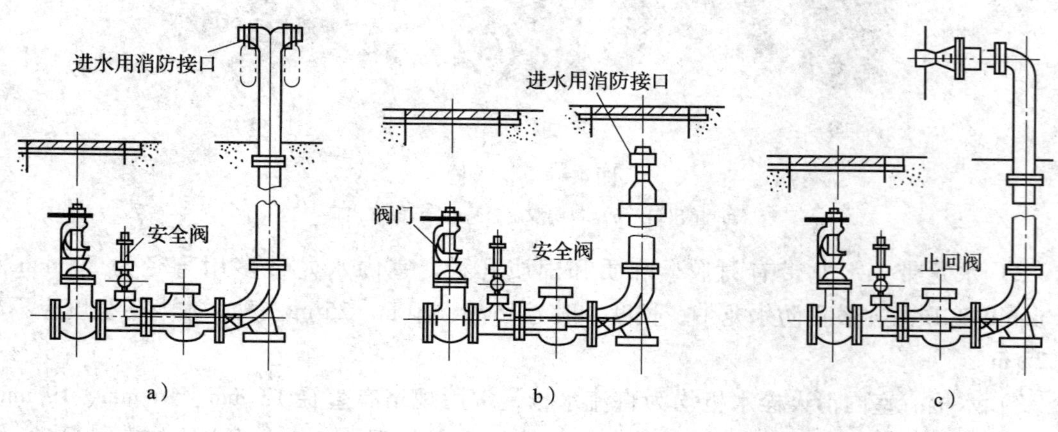

图4—5 水泵接合器

a）地上式 b）地下式 c）墙壁式

4）气压给水装置。气压给水装置是利用密闭储罐内空气的可压缩原理进行储存、调节和输送需用水量的一种供水设备。其作用一是相当于高位消防水箱，即储存扑救初期火灾所需水量和保证扑救初期火灾所需的水压；二是因水箱高度不够，用其增压，并控制水泵。

2. 室内消火栓给水系统管网

室内消火栓给水系统按照高、低层建筑可分为低层建筑室内消火栓给水系统和高层建筑室内消火栓给水系统。

（1）低层建筑室内消火栓给水系统

建筑高度在 24 m 以下的建筑物室内消火栓给水系统均属低层建筑室内消火栓给水系统，这种灭火系统仅供居民扑救建筑物初期火灾时使用。

根据建筑物高度、管网的压力和流量等要求，其室内消火栓给水系统分为以下三类：

1）无加压水泵和水箱的室内消火栓给水系统。这种给水系统管网适宜于建筑物高度不高、室外给水管网不大、室外给水管网的压力和流量完全能够满足设计的水压和水量的要求，这种系统多为合用的给水系统，如图 4—6 所示。

2）设有消防水箱的室内消火栓给水系统。这种给水系统适用于水压变化较大的城市或居住区，如图 4—7 所示。当生活和生产用水量达到最大时，则室外管网不能保证室内管网最不利点消火栓的压力和流量，而在生活和生产用水量较小的时间段内，室内管网压力差较大，常设有水箱（储存 10 min 的消防用水量），以调节生活、生产用水量。为了保证扑救初期火灾所需的压力，水箱高度应满足室内管网最不利点消火栓的水压和水量要求。

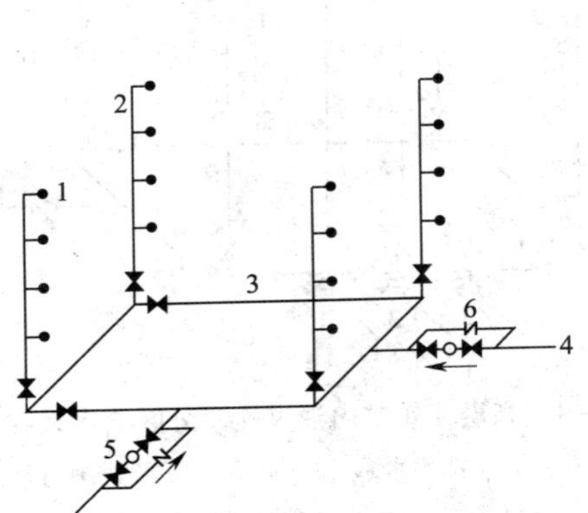

图 4—6　无加压水泵和水箱的室内消火栓给水系统

1—室内消火栓　2—室内消防立管　3—给水干管　4—进水管　5—水表　6—旁通管

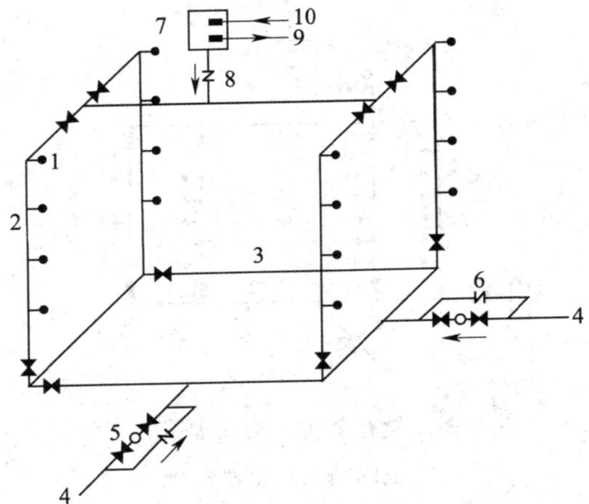

图 4—7　设有消防水箱的室内消火栓给水系统

1—室内消火栓　2—室内消防立管　3—干管　4—进水管　5—水表　6—旁通管　7—水箱　8—止回阀　9—接生产、生活管网　10—生产、生活进水管

3）设有消防水泵和水箱的室内消火栓给水系统。当室外管网压力经常不能满足室内消火栓给水系统对水量和水压的要求时，宜设置这种室内消火栓给水系统，如图 4—8 所示。

（2）高层建筑室内消火栓给水系统

凡建筑高度大于24 m的室内消火栓给水系统，属高层建筑室内消火栓给水系统。由于消防车水泵泵压和消防水龙带强度的限制，一般不能直接利用消防车从室外水源进水到高层扑救火灾。因此，高层建筑灭火应立足于“自救”，高层建筑室内消火栓给水系统是扑灭高层建筑火灾的主要灭火设备。

1）高层建筑室内消火栓不分区给水系统。这种系统的特点是多幢高层建筑室内仅设有独立的消防管网，当火灾发生时，消防车从室外消火栓取水通过建筑水泵接合器，向室内消火栓给水系统管网供水。这种系统便于集中管理，适用于高层建筑密集区，如图4—9所示。

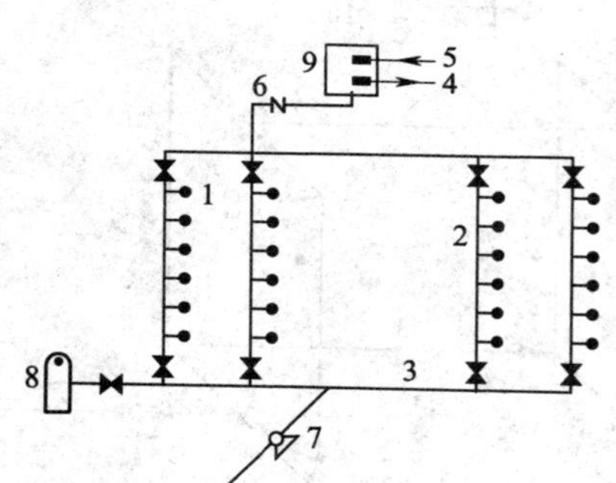

图4—8 设有消防水泵和水箱的室内消火栓给水系统

1—室内消火栓 2—消防立管 3—干管 4—接生产、生活管网 5—生产、生活进水管 6—止回阀 7—水泵 8—水泵接合器 9—水箱

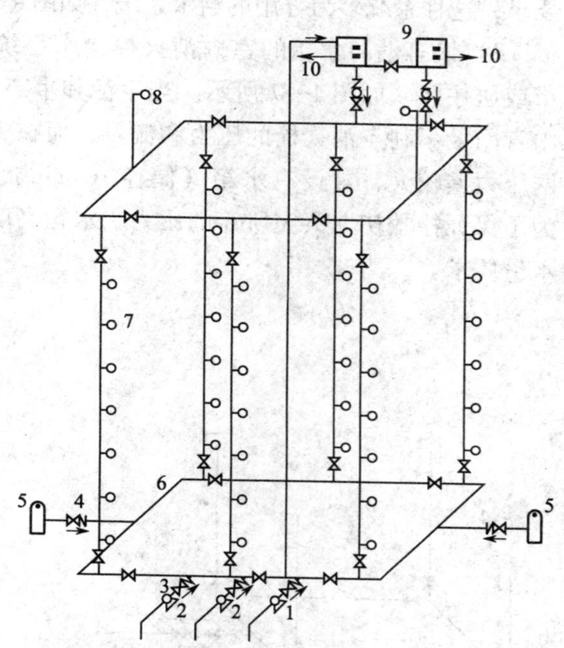

图4—9 高层建筑室内消火栓不分区给水系统

1—生产、生活用水泵 2—消防水泵 3—阀门 4—止回阀 5—水泵接合器 6—环状管网 7—室内消火栓 8—屋顶消火栓 9—水箱 10—接生产、生活管网

2）高层建筑室内消火栓分区给水系统。上面几种系统均属于整个建筑内不分区时设置一个独立的或与生产、生活合用的消火栓给水管网。当建筑高度超过50 m时，为便于灭火和供水设备安全，宜采用分区供水的室内消火栓给水系统，如图4—10所示。

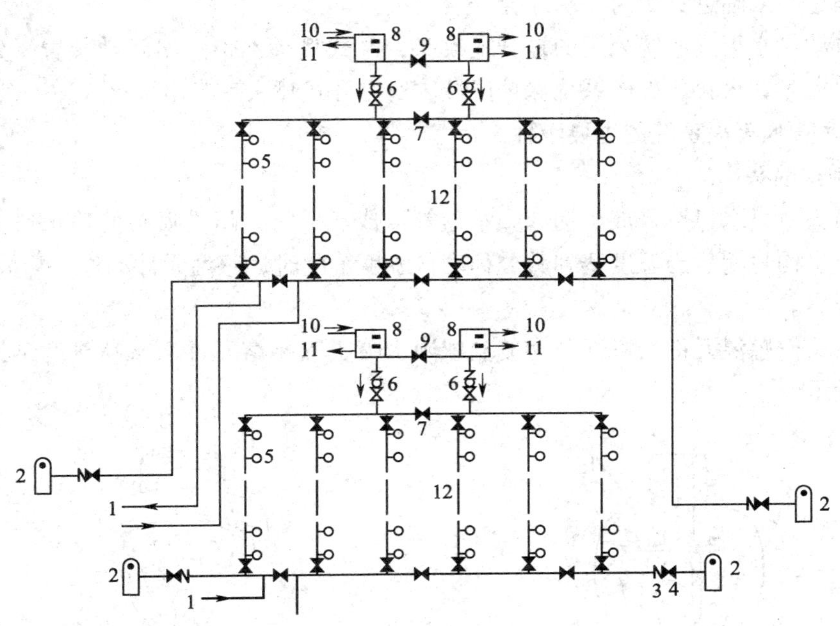

图 4—10 高层建筑室内消火栓分区给水系统

1—消防进水管 2—水泵接合器 3—止回阀 4—阀门 5—室内消火栓 6—水力射流继电器 7—管网分隔阀 8—水箱 9—水箱连接管 10—生产、生活进水管 11—接生产、生活管网 12—消防立管

二、自动喷水灭火系统

自动喷水灭火系统是目前应用最广泛的固定式灭火系统，特别应用在高层建筑等火灾危险性较大的建筑物中，该系统具有安全可靠、经济实用、灭火控火率高等优点。

1. 自动喷水灭火系统的分类

根据系统中所使用的喷头形式不同，自动喷水灭火系统分为闭式自动喷水灭火系统和开式自动喷水灭火系统两大类，如图 4—11 所示。

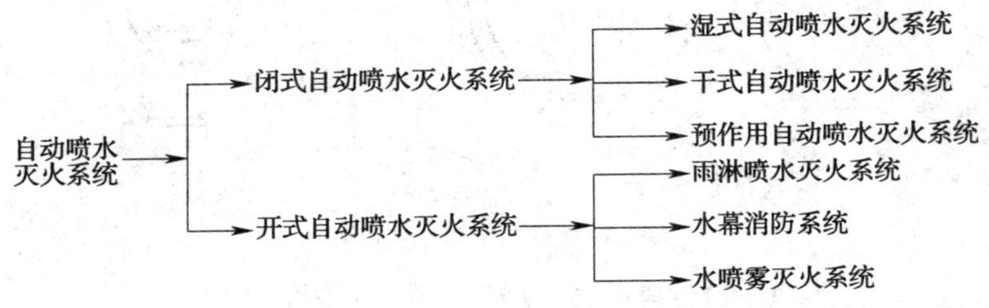

图 4—11 自动喷水灭火系统的分类

闭式自动喷水灭火系统采用闭式喷头，它是一种常闭喷头，喷头的感温、闭锁装置只有在预定的温度环境下才会脱落和开启喷头。因此，在发生火灾时，这种喷水灭火系统只

有处于火焰之中或临近火源时喷头才会开启灭火。

开式自动喷水灭火系统采用的是开式喷头，开式喷头不带感温闭锁装置，处于常开状态。发生火灾时，火灾所处的系统保护区域内所有开式喷头一起出水灭火。

2. 自动喷水灭火系统的主要组件

（1）闭式喷头

闭式喷头由喷水口、释放机构和溅水盘等组成。平时，闭式喷头的喷水口由感温元件组成的释放机构封闭。当温度达到其公称动作温度范围时，感温元件动作，释放机构脱落，闭式喷头开启。

闭式喷头按感温元件的不同分为玻璃球洒水喷头和易熔元件洒水喷头两种，其结构如图4—12所示。

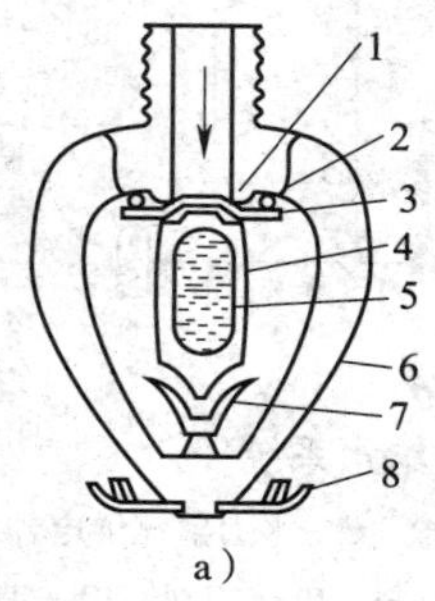

a）

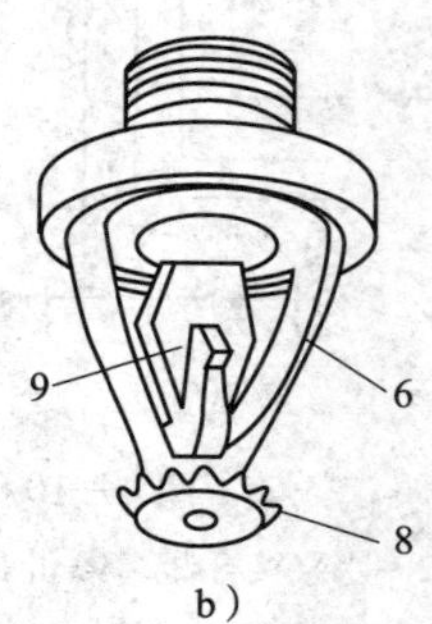

b）

图4—12 常用闭式喷头及其结构

a）玻璃球洒水喷头 b）易熔元件洒水喷头

1—阀座 2—填圈 3—阀片 4—玻璃球 5—彩色液体 6—支架 7—锥套 8—溅水盘 9—锁片

（2）开式喷头

1）开式洒水喷头。开式洒水喷头是无释放机构的洒水喷头，其喷水口是敞开的。按安装形式可分为直立式和下垂式；按结构可分为单臂和双臂两种，如图4—13所示。

a）

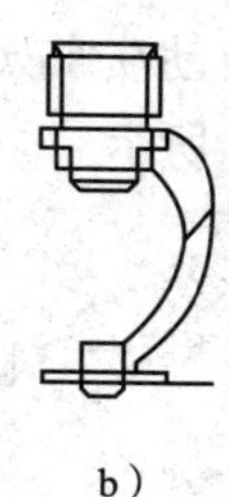
b）

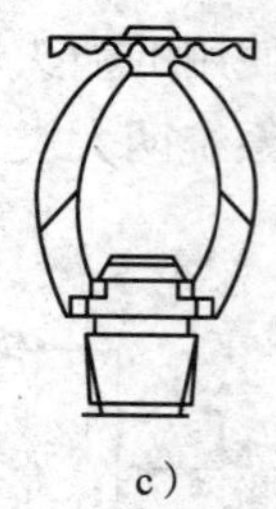
c）

图4—13 开式洒水喷头

a）双臂下垂式 b）单臂下垂式 c）双臂直立式

2）水幕喷头。水幕喷头是开口的喷头，可将水喷洒成帘状。按构造和用途不同可分为幕帘式、窗口式和檐口式，如图4—14所示。

3）水雾喷头。水雾喷头是指在一定压力下，利用离心或撞击原理将水分解成细小水滴以锥形喷出的喷水部件。水雾喷头可分为中速型和高速型两种，如图 4—15 所示。

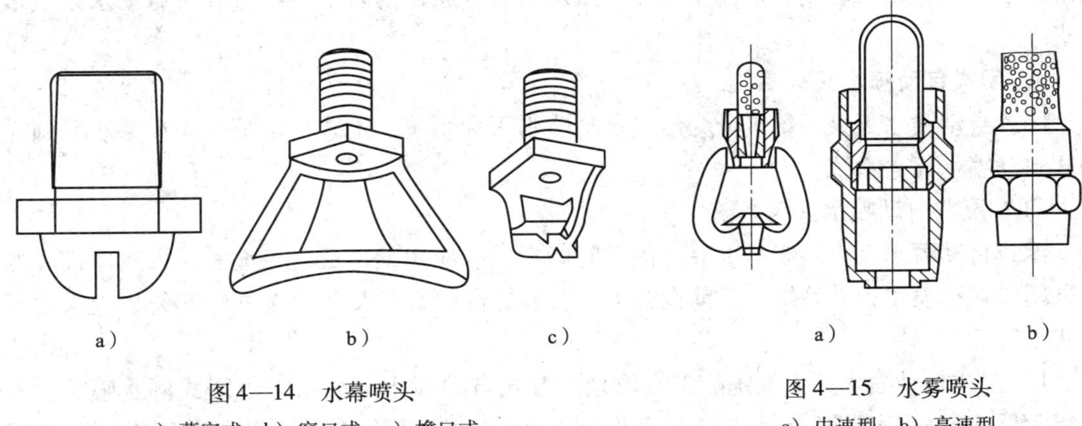

图 4—14 水幕喷头

a）幕帘式 b）窗口式 c）檐口式

图 4—15 水雾喷头

a）中速型 b）高速型

（3）报警阀

报警阀是自动喷水灭火系统的一个主要部件，它安装在总供水干管上，起连接供水设备与配水管网的作用，是一种只允许水流单方向流入配水管网，并在规定流量下报警的止回型阀门。报警阀具有两个基本作用，首先，在系统动作前，它将管网与水流隔开，当系统开启时，报警阀打开，接通水源和配水管；其次，在报警阀开启的同时，部分水流通过阀座上的环形槽，经信号管道送至水力警铃，发出音响报警信号。

（4）水力警铃

每套自动喷水灭火设备都必须附有一个水力警铃。水力警铃是一个机械装置，当管网喷水时，即使只有一个喷头动作，湿式报警阀即行开启，水流立即通过管道进入水力警铃的水轮机室，冲击水轮转动，使击铃锤不断冲击警铃，发出在 3 m 远处不低于 80 dB 的连续不断的击铃声。

（5）压力开关

当湿式报警阀阀瓣开启后，其中一部分压力水流通过报警管道进入安装于水力警铃前的压力开关的阀体内，开关膜片受压后，触点闭合，发出电信号并输入报警控制箱，从而启动消防泵。报警管路上如装有延迟器，则压力开关应装在延迟器之后。

（6）延迟器

延迟器是一个有一定容积的罐子，安装在报警阀和水力警铃之间的信号管道上，其上部设有进水口和通往水力警铃的出水口，下部有一个口径较小的出水口，由报警阀来的水流流入延迟器。由于上部的进水口径大于下部的出水口径，于是部分水流聚集在延迟器中，只有当水流不断流入直到水能从顶部的出水口流到水力警铃时才开始报警。于是，由于水压波动而暂时开启报警阀时，水力警铃就不会马上动作。延迟器的延迟时间一般为 20 ~30 s。

（7）水流指示器

水流指示器安装在管网中，当有大于预定流量的水流通过管网时，水流指示器能发出信号，显示水的流动情况。通常水流指示器设在喷水灭火系统的分区配水管上，当喷头开启时，向消防中控室指示开启喷头所在的位置分区，有时也可设在水箱的出水管上。一旦系统开启，水箱水被动用，水流指示器可以发出信号通知消防中控室或直接启动水泵供水灭火。

3. 闭式自动喷水灭火系统

闭式自动喷水灭火系统可分为湿式自动喷水灭火系统、干式自动喷水灭火系统、预作用式自动喷水灭火系统。

（1）湿式自动喷水灭火系统

湿式自动喷水灭火系统是世界上使用时间最长，应用最广泛，控火、灭火效率最高的一种闭式自动喷水灭火系统。目前世界上已安装的自动喷水灭火系统中有70%以上采用了湿式系统。

1）湿式自动喷水灭火系统的工作原理。湿式自动喷水灭火系统由闭式洒水喷头、水流指示器、湿式报警阀及管道和供水设施等组成，而且管道内始终充满压力水，如图4—16所示，其工作原理方框图如图4—17所示。当火灾发生时，水源周围环境温度上升，导致火源上方的喷头开启、出水，管网压力下降，报警阀阀后压力下降致使阀板开启，接通管网和水源，供水灭火。与此同时，部分水由阀座上的凹形槽经报警阀的信号管，带动水力警铃发出报警信号。如果管网中设有水流指示器，水流指示器感应到水流流动，也可发出电信号指示火灾区域。如果管网中设有压力开关，当管网水压下降到一定值时，也可发出电信号，消防中控室接到信号后，启动水泵供水。

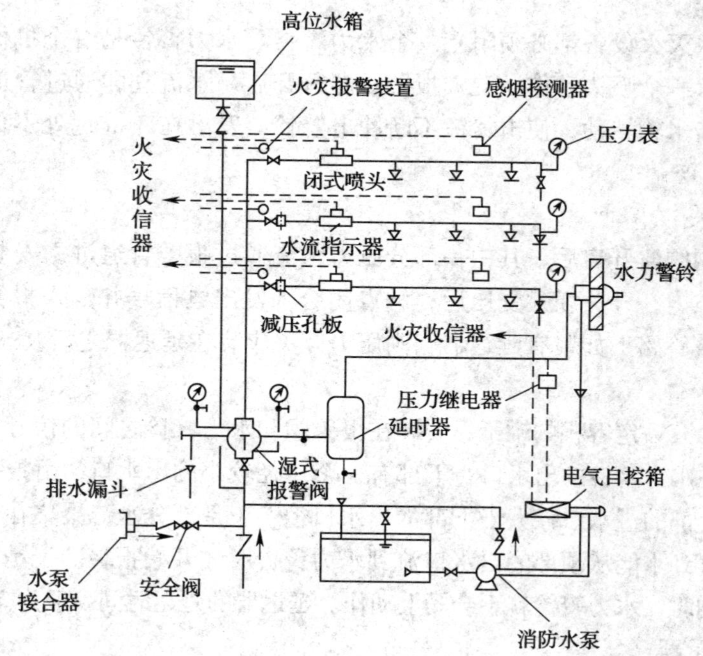

图4—16 湿式自动喷水灭火系统

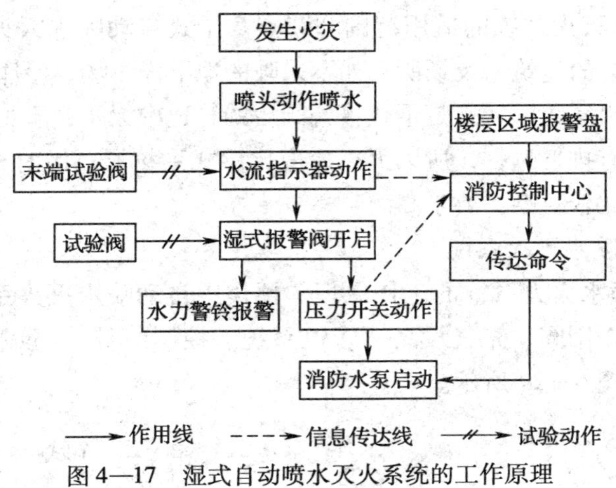

图 4—17　湿式自动喷水灭火系统的工作原理

2）湿式自动喷水灭火系统的适用范围和特点。湿式自动喷水灭火系统适用于环境温度不低于 4℃、不高于 70℃的建筑物和场所（不能用水扑救的建筑物和场所除外）。

湿式自动喷水灭火系统的特点是结构简单，使用可靠；系统施工简单、灵活；灭火速度快，控火效率高；系统投资省，比较经济，适用范围广。

（2）干式自动喷水灭火系统

干式自动喷水灭火系统是除湿式系统以外使用历史最长的一种闭式自动喷水灭火系统，干式系统主要用于某些不适宜采用湿式系统的场所，其灭火效率低于湿式系统，造价也高于湿式系统。

1）干式自动喷水灭火系统的工作原理。干式自动喷水灭火系统主要由闭式喷头、管网、干式报警阀、充气设备、报警装置和供水设备组成。在发生火灾时，火源处温度上升，使火源上方的喷头开启，首先排出管网中的压缩空气，于是报警阀阀后管网压力下降，干式报警阀阀前的压力大于阀后压力，干式报警阀开启，水流向配水管网，并通过已开启的喷头喷水灭火。其工作原理方框图如图 4—18 所示。

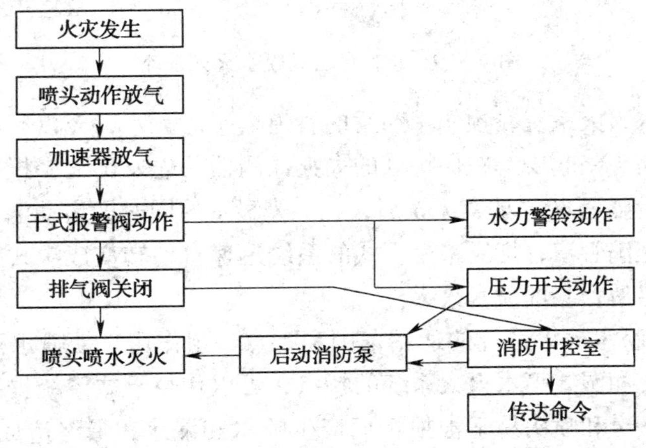

图 4—18　干式自动喷水灭火系统的工作原理

第四章

2）干式自动喷水灭火系统的适用范围和特点。干式自动喷水灭火系统适用于环境温度低于4℃和高于70℃的建筑物及场所，如不采暖的地下停车场、冷库等。

干式自动喷水灭火系统的特点是干式报警阀后的管道中无水，不怕冻结，不怕温度高；由于闭式喷头动作后有排气过程，所以灭火速度比湿式系统慢；因有充气设备，故建设投资较高，平常管理也比较复杂，要求高。

（3）预作用自动喷水灭火系统

1）预作用自动喷水灭火系统的工作原理。预作用自动喷水灭火系统由火灾探测报警系统、闭式喷头、预作用阀、充气设备、管道系统、控制组件等组成，如图4—19所示，其工作原理方框图如图4—20所示。

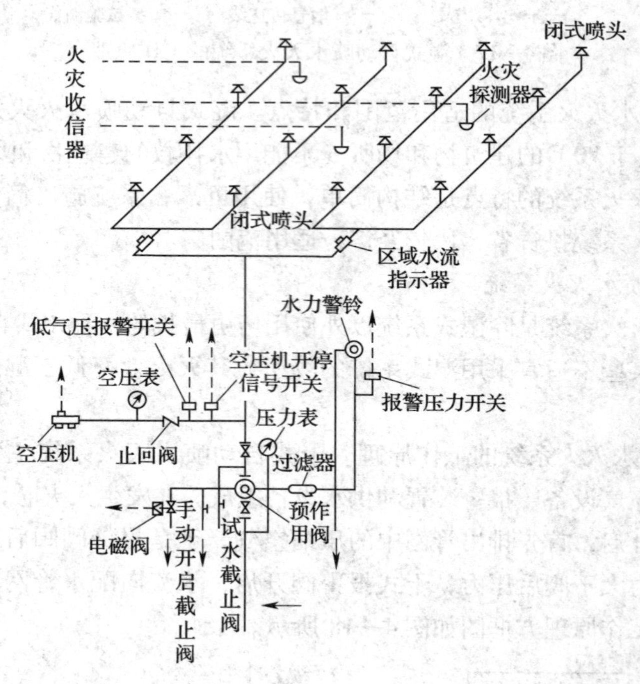

图4—19　预作用自动喷水灭火系统

预作用自动喷水灭火系统在预作用阀后的管道内平时无水，充以有压或无压气体。发生火灾时，与闭式喷头一起安装在保护区的火灾探测器首先发出火警报警信号，报警控制器在接到报警信号后延迟30 s证实无误后，在声光显示的同时即启动电磁阀将预作用阀打开，使压力水迅速充满管道，把原来呈干式的系统迅速自动转变成湿式系统，完成预作用过程。闭式喷头开启后，立即喷水灭火。

2）预作用自动喷水灭火系统的适用范围和特点。预作用自动喷水灭火系统同时具备了干式喷水灭火系统和湿式喷水灭火系统的特点，可以代替干式系统提高灭火速度，也可代替湿式系统用于管道和喷头易于被损坏而产生喷水和漏水，最终造成严重水渍的场所，还可用于对自动喷水灭火系统安全要求较高的建筑物中。

第四章

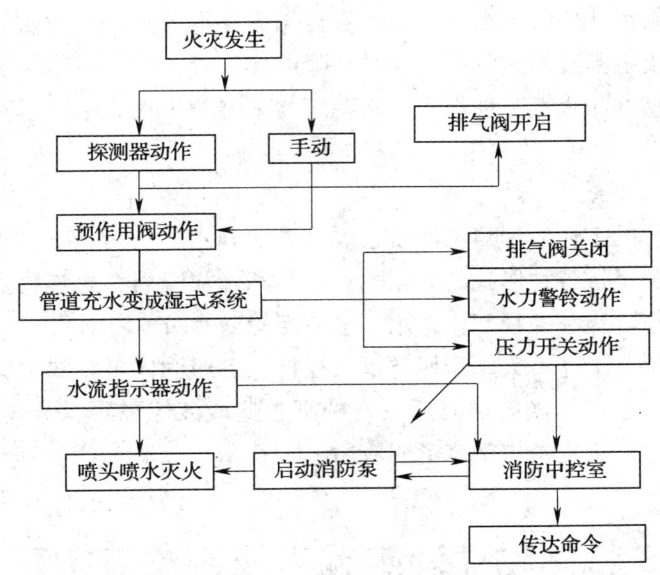

图 4—20　预作用自动喷水灭火系统的工作原理

因此，预作用自动喷水灭火系统可以用在干式系统、湿式系统和干湿式系统所能使用的任何场所，而且还能用于一些这三个系统都不适宜的场所。

预作用自动喷水灭火系统集湿式系统和干式系统的优点于一体，克服了干式系统喷水迟缓和湿式系统由于误动作而造成水渍的缺点，应用范围广泛。系统中火灾探测器的早期报警和系统的自动监测功能可随时发现系统中的损坏情况，从而提高了系统的安全、可靠度。其灭火效率也优于湿式自动喷水灭火系统。预作用系统的组成比其他系统复杂，投资也要高于其他系统，这也是预作用系统没能得到广泛应用的原因。

4. 开式自动喷水灭火系统

（1）雨淋喷水灭火系统

雨淋喷水灭火系统由开式喷头、闭式喷头、雨淋阀、火灾探测器、报警控制系统、供水系统组成。当建筑物在系统保护区内任一处发生火灾时，火灾探测器会把火灾信号及时传输到自动灭火控制器，自动灭火控制器及时开启雨淋阀，压力水立即充满管网，使全部开式喷头同时喷水灭火。闭式充水雨淋系统的反应更快，可实现迅速灭火。整个系统出水迅速，喷水量大，覆盖面广，降温效果好，灭火效率显著，适用于控制来势凶猛、蔓延快的火灾。但系统启动完全由控制系统操纵，因而对自动控制系统的可靠性要求比较高。

（2）水幕消防系统

水幕消防系统不能直接扑灭火灾，而是喷出水帘幕状的水，阻挡火焰热气流和热辐射向邻近保护区扩散，起到防火分隔作用。

水幕消防系统由开式喷头、雨淋阀、控制设备、供水系统组成。其工作原理与雨淋喷水灭火系统基本相同，只是喷头出水的状态及作用不同。在功能上两者的主要区别是水幕喷头喷出的水形成水帘状，因此水幕系统不直接用于扑灭火灾，而与防火卷帘门、防火幕配合使用，用于防火隔断、防火分区以及局部降温保护等。水幕消防系统按其作用不同可分为冷却型、阻火型和防火型三种类型。其特点与雨淋喷水灭火系统基本相同，强调控制系统的高可靠性。

（3）水喷雾灭火系统

水喷雾灭火系统的工作原理与雨淋喷水灭火系统和水幕消防系统基本相同。水喷雾灭火系统利用高压水，经过各种形式的雾化喷头将雾状水流喷射在燃烧物表面时，会产生表面冷却、窒息、冲击乳化和稀释四种作用。水喷雾的以上四种作用在灭火时是同时发生的，并以此实现灭火效果。上述灭火原理使它不仅在扑灭一般固体可燃物火灾中提高了水的灭火效率，而且由于细小水雾滴的形态所具有的不会造成液体飞溅、电气绝缘度高的特点，在扑灭液体火灾和电气火灾中得到广泛的应用。

第3节　物业消防减灾及避难应急系统

一、物业消防减灾系统

建筑物一旦发生火灾，就会释放大量的浓烟。在火势无法得到控制时，火灾就会蔓延到起火点的周围区域，释放的大量浓烟也是火灾伤亡的主要因素。如何将起火的损失控制到最低，这是物业消防减灾系统需要解决的一个重要问题。因此，根据火灾损失的原因，物业减灾系统一般由防火分隔设施和防排烟装置两部分组成。

1. 防火分隔设施

防火分隔设施是指一定时间内能阻止火势蔓延，且能把建筑内部空间分隔成若干较小防火空间的物体。常用的防火分隔设施有防火门、防火窗、防火卷帘、防火水幕、防火阀和排烟防火阀等。

（1）防火门

1）防火门的作用。防火门是指在一定时间内，连同框架能满足耐火稳定性、耐火完整性和隔热性要求的门。它是设置在防火分区间、疏散楼梯间、垂直竖井等部位，具有一定耐火性且活动的防火分隔设施。

防火门除具有普通门的作用外，更重要的是还具有阻止火势蔓延和烟气扩散的特殊功能，它能在一定时间内阻止或延缓火灾蔓延，确保人员安全疏散。

防火门由门框、门扇、控制设备和附件等组成。按其所用的材料可分为钢质防火门、木质防火门和复合材料防火门；按耐火极限可分为甲级防火门、乙级防火门和丙级防火门。

2）物业中防火门的检查。检查防火门时，除了要求防火门具有可靠的耐火性能和合理的适用场所外，还应注意以下几点：

①防火门应为向疏散方向开启（设防火门的空调机房、库房、客房门等除外）的平开

门，并在关闭后应能从任何一侧手动开启。

②用于疏散走道、楼梯间和前室的防火门，应能自行关闭。

③双扇和多扇防火门，应设置顺序闭门器。

④常开的防火门，在发生火灾时，应具有自行关闭和信号反馈功能。

⑤设在变形缝附近的防火门，应设在楼层数较多的一侧，且门开启后不应跨越变形缝，防止烟火通过变形缝蔓延扩大。

⑥防火门上部的缝隙、孔洞应采用不燃烧材料填充，并应达到相应的耐火极限要求。

（2）防火窗

防火窗是指在一定时间内，连同框架能满足耐火稳定性和耐火完整性要求的窗。防火窗一般安装在防火墙或防火门上。

防火窗的主要作用：一是隔离和阻止火势蔓延，此种窗多为固定窗；二是采光，此种窗为活动窗扇，正常情况下采光通风，火灾时起防火分隔作用。有活动窗扇的防火窗应具有手动和自动关闭功能。

（3）防火卷帘

防火卷帘是指在一定时间内，连同框架能满足耐火稳定性和耐火完整性要求的卷帘。它是一种活动的防火分隔设施，平时卷起放在门窗上口的转轴箱中，起火时将其放开并展开，用以阻止火势从门窗洞口蔓延。

防火卷帘设置部位一般有消防电梯前室、自动扶梯周围、中庭与每层走道、过厅、房间相通的开口部位、代替防火墙需设置防火分隔设施的部位等。

防火卷帘由帘板、滚筒、托架、导轨及控制机构组成。整个组合体包括封闭在滚筒内的运转平衡器、自动关闭机构、金属罩及帘板等部分。帘板阻挡烟火和热气流。

（4）防火阀

防火阀是指在一定时间内能满足耐火稳定性和耐火完整性要求，用于通风、空调管道内阻火的活动式封闭装置。火灾资料统计表明，在有通风、空气调节系统的建筑物内发生火灾时，穿越楼板、墙体的垂直与水平风道是火势蔓延的主要途径。

防火阀安装在通风、空调系统的送、回风管上，平时处于开启状态。火灾时，当管道内气体温度达到70℃时关闭，在一定时间内能满足耐火稳定性和耐火完整性要求，起隔烟阻火作用。

防火阀可手动关闭，也可与火灾报警系统联动自动关闭，但均需人工手动复位。不管自动关闭还是手动关闭，均应能在消防控制室接到防火阀动作的反馈信号。

（5）排烟防火阀

排烟防火阀是安装在排烟系统管道上，在一定时间内能满足耐火稳定性和耐火完整性要求，起阻火隔烟作用的阀门。

排烟防火阀的组成、形状和工作原理与防火阀相似，其不同之处主要是安装管道和动作温度不同。防火阀安装在通风、空调系统的管道上，动作温度宜为70℃，而排烟防火阀安装在排烟系统的管道上，动作温度为280℃，如图4—21所示。

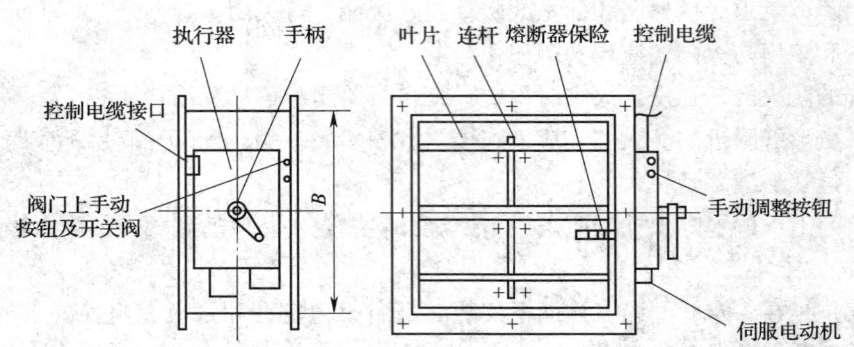

图 4—21 电子自控排烟防火阀

排烟防火阀具有手动、自动功能。发生火灾后，可自动或手动打开排烟防火阀进行排烟。当排烟系统中的烟气温度达到或超过 280℃时，阀门自动关闭，有效防止了火灾向其他部位的蔓延扩大。排烟风机应保证在 280℃时仍能连续工作 30 min。

（6）挡烟垂壁

设置排烟的房间、走道和地下室应用隔墙、挡烟垂壁和从顶棚下突出不小于 50 cm 的梁划分防烟分区。

挡烟垂壁起阻挡烟气的作用，同时可提高防烟分区排烟口的吸烟效果。挡烟垂壁应用非燃材料制作，如钢板、夹丝玻璃、钢化玻璃等。挡烟垂壁可采用固定式的或活动式的。当建筑物净空较高时可采用固定式的，将挡烟垂壁长期固定在顶棚面上，如图 4—22a 所示。当建筑物净空较低时，宜采用活动式的挡烟垂壁，如图 4—22b 所示。

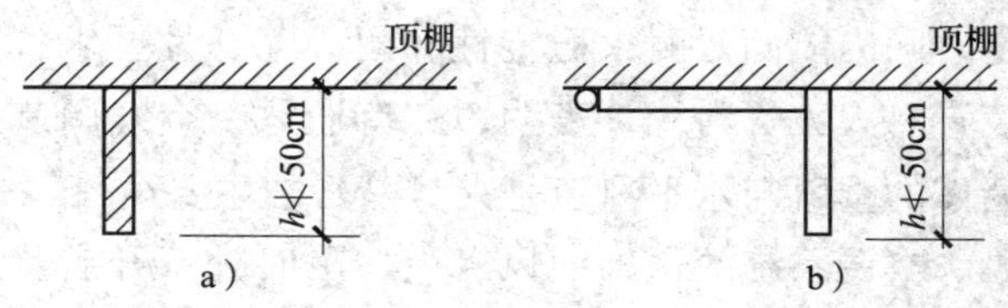

图 4—22 挡烟垂壁

a）固定式挡烟垂壁 b）活动式挡烟垂壁

活动挡烟垂壁应由烟感探测器控制，或与排烟口联动，或受消防控制中心控制，但同时应能就地手动控制。活动挡烟垂壁落下时，其下端距地面的高度应大于 1. 8 m。

2. 防排烟装置

所谓防排烟，就是将火灾产生的烟气，在着火房间和着火房间所在的防烟区内就加以排出，防止烟气扩散到疏散通道和其他防烟区中，确保疏散和扑救用的防烟楼梯间、消防电梯内无烟。

一般情况下烟气在建筑物内的流动路线是沿着火房间→走廊→竖向梯、井等向上伸展。

为了防止烟气扩散和蔓延，除进行防火、防烟分隔、防止烟气扩散外，要把烟气分部位阻止和排出，归纳起来防排烟方式有以下三种。

（1）密闭防排烟方式

当发生火灾时将着火房间密封起来。这种方式多用于小面积房间，如墙、楼板属耐火结构，且密封性能好时，有可能因缺氧而使火势熄灭，达到防止烟气扩散的目的。

（2）自然排烟方式

自然排烟是在自然力作用下，使室内外空气对流进行排烟的。自然力包括火灾时可燃物燃烧产生的热量使室内空气温度升高，由于室内外空气容重的不同产生的热压和室外空气流动（风）产生的风压。风压是一个不稳定的因素，它将随着室外风速、风向和作用于建筑物位置不同而变化，在建筑物的迎风面产生正压，背风面产生负压。如着火房间的开口处于背风面时，能起到很好的排烟效果，但处在迎风面时会降低排烟效果，甚至把烟吹进走廊和其他房间，引起烟在建筑物内扩散。这种方式经济、操作简单，不需要排烟设备，不受电源中断的影响。

（3）机械防排烟方式

机械防排烟是把建筑物分为若干防烟分区，在防烟分区内设置防烟风机，通过风道排出各房间或走廊的烟气。这种方式不受室外条件的影响，排烟比较稳定，但投资较大，操作管理比较复杂，需要有防排烟设备，要有事故备用电源，如图 4—23 所示。

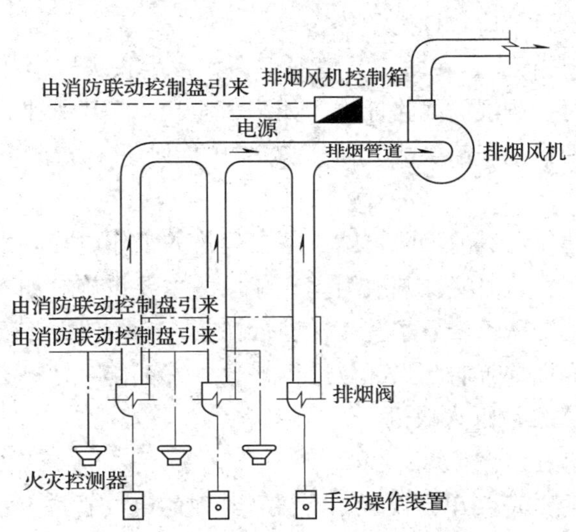

图 4—23 机械防排烟系统

二、物业消防避难应急系统

当建筑物发生火灾时，应该努力做到三个方面的措施：一方面要积极做好扑救措施；另一方面做到将火灾带来的损失控制到最低，这就是刚讲授完毕的物业消防减灾系统；第三方面做好人员的逃生与避难，这就是物业消防避难应急系统。

1. 火灾的应急照明

建筑物内，特别是高层建筑内人员密度大，一旦发生火灾或某些人为事故时，室内动力、照明线路有可能被烧毁。另外，为了避免线路短路而使事故扩大，必须人为地切断部分电源线路。因此，在建筑物内设置应急照明是十分重要的。火灾应急照明可分为如下几种。

（1）备用照明

正常照明失效时，为继续工作（或暂时继续工作）而设置的照明称为备用照明。由于工作中断或误操作时，在可能会引起爆炸、火灾、人身伤亡或造成严重政治后果和经济损失的场所，应考虑设置供暂时继续工作的备用照明。例如配电室、消防控制室、演播室等场所都应设置备用照明。

（2）疏散照明

为了使人员在火灾情况下，能从室内安全撤离至室外（或某一安全地区）而设置的照明称为疏散照明。疏散照明按其内容性质可分为三类：

1）设施标志。设施标志是标志营业性、服务性和公共设施所在地的标志，如商场、餐厅、问事处、公用电话、卫生间等场所。

2）提示标志。提示标志是为了安全、卫生或保护良好公共秩序而设置的标志，如“禁止通行”“请勿吸烟”“请勿打扰”等。

3）疏散标志。疏散标志是在非正常情况下，如发生火灾、事故停电等而为人们设置的安全通向室外或临时避难层的线路标志。如“安全出口”“太平门”“避难层”等。此外，还有引向标志，即借助于箭头或某种分辨方向的图形进行指向。

2. 消防电梯

消防电梯是高层建筑特有的消防设施。高层建筑的工作电梯在发生火灾时，常常因为断电等原因而停止使用，这时楼梯则成为垂直疏散的主要设施。如不设置消防电梯，一旦高层建筑高处起火，消防队员若靠攀登楼梯进行扑救，会因体力不支和运送器材困难而贻误战机。且消防队员经楼梯奔向起火部位进行扑救火灾工作时，势必和向下疏散的人员产生“对撞”情况，也会延误灭火战机。

消防电梯设置要求有以下几点：

（1）消防电梯的竖井应当单独设置，不得有其他的电气管道、水管、气管或通风管道通过。

（2）消防电梯应当设有前室，前室应设有防火门，使其具有防火防烟功能。消防电梯的载重量不宜小于800 kg，轿厢的平面尺寸不宜小于1 m×1.5 m，其作用在于能搬运较大型的消防器具和放置救生的担架等。

（3）消防电梯内的装修材料，必须是非燃建材。

（4）消防电梯动力与控制电线应采取防水措施，消防电梯的门口应设有慢坡防水措施。消防电梯轿厢内应设有专用电话，在首层还应设有专用的操作按钮。

3. 疏散楼梯

疏散楼梯分为室内疏散楼梯和室外疏散楼梯，它们均是人员逃离火场的垂直工具。

（1）室内疏散楼梯

一般民用建筑的室内疏散楼梯与建筑内通行楼梯共用不单独设置，一些级别较高的场所，如大型商场、会展中心可单独设置室内疏散楼梯。

（2）室外疏散楼梯

室外疏散楼梯是指用耐火结构与建筑物分隔，设在墙外的楼梯。室外疏散楼梯主要用于应急疏散，可作为辅助防烟楼梯使用。

第4节 物业消防火灾自动报警系统

火灾自动报警系统是建筑预防火灾发生的关键消防设施，同时也是为建筑内其他消防设施（气体灭火系统、水灭火系统、防火分隔设施等）提供自动控制信号源和实现自动控制、远距离启停操作的重要设备。

一、火灾过程的基本规律

由于不同原因造成的火灾，其火灾形成与蔓延过程是不同的，因此，了解和掌握火灾形成过程对正确设计消防系统，选取相应类别的火灾探测器是必不可少的。一般认为火灾形成及蔓延的全过程可分为三个阶段，即初始阶段、引燃阶段和火焰燃烧阶段。

1. 火灾的初始阶段

在火灾初始阶段，燃烧体被焚熏、预热，室内温度升高，产生大量的烟雾气溶胶，如果此阶段能将火灾信息感知，提供早期报警，进行早期灭火，就可以将火灾损失降低到最低程度。所以建筑物内应优先考虑选择感烟探测器进行信号检测。火灾初始阶段一般所占时间较长。

2. 火灾的引燃阶段

在火灾的引燃阶段，室内的烟雾气浓度已达相当高的水平，虽然增长缓慢，但是蓄积的热量使环境温度迅速升高，遇明火极易点燃，这个阶段所占的时间较短。火灾的初始阶段和引燃阶段最显著的特征是产生大量烟雾气，因此，有时又将此两阶段合称为初期引燃阶段。

3. 火焰燃烧阶段

火焰燃烧阶段，又称充分燃烧阶段。在这个阶段，室内可燃物充分燃烧，产生大量可见光，室内温度迅速上升，火势迅速蔓延，当燃烧产生的热量与通过外围结构散失的热量逐渐平衡后，室内温度基本维持恒定，此时已形成火灾。

在火灾自动报警系统中，一般是以探测物质燃烧过程中产生的各种物理现象为机理，根据物质燃烧过程中发生的能量转换和物质转换，来确定是否有可能发生火灾。

二、火灾自动报警系统

火灾自动报警系统（FAS）是人们为了及早发现和通报火灾，并及时采取有效措施控制和扑灭火灾，设置在建筑物中或其他场所的一种自动消防设施。

1. 火灾自动报警系统的组成

由于火灾防治的重要性和特殊性，火灾自动报警系统（FAS）按照我国现行的规范要求，应成一个独立的系统。它由火灾探测器、火灾报警装置、火灾报警控制器以及具有其他辅助功能的装置组成，如图 4—24 所示。

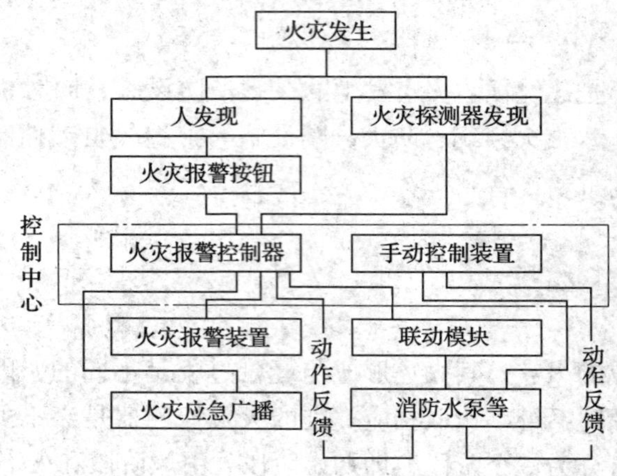

图 4—24 火灾自动报警系统工作原理

(1) 火灾探测器

火灾探测器是火灾自动报警与联动控制系统最基本和最关键的部件之一，它将火灾发生初期所产生的烟、热、光转变为电信号，输入火灾自动报警系统，经过火灾自动报警系统处理后，发出报警或相应的动作。根据火灾探测方法和原理，目前世界各国生产的火灾探测器可以分为感烟式、感温式、感光式、可燃气体探测式和复合式等主要类型，如图 4—25 所示。

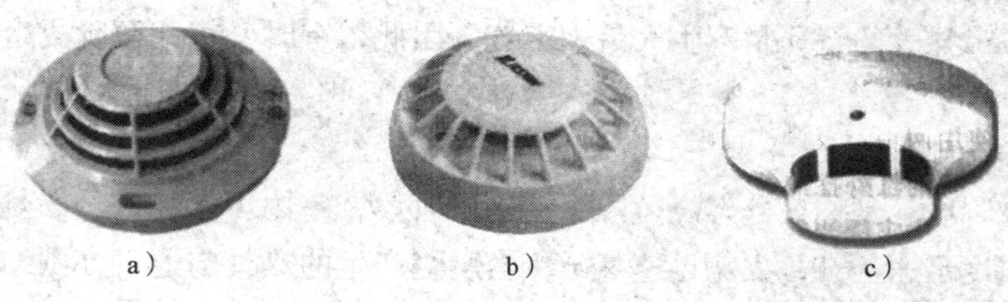

a） b） c）

图 4—25 火灾探测器

a）感温式 b）感烟式 c）复合式

第四章

1）感烟火灾探测器。从火灾形成的过程可以看出，普通火灾形成初始阶段的最大特征是产生大量烟雾，致使周围环境的烟雾浓度迅速增大。如果此时能感知火灾信号，将给及时灭火创造极为有利的条件，火灾造成的损失也最小。而感烟火灾探测器对燃烧和热解产生的固体或液体微粒予以响应，可以探测物质初期燃烧所产生的气溶胶或烟粒子浓度。因此，在实际工程中大量采用这种“早期发现”的探测器。

2）感温火灾探测器。感温火灾探测器响应异常温度、温升速率和温差等火灾信号，它是一种动作于引燃阶段后期的“早中期发现”的探测器。其结构简单、价格低廉、可靠性高，但灵敏度较低。常用的有定温型、差温型以及差定温型。感温探测器主要作用于不适合或不完全适合感烟火灾探测器的一些场合。

3）感光火灾探测器。感光火灾探测器又称为火焰探测器或光辐射探测器，它主要分为红外光火焰探测器和紫外光火焰探测器两类。它属于“中期发现”的探测器。因此，在工程上适于某些特定环境，即火灾形成初期阶段极短，或者无引燃阶段的场合，作为感烟探测器和感温探测器的补充。

4）复合式火灾探测器。这是近年来新兴的一种探测器，其目的在于解决单一参数检测在某些环境不甚可靠的问题。然而由于产品质量和价格方面的影响，复合式火灾探测器使用尚不普遍，工程中往往采用多种探测器组合式配置来代替使用复合式火灾探测器。

5）气体火灾探测器。这类探测器主要用于易燃、易爆场所中探测可燃气体（粉尘）的浓度，一般调整在爆炸浓度下限的1/6～1/5时动作报警。可燃气体探测器目前主要用于宾馆、厨房或燃料气储备间、汽车库、压气机站、过滤车间、溶剂库、炼油厂、燃油电厂等存在可燃气体的场所。这是一种极具发展前途的火灾探测器。

一般而言，上述几种火灾探测器，应优先考虑选用感烟探测器。因为它属于“早期发现”的探测器，而感温探测器和火焰探测器分别属于“早中期发现”和“中期发现”的探测器，尤其是火焰探测器往往报警时火灾已经形成，造成了一定损失。因此，它的作用严格来说是防止火灾进一步地蔓延。

（2）火灾自动报警控制器

火灾自动报警控制器是整个火灾自动报警与联动控制系统的核心，必须具备如下功能：

1）声光报警功能。当火灾探测器将检测到的火警信号送达火灾报警控制器时，火灾报警控制器能够接收并甄别信号。如果是火灾，则应向消防系统中有关的报警装置发送报警信号，实现声、光显示报警。

2）故障检测功能。火灾报警控制器应该能够对系统中各部件（包括控制器本身）及线路进行自动（兼手动）故障监测，以了解系统各处的实时工作状态，确保控制器及整个系统正常工作。

3）记忆功能。当出现火灾报警或系统故障报警时，火灾报警控制器能记忆火灾或故障的地址与时间，即使火灾或事故信号消灭，记忆也不应丢失。只有当人工复位后，记忆才可消除，恢复到正常监控状态。

4）联动输出功能。新型火灾报警及联动控制系统中的火灾报警控制器均已兼有联动控制器的很大一部分功能。因此，火灾报警控制器在发出火警信号的同时，经适当延时，能够输出高、低电平或开关接点式的联动灭火及减灾信号。

5）备用电源。火灾报警控制器采用信号叠加方式，将 24 V（或 12 V）直流电源信号与地址编码信号叠加，为火灾探测器供电。为了确保系统供电，火灾报警控制器本身一般均自带浮充备用电源，目前多采用铝镍电池。

6）联网功能。由于具备系统集成功能，因此，智能建筑中的消防自动报警与联动控制系统既能独立地完成火灾信息的采集、处理、判断和确认，实现自动报警与联动控制。同时，还应能通过网络通信方式与建筑物的整个安保中心及城市消防中心实现信息共享和联动控制。

2. 火灾自动报警系统的应用形式

根据现行国家标准《火灾自动报警系统设计规范》（GB 50116—2013）规定，火灾自动报警系统的基本应用形式有三种：区域报警系统、集中报警系统和消防控制中心报警系统，分别适用于不同的保护对象。

（1）区域报警系统

区域报警系统由区域火灾报警控制器和火灾探测器等组成，或由火灾报警控制器和火灾探测器等组成。功能简单的火灾自动报警系统称为区域火灾报警系统，适用于较小范围的保护，如图 4—26 所示。

（2）集中报警系统

集中报警系统由集中火灾报警控制器、区域火灾报警控制器和火灾探测器等组成，或由火灾报警控制器、区域显示器（重复显示器、楼层显示盘）和火灾探测器等组成，功能较复杂的火灾自动报警系统称为集中报警系统，适用于较大范围多个区域的保护。集中报警系统的组成如图 4—27 所示。

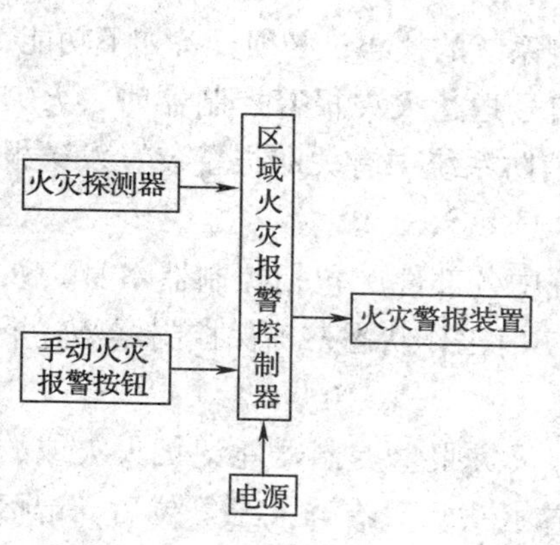

图 4—26 区域报警系统

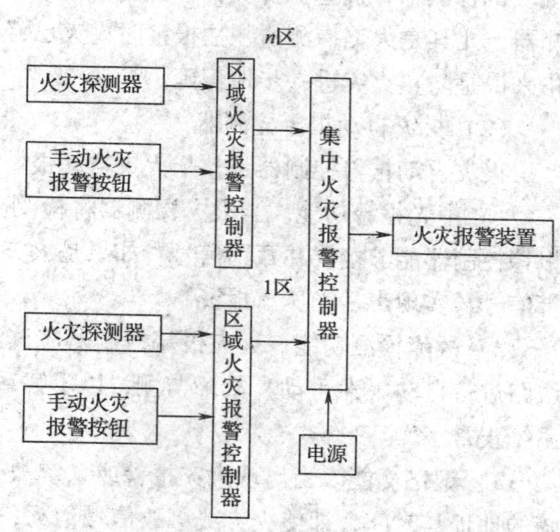

图 4—27 集中报警系统

（3）消防控制中心报警系统

消防控制中心报警系统由消防控制室的消防控制设备、集中火灾报警控制器、区域火灾报警控制器和火灾探测器等组成，或由消防控制室的消防控制设备、火灾报警控制器、区域显示器和火灾探测器等组成。系统的容量较大，消防设施控制功能较全，适用于大型建筑的保护。消防控制中心报警系统的组成如图4—28所示。

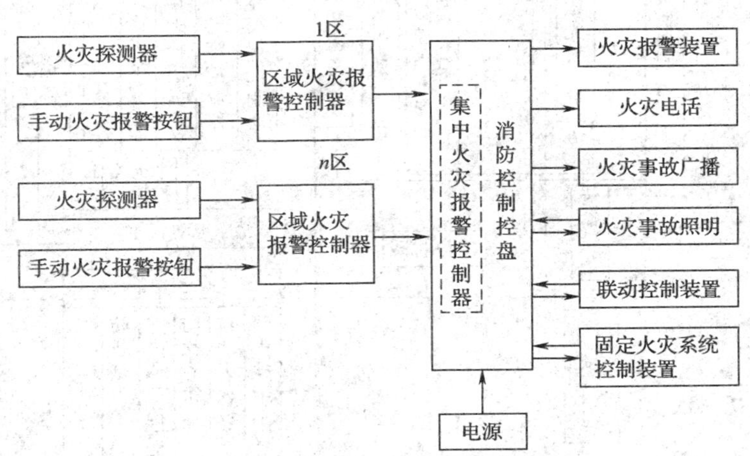

图4—28　消防控制中心报警系统

三、消防设备联动控制系统

消防联动控制是指在火灾自动报警系统中，当接收到来自触发器件的火灾报警信号时，能自动或手动启动相关消防设备并显示其状态。

1．消防联动控制系统的控制对象

消防联动控制系统的控制对象主要包括以下控制装置中的部分或全部，如火灾报警控制器，自动灭火系统的控制装置，室内消火栓系统的控制装置，防排烟系统及通风控制装置，常开防火门、防火卷帘的控制装置，电梯回降控制装置以及火灾应急广播、火灾警报装置、火灾应急照明与疏散指示标志的控制装置等，如图4—29所示。

2．消防联动控制系统的方式

消防联动控制一般可采取集中控制方式、分散与集中控制相结合的消防联动控制方式。

（1）集中控制方式

集中控制方式是指消防联动控制系统中的所有控制对象，都是通过消防控制室进行集中控制和统一管理的控制方式。它特别适用于采用计算机控制的楼宇自动化管理系统。

（2）分散与集中控制相结合的消防联动控制方式

分散与集中控制相结合的消防联动控制方式是指在一部分消防联动控制系统中，有时控制对象特别多且控制位置分散（如系统中的大量防排烟阀、防火门释放器、水流指示器、安全信号阀等）的控制方式。它主要是对建筑物中的消防水泵、送排烟风机和自动灭

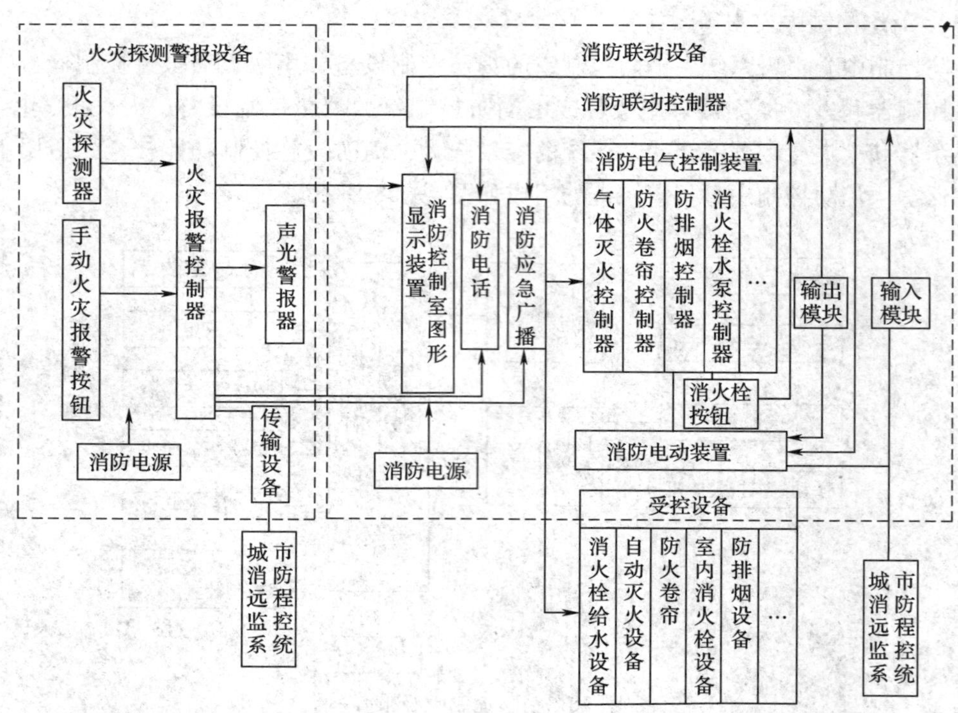

图 4—29 消防联动控制设备的构成框图

火控制装置等设施设备在消防控制室进行集中控制，统一管理；对大量而又分散的控制对象，如防排烟阀、防火门释放器等，采用现场分散控制，控制反馈信号送消防控制室集中显示，统一管理。

四、消防通讯与广播系统

1. 消防通讯与广播系统的方式

火灾事故广播与疏散诱导和灭火控制有着紧密联系，目前处理火灾事故的广播有两种方式：一是设置独立的火灾事故广播系统；另一种是采用建筑物内部的正常广播系统兼任（消防合用广播系统）。通常很难说谁优谁劣，但随建筑物内智能化程度的提高，系统集成规模加强，从管理角度看后者的优越性越来越明显，所以采用所谓背景音乐与火灾事故广播合用的方式也越来越普遍。

2. 消防合用广播系统的要求

（1）火灾时应能在消防控制室将火灾疏散层（N，$N\pm1$）的扬声器和广播音响扩音器强制转入火灾事故广播状态。

（2）床头控制柜内设置的扬声器应有火灾广播功能。事实上，目前市场上较先进的火灾事故广播系统产品已带有标准化的控制模块或广播控制盒，实现火灾事故广播与背景音乐的自动切换。

(3) 建筑物内的正常广播（背景音乐）极易造成人们心理状态的麻痹，因此，作为火灾事故广播完全有必要在广播区域内设置一定数量的警铃或蜂鸣报警器，以强化人们在事故状态的警觉。

五、消防控制室

消防控制室是火灾扑救时的信息、指挥中心，也是建筑物内防火、灭火设施的显示控制中心，因此，在建筑物中的地位十分重要。消防控制室的管理、维护要求主要有以下三点：

1. 物业消防控制室应配备消防管理、维修及值班人员，且人员必须经公安消防部门培训合格后持证上岗。

2. 消防控制室应在显要位置悬挂操作规程和值班人员职责，配备统一的值班记录表和使用图表。值班人员应熟悉工作业务，做好值班记录和交接班工作。

3. 消防管理人员应对物业消防系统定期检查和试验，保证连续正常运行，不得随意中断。

第5节　物业消防系统维护与管理

按照国家有关法律法规和国家工程建设消防技术标准设置的建筑消防设施是预防火灾发生、及时扑救初期火灾的有效措施。对建筑消防设施实施维护与管理，确保其完好有效，是建筑物产权、管理和使用单位的法定职责。

一、物业消防设施管理范围

2009年5月1日起施行的《中华人民共和国消防法》第十八条规定：同一建筑物由两个以上单位管理或者使用的，应当明确各方的消防安全责任，并确定责任人对共用的疏散通道、安全出口、建筑消防设施和消防车通道进行统一管理。

住宅区的物业服务企业应当对管理区域内的共用消防设施进行维护与管理，提供消防安全防范服务。

1. 同一建筑物由两个以上单位管理或者使用的责任划分

首先，应当明确各方的消防安全责任。具体形式可以由建筑物的管理、使用各方共同协商，签订协议书，明确各自消防安全工作的权利、义务及违约责任。

其次，对共用的疏散通道、安全出口、建筑消防设施和消防车通道，要求进行统一管理，并要求责任人具体实施管理。统一管理的具体方法，既可以由各个管理单位或使用人成立消防安全组织来进行管理，也可以委托一家单位负责管理，或者共同委托物业管理企业来进行统一管理。

2. 住宅区的物业服务企业应当履行的消防安全管理职责

依照《物业管理条例》，业主通过选聘物业服务企业，由业主和物业服务企业按照物业服务合同约定，对房屋及配套的设施设备和相关场地进行维修、养护、管理，维护相关区域内的环境卫生和秩序。在《中华人民共和国消防法》中将住宅区的物业服务企业的消防安全职责明确为法定职责。

综上所述，物业服务企业应当对管理区域内的共用消防设施进行维护与管理。同时，物业服务企业提供的消防安全防范服务，除对共用消防设施进行维护与管理外，还应当包括对共用部位开展防火检查、巡查，进行消防安全宣传教育等预防火灾工作。

二、物业消防系统的维护

1. 室内消火栓给水系统的维护

（1）室内消火栓给水系统的维护每月逐个检查消火栓一次

1）消火栓箱外观检查。消火栓门关闭是否正常，锁、玻璃有无损坏，封条是否完好，如有脱落破损应补贴封条。

2）消火栓箱内检查。消火栓内元件是否完好，有无脱落、丢失、水龙头有无渗漏。随机抽取消火栓总数的10%测试，按消火栓报警按钮，监测消防监控室有无报警显示。

（2）每半年（或按当地消防监督部门规定）至少进行一次全面检查及维修

1）消火栓和消防卷盘供水闸间不应有渗漏现象。

2）消防水枪、水带、消防卷盘及全部附件应齐全良好，卷盘转动灵活。

3）报警按钮、指示灯及控制线路功能正常、无故障。

4）消火栓箱及箱内配装的消防部件的外观无破损，涂层无脱落，箱门玻璃完好无缺。

5）消火栓、供水阀门及消防卷盘等所有转动部位应定期加注润滑油，箱门玻璃完好无缺。

2. 自动喷水灭火系统的维护

（1）水源

每月检查一次，主要检测水位及消防储备水不被他用。

（2）供水设备

消防水泵应每月启动运转一次，检查运行是否正常，出水压力是否达到设计规定值。水泵接合器由于处在室外，经常受到自然和人为的损坏，所以要经常维护。可用油纱布擦洗进水口防止出现锈渍，检查阀盖内橡胶圈是否完好。

（3）报警阀组

每个季度应对报警阀进行一次功能试验，打开系统一侧放水阀放水，报警阀瓣开启，延时器底部有水排出，并在延时5～90 s内，报警装置应开始连续报警，水力警铃应发出响亮的报警声，压力开关应接通电路报警，消防控制中心应有显示，并应启动消防水泵。

（4）水流指示器

每两个月应对水流指示器进行一次功能试验，打开管网末端试水装置排水，水流指示器应动作，消防控制中心应有信号显示。

（5）管道

检查系统管路中有无腐蚀及渗漏，如发现管路中有沉积物，应进行冲洗。

（6）喷头

应保持外表清洁，尤其是感温元件部分，对轻质粉尘可用空气吹除或用软布擦净；对油污垢应将喷头分批拆换，集中清理，但不能用酸碱溶液或热水洗刷。

（7）使用环境

对使用环境和条件要定期检核、评价，不能有超过规定的改变。

（8）灭火后的恢复

必须在确认火灾已扑灭时，方可关闭水源阀门，打开放水阀将管路内积水排空，取下已经开启动作的喷头，换上类型、温级完全相同的喷头。然后按规定步骤使系统重新恢复正常工作状态。

3. 防排烟系统的维护

（1）对排烟阀、排烟防火阀、送风阀的维护与保养

1）排烟口、送风口有无变形、损伤，周围有无影响其使用的障碍物。

2）风管与排烟口连接部位的法兰有无损伤，螺栓是否松动。

3）阀件是否完整，易熔片是否脱落，动作是否正常。

4）旋转机构是否灵活，每年对机械传送机构加适量润滑剂。

5）制动机构、限位器是否符合要求。

6）进行手动、远程启闭操作，检查是否可完全打开。

（2）对送风、排烟风机的维护与保养

1）风机房周围有无可燃物，安装螺栓是否松动、损伤。

2）传动机构是否变形、损伤，叶轮是否与外壳接触。

3）电动机的接线是否松动，电动机的外壳有无腐蚀现象。

4）电源供电是否正常（检查电压表或电源指示灯）。

5）启动电动机，旋转时有无异常振动、杂音。

6）操作手动或自动启动装置，进行每个防烟分区（或正压送风）的动作试验。

（3）每年应对防排烟风机的风量进行测定。

（4）正压送风阀：检查其送风阀是否完好，能否完成送风功能。

4. 应急照明、疏散指示系统的维护

（1）储备的应急灯具每两个月必须进行一次充、放电，以防灯具电池损坏。

（2）使用中的应急灯具每月必须进行性能检查，通过连续 10 次开关试验，以检查转换及电池的应急功能，并进行放电，以延长电池使用寿命。

（3）灯具出现故障及电池寿命终结时应及时维修或更换。

5. 火灾自动报警系统的维护

（1）火灾探测器

火灾探测器投入运行后容易受污染，积聚灰尘，使可靠性降低，产生误报、漏报，因此，对火灾探测器应定期清洗。对容易受到污染的探测器，清洗周期宜短，不易受到污染的探测器，清洗周期可适当长些，但不管什么场合，火灾探测器投入运行两年后都应定期进行清洗。

火灾探测器的清洗要由有资格的单位进行，使用单位不要自行清洗，以免损伤探测器部件，减低灵敏度。

（2）集中报警控制器和区域报警控制器

集中报警控制器和区域报警控制器及其相关的设备如控制盘、模拟盘等都应每天进行检查，做到及时发现问题、随时处理，以保证系统的正常运行。有自检巡查功能的，可通过拨动控制器的自检巡查开关，检查其功能是否正常；没有上述功能的，可采用给一只探测器加烟（温）的方法使探测器报警，来检查消音、复位、故障报警等功能是否正常。

（3）下列设备应每季度进行检查

1）火灾报警装置声光显示试验。试验要求实际操作，一次可进行全部试验，试验前要做好安排，防止造成不必要的混乱。

2）试验压力开关等报警功能、信号显示是否正常。

3）对备用电源进行1~2次充放电试验，1~3次主电源和备用电源自动切换试验。

三、物业消防设施的管理

1. 物业消防设施运行管理

（1）物业消防设施的管理应当明确主管部门和相关人员的责任，建立完善的管理制度。

（2）物业消防设施投入使用，必须处于正常运行或准工作状态，不得带故障工作。

（3）建立物业消防设施故障报告和故障消除的登记制度。发生故障，应当及时组织修复。因故障、维修等原因，需要暂时停用系统的，应当经物业消防安全责任人批准。系统停用时间超过4 h的，在物业消防安全责任人批准的同时应当报当地公安消防机构备案，并采取有效措施确保安全。

2. 消防控制室的管理

消防控制室应由物业专人负责管理，并满足以下要求：

（1）消防控制室应制定消防控制室日常管理制度、值班员职责、接处警操作规程等工作制度。

（2）消防控制室的设备应当实行每日24 h专人值班制度，确保及时发现并准确处置火灾和故障报警。

（3）消防控制室值班人员应当在岗在位，认真记录控制器日运行情况，每日检查火灾报警控制器的自检、消音、复位功能以及主备电源切换功能，并填写“物业消防控制室值班记录”。

（4）消防控制室值班人员应当经消防专业考试合格，持证上岗。

（5）正常工作状态下，报警联动控制设备应处于自动控制状态。若设置在手动控制状态，应有确保火灾报警探测器报警后能迅速确认火警，并将手动控制转换为自动控制的措施，但严禁将自动喷水灭火系统和联动控制的防火卷帘等防火分隔设施设置在手动控制状态。

3．物业消防设施维护和故障处理管理

（1）消防设备、器材应根据使用场所的环境条件和产品的技术性能要求及时进行保养和更换。对易腐蚀及生锈的消防设备、管道、阀门应定期清洁、除锈、注润滑剂。

（2）检查发现建筑消防设施存在问题和故障的，实施检查的人员必须向物业消防安全管理人报告，并填写“物业消防设施故障处理记录”。

（3）对建筑消防设施存在的问题和故障，当场有条件解决的应立即解决；当场没有条件解决的，应在 24 h 内解决；需要由供应商或者厂家解决，不影响系统正常工作的，应在十个工作日内解决，影响系统正常工作的应在五个工作日内解决，恢复系统正常工作状态。

（4）故障排除后，应由物业消防安全管理人签字认可，将“物业消防设施故障处理记录”存档备查。

4．建筑消防设施档案管理要求

（1）物业消防设施的档案应包含基本情况和动态管理情况。基本情况包括建筑消防设施的验收文件和产品、系统使用说明书、系统调试记录等原始技术资料。动态管理情况包括建筑“物业消防控制室值班记录”“物业消防设施巡查记录”“物业消防设施单项检查记录”“物业消防设施联动检查记录”“物业消防设施故障处理记录”等（参见附录 14、附录 15、附录 16、附录 17 和附录 18）。

（2）物业消防设施的原始技术资料应长期保存。

（3）“物业消防控制室值班记录”和“物业消防设施巡查记录”的存档时间不应少于一年。

（4）“物业消防设施单项检查记录”“物业消防设施联动检查记录”和“物业消防设施故障处理记录”的存档时间不应少于三年。

第 6 节　物业消防系统故障应急预案

物业消防系统在运行一段时间后，经常会出现设备运行方面的故障，如果这些故障不及时排除，往往会对人们的财产及生活造成很大的威胁。因此，及时有效地处理物业消防系统故障是消防系统日常管理的一项重要工作。

一、火灾自动报警系统出现的问题、产生的原因、排除方法

火灾自动报警系统出现的问题、产生原因、排除方法见表4—1。

表4—1 火灾自动报警系统出现的问题、产生原因、排除方法

故障现象	故障原因	排除方法
探测器误报警，探测器故障报警	探测器灵敏度选择不合理，环境湿度过大，风速过大，粉尘过大，机械振动，探测器使用时间过长，器件参数下降等	根据安装环境选择适当灵敏度的探测器，安装时应避开风口及风速较大的通道，定期检查，根据情况清洗和更换探测器
手动报警按钮误报警，手动报警按钮故障报警	按钮使用时间过长，参数下降或按钮人为损坏	定期检查，损坏的及时更换，以免影响系统运行
报警控制器误报故障	机械器件本身损坏误报故障或外接探测器、手动按钮问题引起报警控制器误报故障、误报火警	用表或自身诊断程序检查机器本身，排除故障，或按上述两条处理方法，检查故障是否由外界引起
线路故障	绝缘层损坏，接头松动，环境湿度过大，造成绝缘下降	用表检查绝缘程度，检查接头情况，接线时采用焊接、塑封等工艺

二、消火栓系统出现的问题、产生的原因、排除方法

消火栓系统出现的问题、产生的原因、排除方法见表4—2。

表4—2 消火栓系统出现的问题、产生的原因、排除方法

故障现象	故障原因	排除方法
打开消火栓阀门无水	可能管道中有泄露点，使管道无水，且压力表损坏，稳压系统不起作用	检查泄露点，压力表，修复或安上稳压装置，使管道有水
按下手动按钮，不能联动启动消防泵	手动按钮接线松动，按钮本身损坏，联动控制柜本身故障，消防泵启动柜故障或接线松动，消防泵本身故障	检查各设备接线、设备本身器件，检查消防泵本身电气、机构部分有无故障并进行排除

三、自动喷水灭火系统出现的问题、产生的原因、排除方法

自动喷水灭火系统出现的问题、产生的原因、排除方法见表4—3。

表 4—3　　自动喷水灭火系统出现的问题、产生的原因、排除方法

故障现象	故障原因	排除方法
稳压装置频繁启动	主要为湿式报警装置前端有泄漏，还会有水暖件或连接处泄漏，闭式喷头泄漏，末端泄放装置没有关好	检查各水暖件、喷头和末端泄放装置，找出泄漏点进行处理
水流指示器在水流动作后不报信号	除电气线路及端子压线问题外，主要是水流指示器本身问题，包括桨片不动、桨片损坏，微动开关损坏、干簧管触点烧毁，永久性磁铁不起作用	检查桨片是否损坏或塞死不动，检查永久性磁铁、干簧管等器件，并做以维修
喷头动作后或末端泄放装置打开，联动泵后前端管道无水	主要为湿式报警装置的蝶阀不动作，湿式报警装置不能将水送到前端管道	检查湿式报警装置，主要是蝶阀，直到灵活翻转，再检查湿式装置的其他部件
联动信号发出，喷淋泵不动作	可能控制装置及消防泵启动柜连线松动或器件失灵，也可能是喷淋泵本身机械故障	检查各连线及水泵本身

四、防排烟系统出现的问题、产生的原因、排除方法

防排烟系统出现的问题、产生的原因、排除方法见表 4—4。

表 4—4　　防排烟系统出现的问题、产生的原因、排除方法

故障现象	故障原因	排除方法
排烟阀打不开	排烟阀控制机械失灵，电磁铁不动作或机械锈蚀引起排烟阀打不开	经常检查操作机构是否锈蚀，是否有卡住的现象，检查电磁铁是否工作正常
排烟阀手动打不开	手动控制装置卡死或拉筋线松动	检查手动操作机构
排烟机不启动	排烟机控制系统器件失灵或连线松动，机械故障	检查机械系统及控制部分各器件系统连线等

五、防火卷帘门系统出现的问题、产生的原因、排除方法

防火卷帘门系统出现的问题、产生的原因、排除方法见表 4—5。

表 4—5 防火卷帘门系统出现的问题、产生的原因、排除方法

故障现象	故障原因	排除方法
防火卷帘门不能上升或下降	可能为电源故障、电动机故障或门本身卡住	检查主电、控制电源及电动机，检查门本身
防火卷帘门有上升无下降或有下降无上升	下降或上升按钮问题，接触器触头及线圈问题，限位开关问题，接触器联锁常闭触点问题	检查下降或上升按钮，下降或上升接触器触头开关及线圈，查限位开关，查下降或上升接触器联锁常闭触点
在控制中心无法联动防火卷帘门	控制中心控制装置本身故障，控制模块故障，联动传输线路故障	检查控制中心控制装置本身，检查控制模块，检查传输线路

六、消防事故广播及对讲系统出现的问题、产生的原因、排除方法

消防事故广播及对讲系统出现的问题、产生的原因、排除方法见表 4—6。

表 4—6 消防事故广播及对讲系统出现的问题、产生的原因、排除方法

故障现象	故障原因	排除方法
广播无声	一般为扩音机无输出	检查扩音机本身
个别部位广播无声	扬声器有损坏或连线松动	检查扬声器及接线
不能强制切换到事故广播	一般为切换模块的继电器不动作引起	检查继电器线圈及触点
无法实现分层广播	分层广播切换装置故障	检查切换装置及接线
对讲电话不能正常通话	对讲电话本身故障，对讲电话插孔接线松动或线路损坏	检查对讲电话及插孔本身，检查线路

七、物业消防系统故障处理流程

1. 无论发生何种消防设备故障和事故，物业管理单位必须立刻组织力量迅速处理。

2. 发生较重大事故或故障（指造成较大范围、较长时间有关系统不能正常工作或将造成有关系统不能正常工作，产生较严重影响，直接经济损失 1 000 元以上等）时，必须

及时报告上级领导和有关单位协调解决。

3. 无论发生何种消防设备故障和事故，物业管理单位有关人员必须在“物业消防控制室值班记录”（参见附录14）和“物业消防设施故障处理记录”（参见附录18）上做详细记录，不得疏漏隐瞒。

4. 发生较重大事故或故障时，物业管理单位消防负责人在事故、故障初步处理后，写出事故、故障报告，物业管理公司主管经理召集并举行事故、故障分析会，写出分析意见和改进措施，然后由主管经理审批后送上级消防主管部门。对于改进措施，物业管理单位必须严格执行。

具体物业消防系统故障处理流程，如图4—30所示。

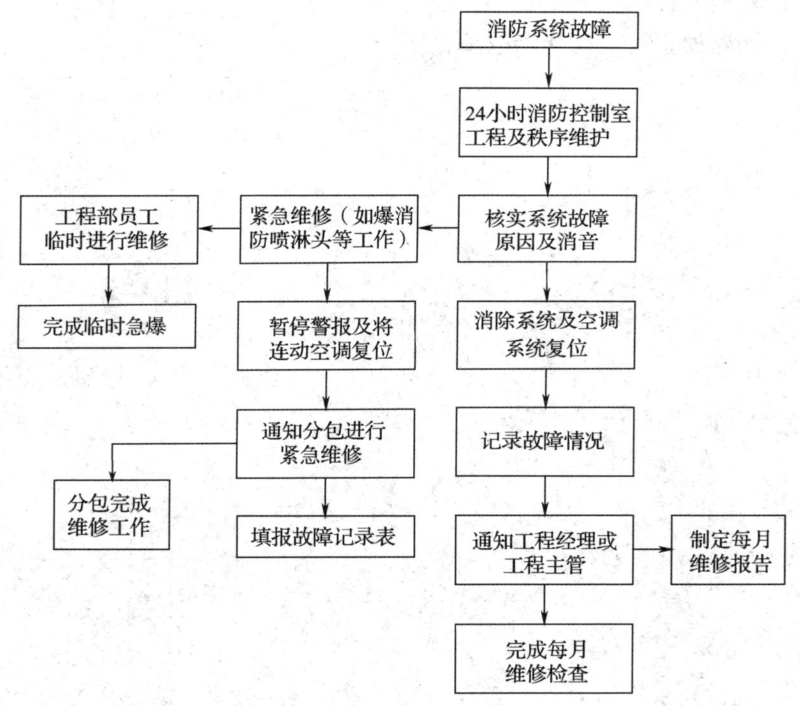

图4—30　物业消防系统故障处理流程

思考与练习

1. 简述物业消防系统的组成及各部分结构之间的关系。
2. 简述室内消火栓系统的组成及各部分的作用。
3. 简述自动喷水灭火系统分类及组成。
4. 简述闭式自动喷水灭火系统的分类及各自的优点与缺点。
5. 简述在物业管理中消防避难应急系统的组成及各自的作用。

6. 简述消防联动控制系统的控制对象有哪些。
7. 简述在物业管理中，物业消防设施的管理如何进行责任划分。
8. 简述在物业管理中，建筑消防设施档案管理要求。

技能训练

假设你是某物业管理公司负责消防的管理人员，当你在巡视的时候，发现部分消防设施出现故障，请问你应如何查明原因并简单的处理。

情景一：防火卷帘门不能上升、下降。

情景二：排烟阀打不开。

情景三：打开消火栓阀门无水。

情景四：探测器误报警，探测器故障报警。

第五章　物业燃气系统

学习目标

熟悉物业燃气系统的组成；了解燃气室内管道的敷设；掌握物业燃气供应系统的管理与维护；掌握物业燃气供应系统常见故障的处理。

物业燃气系统是复杂的综合性设施，是城市现代化的标志之一。燃气是一种气体燃料，具有热能利用率高、燃烧温度高、易于调节火焰大小、应用方便、燃烧时没有灰渣、卫生条件好、可以采用管道输送或瓶装供应等特点。燃气和空气混合达到一定比例时，容易引起燃烧式爆炸，火灾危险性较大。为防止在使用燃气时发生危险和中毒事故，国家对于燃气设备和燃气管道系统的设计和安装有严格的要求。室内燃气系统安装包括燃气管道、燃气设备和燃气用具的布置、敷设和安装及管道的试压和吹扫等。

第1节　物业燃气概述

一、燃气的种类

燃气按照其来源及生产方法，大致可分为四大类：天然气、人工燃气、液化石油气和生物气（沼气）。其中天然气、人工燃气、液化石油气可作为城镇气源，生物气可以作为农村的气源。

1. 天然气

一般认为天然气是古代动、植物的遗体通过生物化学作用以及地质变质作用，在不同的地质条件下生成、运移，并在一定压力下储集在地下的可燃气体。

天然气以其热值高、洁净、卫生等优势，成为理想的城镇燃气气源。随着天然气资源的不断开发和利用，越来越多的城镇选择天然气作为气体燃料。

2. 人工燃气

人工燃气是指以固体或液体可燃物为原料加工生产的气体燃料。一般将以煤为原料加工制成的燃气称为煤制气。用石油及其副产品抽取的燃气称为油制气。

生产人工燃气是进行煤和石油深加工、提高能源利用率、减少污染的有效措施。目前，在天然气不能满足城镇需求的形势下，人工燃气仍然是我国城镇燃气的重要气源之一。

3. 液化石油气

液化石油气是石油开采、加工过程中的副产品，通常来自炼油厂。

发展液化石油气具有投资少、设备简单、建设速度快、供应方式灵活（管道输送或瓶装供应均可）等特点。目前，液化石油气已成为一些中小型城镇和城镇郊区、独立居民小区的应用气源。

4. 生物气

生物气是有机物质在厌氧条件下，经过微生物的发酵作用而生成的一种可燃气体。

生物气由于热值低、二氧化碳含量高而不宜作为城镇气源，但可以作为农村的洁净能源使用、发展。

二、室内燃气系统的组成

在民用及公共建筑物中，供应燃气的管道与城镇分支管网相连接，并将燃气送到每一个燃气用具。这部分燃气管道由用户引入管、立管、干管、用户支管、用具连接管等部分组成。如图5—1所示为建筑室内燃气管道系统示意图。

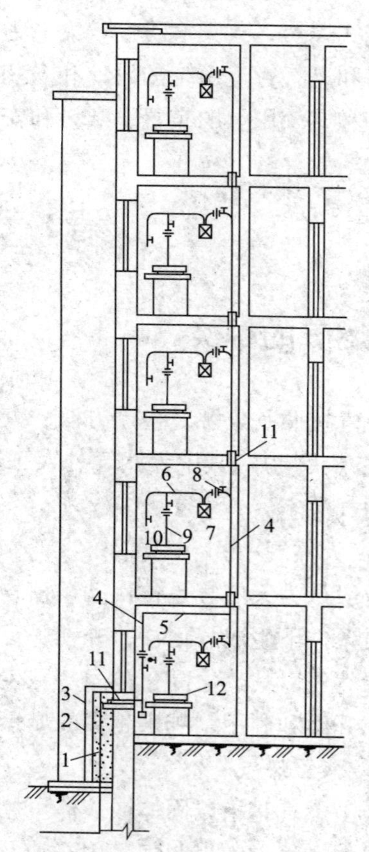

图5—1 室内燃气管道系统

1—用户引入管 2—砖台 3—保温层 4—立管 5—水平干管 6—用户支管 7—燃气计量表 8—表前阀门 9—燃气灶具连接管 10—燃气热水器接管 11—套管 12—燃气灶

1. 用户引入管

引入管是由室外或庭院地下燃气分支管道引入室内燃气管网的管段，在分支管处应设阀门。当输送含有水分或汽凝液的湿燃气时，引入管应以0.003的坡度坡向室外燃气分支管道。燃气管道引入建筑物时，一般直接引入用气房间或计量间，并加装总阀门，以便于关断和检修。

2. 立管

燃气立管就是穿过楼板贯通各用户的垂直管，一般应敷设在厨房或厨房外封闭的生活阳台内。立管的上下端应装丝堵，以便于清扫。立管的直径一般不小于25 mm。

3. 干管

当建筑物内需设置若干根立管时，应设置水平干管进行连接。水平干管可沿通风良好的楼梯间、走廊或辅助房间敷设，一般高度不低于2 m，距天花板的距离不得小于150 mm。输送湿燃气时，干管应以不小于0.003的坡度坡向引入管，并注意保温。干管不应穿越防火分区，也不应设置在作为消防通道的楼梯间。

4. 用户支管

由立管引出的用户支管，其水平管段在居民住宅厨房内不应低于 1.7 m，但从方便施工考虑距天花板的距离不得小于 150 mm。敷设坡度不小于 0.002，并由燃气计量表分别坡向立管和燃具。

5. 用具连接管

用具连接管是由支管连接燃气用具的管段。每个燃具前均应设置阀门。管道与燃具之间可分为硬连接（管道与燃具使用钢管管件进行连接）和软连接（管道与燃具之间由专用橡胶软管进行连接）两种。

6. 燃气计量表

燃气计量表（简称燃气表）是计量燃气用量的仪表。

住宅建筑应每户装一只燃气表，每个独立核算单位最少应装一只燃气表。燃气表宜安装在通风良好，环境温度高于 0℃，并且便于抄表及检修的地方。燃气计量表的安装与燃气用具要保持一定的相对位置，如图 5—2 所示。

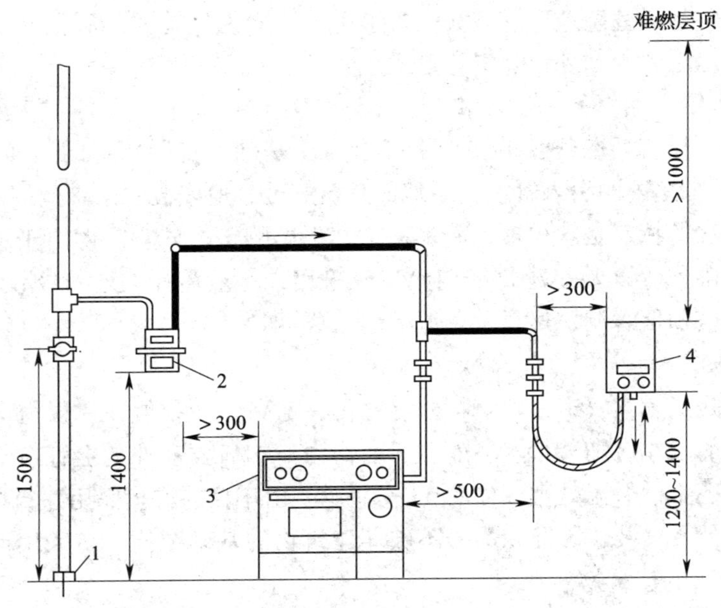

图 5—2　燃气表与燃气用具的相对位置

1—套管　2—燃气表　3—厨房燃气灶　4—燃气热水器

7. 阀门

阀门是用来启闭管道通路和调节燃气流量的装置。常用的阀门有闸阀、旋塞阀、截止阀和球阀等。

室内燃气管道在下列位置宜设阀门：引入管处、每个立管的起点处、从室内燃气干管或立管接至各用户的分支管处（可与表前阀门合设 1 个）、用气设备前和放散管起点处以及点火棒、取样管和测压计前。闸阀应安装在水平管道上，其他阀门不受这一限制，但有驱动装置的截止阀必须安装在水平管道上。

8. 厨房燃气灶

厨房燃气灶包括单眼燃气灶和双眼燃气灶。厨房燃气灶一般由炉体、工作面及燃烧器三部分组成。单眼燃气灶是只有一个火眼的燃气灶，目前常用的是双眼燃气灶。

9. 燃气热水器

燃气热水器是一种局部供应热水的加热设备，按其构造不同可分为直流式和容积式两种；按其排烟方式不同可分为直排式燃气热水器、烟道式燃气热水器和平衡式燃气热水器三种。

第2节 室内燃气管道敷设

一、引入管的敷设方式

引入管是由室外或庭院地下燃气分支管道引入室内燃气管网的管段。敷设的方式一般分为地下引入、地上引入和外设立管等形式。

1. 地下引入法

地下引入法是指室外燃气管道从地下穿过房屋基础或首层厨房的地面直接引入室内，如图5—3所示。在室内的引入管上，距地面0.5 m处，应安装一个带丝堵的斜三通作为清扫口。地下引入法的特点是管线短，简单易行，不影响楼的外观。但由于地下引入时管道要穿过建筑物基础，所以要在建筑结构允许时采用，一般需要在建筑物设计时预留管洞。新建建筑物一般应预留管洞，尽量采用地下引入法。

2. 地上引入法

地上引入法是指燃气管道沿建筑物外墙，在一定高度（一般在一层窗下）穿过外墙引入室内。引入管的上端应加装带丝堵的斜三通作为清扫口。室外地上管道部分一般要加保护台，寒冷地区还要做保温处理，如图5—4所示。由于目前许多民用建筑仍是建成后再进行燃气管道的设计、安装，因此，为了不破坏建筑物的基础结构，多采用地上引入法，但保护（保温）台影响建筑物外观。

二、室内燃气管道敷设原则

室内燃气管道敷设应符合国家标准《城镇燃气设计规范》（GB 50028—2006）中的相关规定。根据规范，建筑物内敷设燃气管道时，应遵循以下原则。

1. 燃气管道应敷设在厨房、外走廊、与厨房相连接的生活阳台等便于检修的非居住性房间内，不得敷设在或穿过卧室、卫生间（浴室）、地下室、变配电间、通风机房、计算机房、电缆沟、暖气沟、烟道和进风道、存放易燃易爆物品或有腐蚀性介质的仓库及房间。

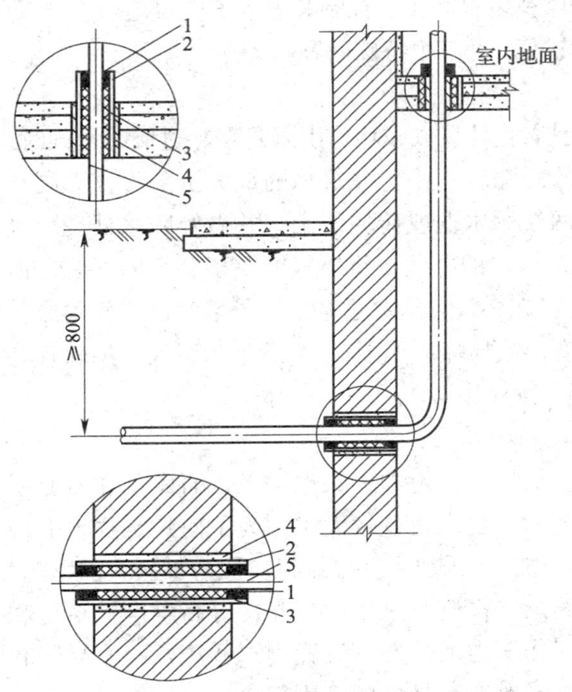

图 5—3 用户引入管地下引入法

1—钢丝网 2—木框 3—沙子或沥青油麻填料
4—预留洞 5—管道

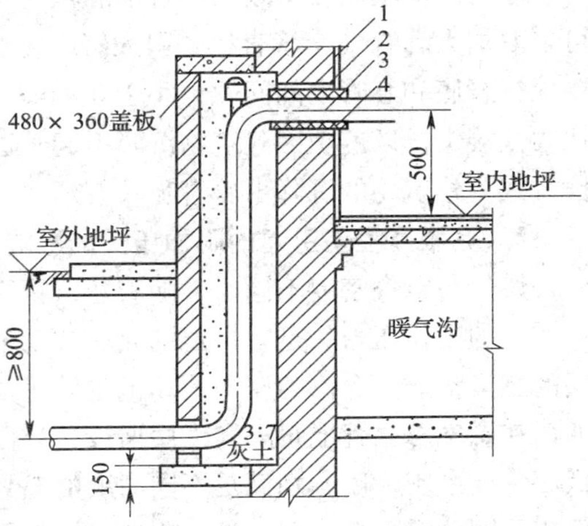

1
2
3
4
480 × 360盖板
500
室内地坪
室外地坪
暖气沟
≥800
3:7
灰土
150

图 5—4 用户引入管地上引入法

1—水泥砂浆 2—套管
3—油麻填料 4—沥青

2. 室内燃气管道尽可能不穿越卧室、卫生间、阁楼、壁柜和与卧室相连的门厅。如必须穿越卫生间、阁楼、壁柜时，应采用无缝钢管，外加套管保护，并采用焊接连接方式；穿越门厅时，管道上不准设置阀门及附件，并减少接头。

3. 燃气管道穿过建筑物基础、楼板、楼梯平台和墙壁或管沟时应设钢套管保护。

4. 室内燃气管道一般应明管敷设，当建筑物或工艺上有特殊要求时，可采用暗管敷设，但必须便于安装和检修，严禁在进行室内装修时将不符合暗埋、暗设的燃气管道及燃气表进行封闭。

5. 建筑物的地下室、半地下室、设备层和地上密闭房间内需敷设燃气管道时，其层高不宜小于2. 2 m，以便操作人员进入检修，应有良好的通风、防爆及照明设备，并应设置燃气监控设施。这些房间应用非燃烧的实体墙与马达间、修理间、储藏室、变电间、电话间以及住房隔开，以免发生漏气或检修时有燃气漏入这些房间，发生危险。

6. 液化石油气管道及民用燃烧设备不应敷设在地下室或半地下室。

三、高层建筑的特殊问题

高层建筑内的燃气管道应设置自动切断阀门、泄漏警报器和送排风系统等自动切断连锁装置。25 层以上建筑宜设置燃气泄漏集中监视装置和压力控制装置等安全设施。

对于高层建筑的室内燃气管道系统还应考虑以下三个特殊问题。

1. 补偿高层建筑的沉降

高层建筑物自重大，沉降量显著，易在引入管处造成破坏。引入管在穿过墙、基础时，可在墙或基础上预留管洞，管洞与燃气管顶的间隙应不小于建筑物的最大沉降量，管洞与燃气管之间应填满沙子或用沥青油麻填塞，两端用木框或砖块固定，并做好防水处理。也可采取加大套管（套管直径是引入管直径的 3 倍）的办法，将燃气管置于套管的下侧，但要保持管底和套管之间间隙不小于 6 mm。还可在燃气管道穿过基础、外墙时加补偿器或其他柔性接头，以避免因建筑物沉降引起管道变形或损坏。如图 5—5 所示为引入管的软管补偿方式，建筑物的沉降由软管吸收变形。

2. 克服高程差引起的附加压头的影响

燃气与空气密度不同时，随着建筑物高度的增大，附加压头也增大，而民用和商业用户燃具的工作压力，是有一定的允许波动范围的。当高程差过大时，为了使建筑物上下各层的燃具都能在允许的压力波动范围内正常工作，可采取一些措施以克服附加压头的影响。如：在燃气总立管上每隔若干层增设一分段阀门，作调节之用；分开设置高层供气系统和低层供气系统，以分别满足不同高度的燃具工作压力的需要；设置用户调压器；按高层和低层不同的实际燃气压力设计制造专用燃具，或改变燃具中的个别部件，对于饭店、宾馆等厨房中的一些燃具可考虑采取这一措施。

3. 补偿温差产生的变形

高层建筑燃气立管的管道长、自重大，需要在立管底部设置支墩。为了补偿由于温差产生的胀缩变形，需将管道两端固定，并在中间安装吸收变形的挠性管或波纹管补偿装置，如图 5—6 所示。

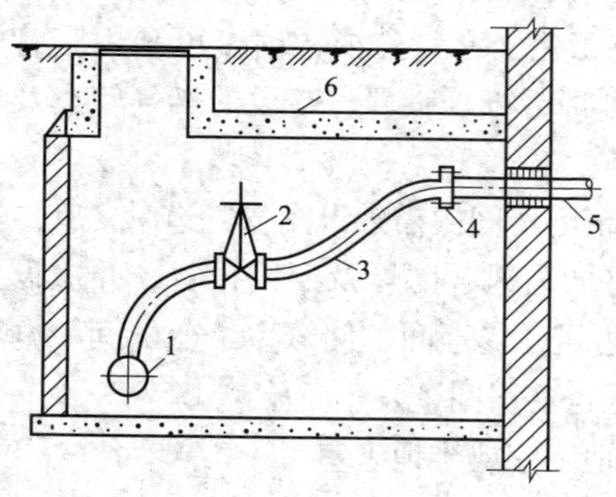

图 5—5 引入管的软管接头

1—庭院管道 2—阀门 3—铅管

4—法兰 5—穿墙管 6—阀门井

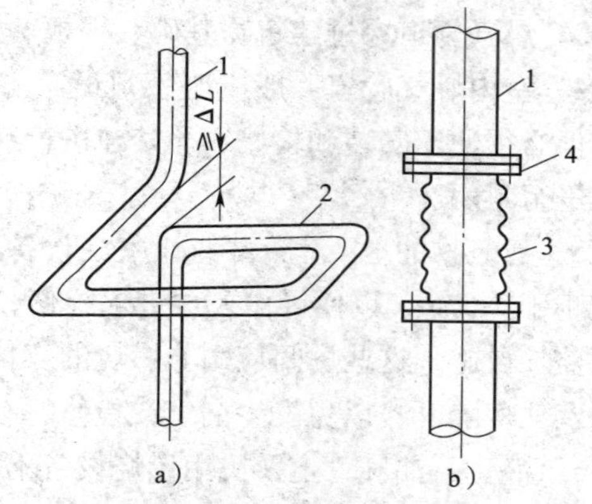

图 5—6 燃气立管的补偿装置

a）挠性管 b）波纹管

1—燃气立管 2—挠性管 3—波纹管 4—法兰

第3节 物业燃气系统维护与管理

随着人民生活水平的不断提高和城市建设的不断发展，我国的城市燃气供应将越来越普及，绝大部分城市住宅将敷设燃气供应管道。因此，对燃气供应系统的管理和维护就显得尤其重要，这就要求物业管理公司提高管理水平，使城市居民能放心使用燃气。

一、物业燃气系统管理范围

物业管理公司对燃气系统的管理范围，由于燃气设施产权方式的不同而导致责任界定的方式不同。政府部门没有相关明确的规定。目前，燃气管线与设施设备管理及维修范围的界定方式有两种，其中以第二种方式较为普遍。

1．由燃气公司、物业管理公司、业主三方负责

前提条件是：城市规划红线内的燃气管道与设施如果由用户出资，建设单位或燃气企业负责建设（即业主的总房款内已经包括红线内的燃气管理设施费用）。建筑规划红线内的燃气管道与设施也可分为两部分：红线内至表前阀的燃气管道与设施是所有业主的共用部分，如果出现问题由物业管理公司负责维修，如果是超过保修期的大修工程可动用房屋专项维修资金。表前阀至燃具的燃气管道与设施是业主私用部分，出现问题由业主负责。规划红线以外的燃气管道与设施由燃气公司负责。

2．由燃气公司、业主双方负责

前提条件是：城市规划红线内的燃气管道与设施由燃气公司出资建设（即业主的总房款内不包括红线内的燃气管理设施费用）。那么责任的划分是：表前阀至燃具的燃气管道与设施是业主私用部分，出现问题由业主负责。表前阀以外的设施设备由燃气公司负责维修、管理。

二、物业燃气系统管理内容

1．燃气运行管理

对厨房燃气设施的维修及养护，采取用户巡回检查和报修相结合的方法，便于及时了解室内燃气系统的运行状况，发现和处理燃气设施的故障；随时了解燃具使用情况和用户意见，向用户介绍一些室内燃气设备养护的基本知识，以便用户正确使用和保护好室内燃气设备，使其能够和专业管理部门配合，共同搞好室内燃气设施的维护及管理工作。

2．燃气设施设备保养及管理

燃气设施设备保养及管理是燃气管理工作的关键。对管道设备进行及时的维护，以降低机械损坏率，对管道设备定期的保养以减少自然损耗。这样既能提高室内燃气系统的安全可靠程度，又能延长其大、中修的周期。此外，依据系统的运行状况确定大、中修周期，使设备的维修及养护形成一种制度，便于提高设备的使用完好率。

3. 燃气安全宣传管理

通过发放宣传材料，开办技术咨询服务，或者利用入户巡访、安全检查等时机进行燃气有关知识的宣传。使用户了解必要的燃气管理法规，燃气安全使用知识，燃气事故的危害性，违章处理情况等。特别是要加大对燃气热水器的安全使用、燃气壁挂炉的安全使用、燃气采暖器的安全使用、液化石油气钢瓶的安全使用等方面的宣传工作。

4. 燃气安全管理

（1）作业人员要严格遵守各项燃气操作规程，熟悉所维护的燃气系统情况。

（2）室内燃气设施维修，通常不允许带气作业，要关闭引入管总阀门，并把管道中的燃气排到室外。维修作业过程中要加强室内的通风换气。

（3）未经主管部门批准，已供气的室内燃气管道，一律不准采用气焊切割和电焊、气焊作业。必须采用时，要事先编制作业方案。

（4）维修结束后，用燃气置换管道中的空气时，作业范围及周围严禁一切火种。置换时的混合气体不准在室内排放，要用胶管接出并排到室外，同时应注意周围的环境和风向，避免发生人员中毒或其他事故。

（5）室内管道重新供入的燃气在没有检验合格前，不准在燃气灶上点火试验，而应当从管道中取气样，在远离作业现场的地方点火试验。

（6）带有烟道和炉膛的燃气用具，不准在炉膛内排放所置换的混合气体。燃气用具如果一次点火不成功，应当关闭燃气阀门，停留几分钟后再进行第二次点火。

（7）引入管的清通和总入口阀门的检修是危险的带气作业，要严格按操作规程作业。

三、物业燃气系统的维护

为保证用户安全和室内燃气系统始终处于良好的工作状态，应定期进行检修和维护。

1. 燃气供应单位应对燃气用户设施每年至少进行一次检查，入户检查应包括下列内容并做好检查记录：

（1）对整个系统进行全面的外观检查，确认用户设施有无人为碰撞、损坏。

（2）管道是否私自被改动，是否被作为其他电器设备的接地线使用，有无锈蚀、重物搭挂，穿墙胶管是否超长及完好。

（3）用气设备是否符合安装规程。

（4）有无燃气泄漏。

（5）计量仪表是否正常。

2. 进入室内进行维护和检修作业时应做到以下两点：

（1）进入室内作业应首先检查有无燃气泄漏。当发现燃气泄漏时，应开窗通风，切断气源，在安全的地方切断电源并应采取安全防护措施。

（2）燃气设施和器具的维护与检修工作必须由具有相应资质的单位及专业人员完成。

第4节 物业燃气系统故障应急预案

一、燃气管道出现漏气现象的处理

1. 漏气的原因

漏气的原因有施工或设备质量问题造成连接不严密、阀门及接口松动或老化、管道腐蚀穿孔、胶管老化开裂及使用不当等。

2. 检查漏气点的方法

一般要采用眼看、鼻闻、耳听、手摸相结合的方法查找漏点，也可以对可能漏气点及接口处用肥皂水涂抹，如果连续起泡，就可以断定此处是燃气泄漏点。查找时可用软毛刷、毛笔或画笔蘸肥皂水涂抹。绝对禁止用明火查找漏气点。

3. 漏气的处理

（1）首先关闭相应管道的燃气进气阀门。

（2）如果在室内应立即打开门窗，进行通风。不能开关电灯、排风扇及其他电气设备，以防电火花引起爆炸。

（3）如果在室外严禁把各种火种带入泄漏区域。

（4）通知燃气公司来人检查。严禁在泄漏房间内使用电话及手机，以免引起燃爆。

一般管道、管件及接口漏气，要拆掉重装或更换新管道及管件；胶管老化及开裂，也应视其损坏程度切除漏气部分或更换新胶管；燃气表发现漏气一般应更换新表。

二、燃气管道出现堵塞现象的处理

1. 堵塞的原因

燃气管道堵塞多是由于燃气中含有的水、萘、焦油等杂质附着在管壁及阀门等处，形成堵塞；寒冷地区也有水分凝结成霜或冰，造成冰堵的现象。

2. 堵塞部位的查找

首先应检查燃具，可用细铁丝等物清理喷嘴，然后逐段检查燃气表及各管段。

3. 堵塞的处理

一般情况下应通知燃气公司来人进行处理更换。常见的处理方法有以下几种：

（1）燃气表堵塞一般要更换新表。

（2）阀门堵塞，可拆卸下来，清洗或更换新阀门。

（3）立管堵塞，可用带真空装置的燃气管道疏通机或人工方法清堵。

（4）引入管的萘或冰堵，可将上部三通丝堵打开，向管内倒入热水，使萘或冰融化。

（5）如因管道保温不好造成萘或冰堵，则应重做保温。

三、燃气表的故障及处理

1. 燃气表故障

燃气表的检定有效年限一般为5~7年，超过检定期限应进行检修。燃气表的故障通常有漏气、不通气、计量不准及外力作用破坏等。

2. 燃气表故障的处理

一般燃气表出现故障即应更换新表，不得自行处理。

四、燃气引发火灾时的安全措施

1. 迅速切断燃气源，如果是液化石油气罐引起火灾，应立即关闭角阀，移至室外（远离火区）的安全地带，以防爆炸。

2. 起火处可用湿毛巾或湿棉被盖住，将火熄灭。无法接近火源时，应用沙土覆盖，利用灭火器控制火势，利用水降温，以防燃爆。

3. 如火势很大，个人不能扑灭，要到远离火源处报警。

思考与练习

1. 简述燃气有哪几类，各有何特点。
2. 简述室内燃气系统的组成部分。
3. 简述室内燃气系统的引入管敷设方式有哪些。
4. 简述燃气系统的管理范围有哪些。
5. 简述燃气供应系统的维护措施。
6. 简述燃气管道出现漏气现象的处理。

技能训练

某物业管理公司的管理人员在巡视的时候，发现该小区5号楼4楼某业主家门口传出了煤气的味道，应如何处理？

情景一：此业主家中无人。

子情景1：一楼业主家有人。

子情景2：一楼业主家无人。

情景二：此业主家中有人。

第六章　物业供暖系统

学习目标

了解供暖系统的组成和分类；熟悉供暖系统设备；了解供暖系统的供暖方式；熟悉物业水媒地热供暖系统的组成及特点；了解供暖系统设施设备的维护和管理；了解供暖系统常见故障的处理。

在我国的北方地区，冬天室外温度远低于室内温度，室内的热量会通过建筑物的外墙、门窗、屋顶和地面等围护结构不断地传向室外。为了维护室内的温度，以满足人们正常进行工作和生活的需要，就必须向室内供给相应的热量。这种向室内提供热量的工程设施叫供暖系统。

第 1 节　供暖系统概述

一、供暖系统的组成

供暖系统主要由热源、供热管网、散热设备三部分组成，如图 6—1 所示。

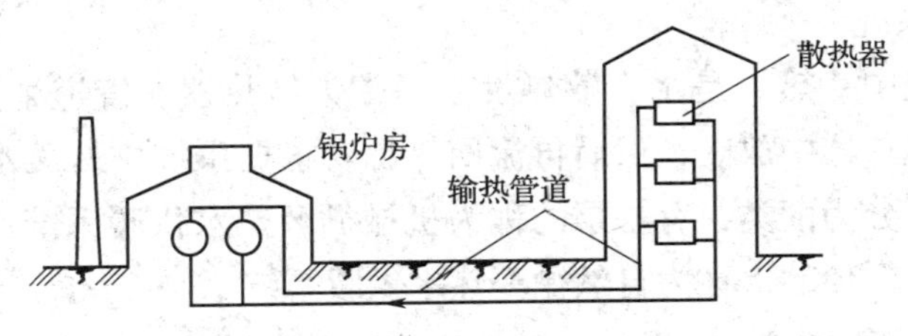

图 6—1　供暖系统的组成

1. 热源

热源泛指能从中吸取热量的任何物质、装置和天然能源。在供暖系统中，热源是指供暖热媒的来源。目前最广泛应用的是区域锅炉房和热电厂。在此热源内，燃料燃烧产生热能，将水加热成的热水或蒸汽称为热媒。

2. 供热管网

供热管网指由热源向热用户输送和分配热媒的管线。

3. 散热设备

散热设备是指安装在直接使用或消耗热能的热用户内的设备，如各种散热器、辐射板和暖风机等。此外还有为保证供暖系统正常工作而设置的辅助设备，如膨胀水箱、循环水泵、补水泵、排气装置、除尘器等。

二、供暖系统的分类

1. 按供暖范围分类

供暖系统按供暖范围分类可分为局部供暖系统、集中供暖系统和区域供暖系统三类。

（1）局部供暖系统

热源、供暖管道和散热设备都在采暖房间内的供暖系统称为局部供暖系统，如火炉、电暖气等，这种供暖系统适用于局部、小范围的供暖。

（2）集中供暖系统

集中供暖系统是由一个或多个热源通过供暖管道向某一地区的多个热用户供暖的供暖系统。

（3）区域供暖系统

由一个区域锅炉房或换热站提供热媒，热媒通过区域供热管网输送至城镇的某个生活区、商业区或厂区、热用户的散热设备称为区域供暖系统。该供暖系统属于跨地区、跨行业的大型供暖系统。这种供暖方式作用范围大、节能、对环境污染小，是城市供暖的发展方向。

2. 按热媒分类

按系统中所用的热媒不同，供暖系统可分为三类：热水供暖系统、蒸汽供暖系统及热风供暖系统。

（1）热水供暖系统

在热水供暖系统中，热媒是水，散热设备通常为散热器。管道中的水在热源被加热，经管道流到房间的散热器中放热，然后再流回热源。根据系统中有无水泵作为热媒循环动力，热水供暖系统可分为两类：有水泵的称为机械循环热水供暖系统；系统无水泵，而靠供、回水密度差使水循环的，称为自然循环热水供暖系统。

（2）蒸汽供暖系统

在蒸汽供暖系统中，热媒是蒸汽，散热设备通常为散热器。蒸汽进入散热器后，充满散热器，通过散热器将热量散发到房间内，与此同时蒸汽冷凝成同温度的凝结水。

蒸汽供暖系统按系统起始压力的大小不同又可分为高压蒸汽供暖系统和低压蒸汽供暖系统。

（3）热风供暖系统

热风供暖系统以空气作为热媒。在热风供暖系统中，首先将空气加热，然后将高于室温的空气送入室内，热空气在室内降低温度，放出热量，从而达到供热的目的。

三、供暖管道

1. 供暖管材

供暖系统的管材有以下几种：

（1）焊接钢管

焊接钢管常用于输送低压流体，实际工程中一般采用镀锌钢管。

（2）无缝钢管

无缝钢管主要用于系统需承受较高压力的室内供暖系统的焊接连接。

（3）塑料管

塑料管包括交联铝塑复合管（XPAP）、聚丁烯管（PB）、交联聚乙烯管（PEX）、无规共聚聚丙烯管（PPR），该管多用于水媒地面辐射供暖系统。

2. 供暖管道的布置敷设一般要求

（1）室内供暖系统的种类和形式应根据建筑物的使用特点和设计要求来确定，一般是在选定了系统的种类（热水还是蒸汽系统）和形式（上供还是下供，单管还是双管，同程还是异程）等因素后再进行系统的管网布置。

（2）供暖系统的引入口一般宜在建筑物中部。系统应合理地设若干支路，而且尽量使各支路的阻力易于平衡。

（3）布置供暖管网时，管路应沿墙、梁、柱平行敷设，力求布置合理，同时应节省管材，便于调节和排除空气，而且要求各并联环路的阻力损失易于平衡。布置系统时力求管道最短，便于管理，并且不影响房间的美观。供暖管道的安装方法，有明装和暗装两种。一般民用建筑、公共建筑以及工业厂房都采用明装；装饰要求较高的建筑物，采用暗装。

四、供暖附件

1. 排气装置

排气装置由自动排气阀、冷风阀和集气罐三个部分组成。

（1）自动排气阀

自动排气阀安装方便，体积小巧，在热水供暖系统中被广泛采用。目前国内生产的自动排气阀，大多采用浮球启闭结构，当阀内充满水时，浮球升起，排气口自动关闭；阀内空气量增加时，水位降低，浮球依靠自重下垂，排气口打开排气，如图6—2所示。

自动排气阀常会因水中污物堵塞而失灵，需要拆下清洗或更换。因此，排气阀前应装一个截止阀、闸阀或球阀，此阀门常年开启，只在排气阀失灵，需检修时临时关闭。

（2）冷风阀

冷风阀也称为手动跑风门，用于散热器或分集水器排除积存空气，适用于工作压力不大于0.6 MPa，温度不超过130℃的热水及蒸汽供暖散热器或管道上。

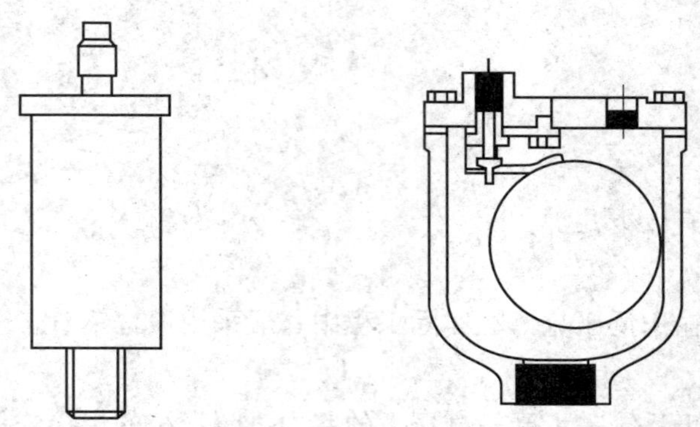

图 6—2 自动排气阀

（3）集气罐

集气罐一般设于系统供水干管末端的最高点处，供水干管应向集气罐方向设上升坡度，以使管中水流方向与空气气泡的浮升方向一致，有利于空气汇集到集气罐的上部，定期排除。当系统充水时，应打开集气罐上的排气阀，直至有水从管中流出，方可关闭排气阀。系统运行期间，应定期打开排气阀排除空气。

集气罐是用直径 100～200 mm 的钢管焊制而成，分为立式和卧式两种，如图 6—3 所示。集气罐顶部连接直径为 DN15 的排气管，排气管应引到附近的排水设施处。

2. 膨胀水箱

膨胀水箱的作用是容纳水受热膨胀而增加的体积。在自然循环上供下回式热水供暖系统中，膨胀水箱连接在供水总立管的最高处，具有排除系统内空气的作用；在机械循环热水供暖系统中，膨胀水箱连接在回水干管循环水泵入口前，可以恒定循环水泵入口压力，保证供暖系统压力稳定，避免水泵入口处出现气化现象。

3. 过滤器

为了防止供暖管道被杂物堵塞，影响供暖，一般在管道上设置过滤设备，如图 6—4 所示为 Y 型过滤器。

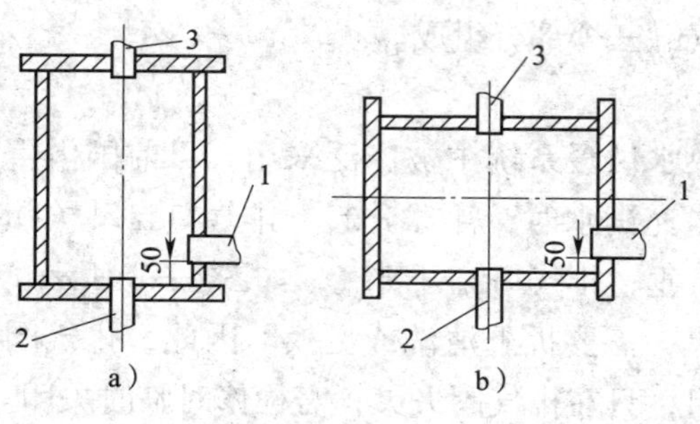

图 6—3 集气罐

a）立式 b）卧式

1—进水口 2—出水口 3—排气管

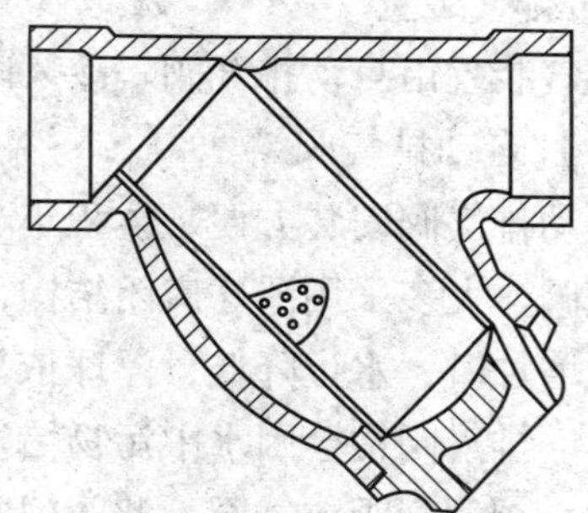

图 6—4 Y 型过滤器

清洗过滤器时关闭前后阀门，打开排污盖，取出滤网即可，清洗干净后原样装回。为了排污和清洗方便，Y 型过滤器的排污盖一般应朝下方或45°下方安装，并留有抽出滤网的空间。安装时应注意介质流向，不可装反，以防造成管路堵塞，一般安装在用户入口的供水管道上或循环水泵之前的回水总管上，设有旁通管道，以便定期清洁与检修。

4. 补偿器

在供暖系统中，金属管道会因受热而伸长。每米钢管本身的温度每升高1℃时，便会伸长0.012 mm。当平直管道的两端都被固定不能自由伸长时，管道就会因伸长而弯曲，当伸长量很大时，管道的管件就有可能因弯曲而破裂。因此，需要在管道上补偿管道的热伸长，同时还可以补偿因冷却而缩短的长度，使管道不致因热胀冷缩而遭到破坏。常用补偿器有 L 形补偿器、Z 形补偿器、方形补偿器，如图6—5 所示。

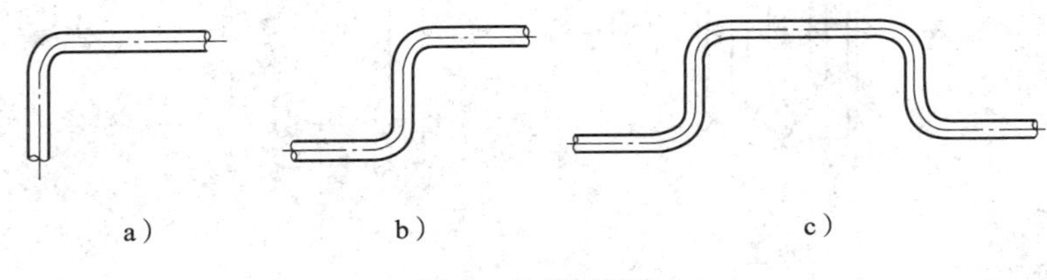

图6—5　补偿器

a) L 形补偿器　b) Z 形补偿器　c) 方形补偿器

5. 热量表

热量表是用于测量及显示热载体为水流过热交换系统所释放或吸收热量的仪表。热量表分为楼栋热量表和户用热量表。户用热量表的流量传感器宜安装在供水管上。热量表前应设过滤器。

6. 散热器温控阀

散热器温控阀是一种自动控制进入散热器热媒流量的设备，它由阀体部分和温控元件控制部分组成。

五、散热器

热媒是通过散热器把热源的热量传递给采暖房间，散热器把热媒的热量以传导、对流、辐射的方式传给室内空气，用来补偿建筑物的热量损失，从而使室内的热量得失达到平衡，维持房间一定的空气温度，达到供暖的目的。

散热器按材质可分为铸铁、钢制、铝制、铜制散热器；按结构形式分为柱型、翼型、管型、板式、排管式散热器等；按其对流方式分为对流型和辐射型散热器。

1. 铸铁散热器

铸铁散热器具有结构简单、防腐蚀性好、使用寿命长、适用于各种水质、造价低、热稳定性好等优点，广泛应用于蒸汽和热水供暖系统中。铸铁散热器有柱型、翼型和复合翼型三种。

（1）柱型散热器

柱型散热器是呈柱状的中空立柱单片散热器，主要有二柱、三柱、四柱、五柱、六柱等类型，如图 6—6 所示。根据散热面积的需要，柱型散热器可以进行组装。

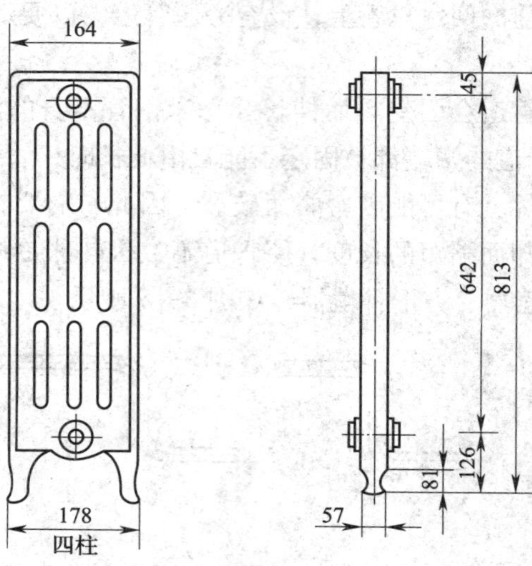

图 6—6 铸铁柱型散热器

（2）翼型散热器

翼型散热器有圆翼型（见图 6—7）、长翼型（见图 6—8）和柱翼型（见图 6—9）三种类型。

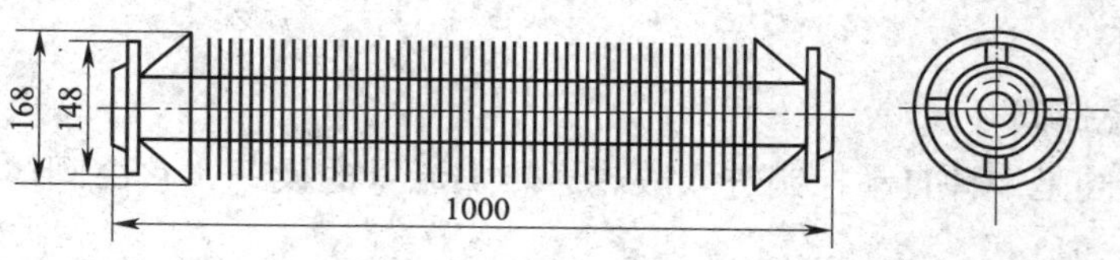

图 6—7 圆翼型散热器

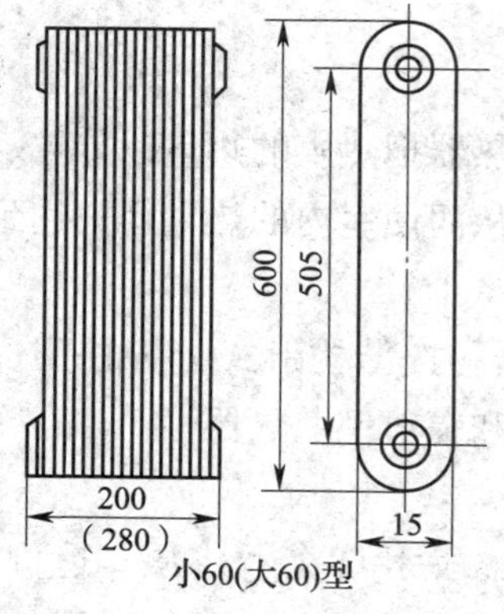

图 6—8 长翼型散热器

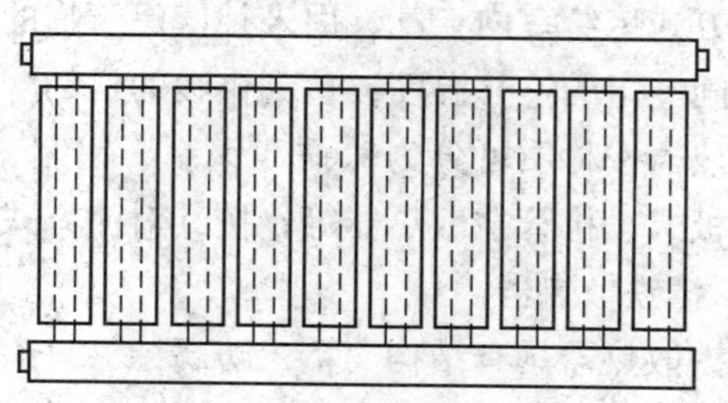

图 6—9 柱翼型散热器

翼型散热器的承压能力低、表面易积灰、难清扫、外形不美观，由于每片的散热面积大，在设计时有难度。但其散热面积大，加工制作较容易，造价低，可用于积灰不多的工业建筑。

2. 钢制散热器

与铸铁散热器相比，钢制散热器耐压能力强，外观美观整洁，耗用金属量少，便于布置，但由于耐腐蚀性差，故使用寿命比铸铁散热器短。钢制散热器主要有排管散热器、钢串片散热器、扁管散热器等。

（1）排管散热器

排管散热器传热系数大、表面光滑不易积灰、便于清扫、承压能力强、可现场制作并能随意组成所需的散热面积，可用于粉尘较多的车间，如图6—10所示。

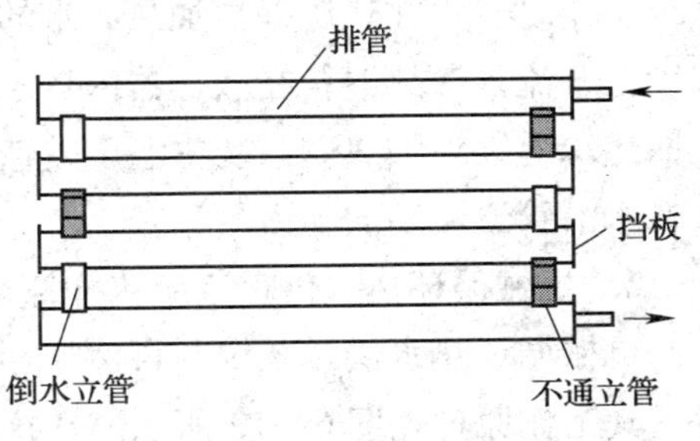

图6—10 排管散热器

（2）钢串片散热器

钢串片散热器具有体积小、质量轻、承压能力强等特点，但使用时间较长时会出现串片与钢管的连接不紧或松动、接触不良现象，会大大影响散热器的传热效果。因此，长期使用时要特别注意检查串片与钢管的接触情况。

（3）扁管散热器

扁管散热器是指用薄钢板制作的长方形钢管叠加在一起焊成的，可适用于各种热媒的散热器。

3. 其他散热器

其他散热器中还包括铝合金散热器、全铜散热器、不锈钢散热器等。

4. 散热器的布置原则及布置位置

（1）布置原则

散热器的布置力求使室温均匀，室外渗入的冷空气能较迅速地被加热，保证室内温度适宜，尽量少占用室内有效空间和使用面积。

（2）布置位置

散热器一般布置在房间外墙一侧，有外窗时应装在窗台下，这样可直接加热由窗缝渗入的冷空气，还可阻止沿外墙下降的冷气流，避免外墙、外窗形成的冷辐射和冷空气侵袭人体，使室温趋于均匀。

第2节 物业热水供暖系统

在热水供暖系统中，热媒是热水。热源产生热水，经过输热管道流向供暖房间的散热设备中，散出热量后经管道流回热源，重新被加热。热水供暖系统按循环动力可分为自然循环热水供暖系统和机械循环热水供暖系统，其中后者较为被普遍采用。

一、热水供暖系统工作原理

1. 自然循环热水供暖系统工作原理

自然循环热水供暖系统由热源（锅炉）、散热设备（散热器）、供水管道、回水管道及膨胀水箱组成，其工作原理如图 6—11 所示。系统运行前，整个系统要充满水至最高处。系统工作时，水在热源处被加热，水的温度升高，体积膨胀，密度和容重变小，热水沿供水管上升流入散热器，在散热器内热水释放热量，温度降低，密度和容重变大，沿回水管流回热源继续被加热。系统中温度差造成了密度和容重的差别，从而形成了推动整个系统中的水沿管道流动的动力。

2. 机械循环热水供暖系统工作原理

机械循环热水供暖系统与自然循环热水供暖系统相比，系统增加了水泵、集气罐等设备，其工作原理如图 6—12 所示。在这种系统中，水的循环主要依靠水泵产生的压力。水在热源内被加热，沿总立管、供水干管、供水立管流入散热器，释放热量后沿回水立管、回水干管，由水泵压回热源。系统中水流速度较快，为排除系统内部空气，要求供水干管逆坡敷设，并且在供水干管的最高点设置排气装置，回水干管顺坡敷设。水泵设在回水干管上，膨胀水箱设在系统的最高点，连接在水泵的进水口管道上，它可使整个系统在正压下工作，保证系统中的水不致气化，从而避免了因水的气化而中断正常循环。

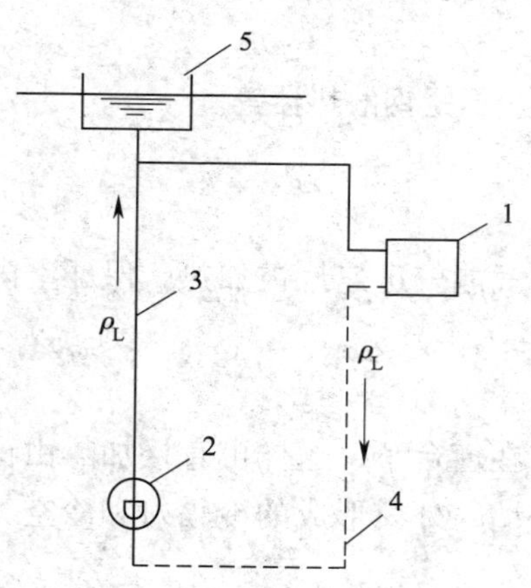

图 6—11 自然循环热水供暖系统工作原理

1—散热器 2—热源 3—供水管道

4—回水管道 5—膨胀水箱

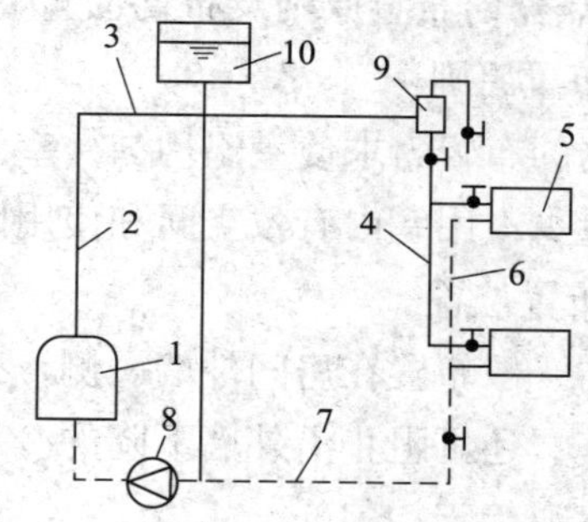

图 6—12 机械循环热水供暖系统工作原理

1—热源 2—供水总立管 3—供水干管

4—供水立管 5—散热器 6—回水立管 7—回水干管

8—循环水泵 9—集气罐 10—膨胀水箱

在日常生活中，由于机械循环热水供暖系统产生的热能较大、供热面积大，因此，被广泛使用。这里只对机械循环热水供暖系统予以阐述。

二、机械循环热水供暖系统

机械循环热水供暖系统，按供暖系统室内干管位置不同，可分为垂直式和水平式；按室内立管与散热器连接方式不同可分为双管式、单管顺流式与单管跨越式；按供回水干管的位置不同分为上供下回式、下供下回式、上供中回式和中供式；按各立管距总立管的水平距离不同可分为同程系统和异程系统。

1. 按供暖系统室内干管位置不同分类

按供暖系统室内干管位置不同，供暖系统可分为垂直式（见图 6—13）和水平式（见图 6—14）。

垂直式供暖系统目前广泛应用于工业及民用的各种楼宇中，如住宅、办公楼等；而水平式供暖系统由于不好过门，并占用较多的建筑空间，则主要应用于大面积的建筑中，如工业厂房、商场、影剧院、体育馆等。

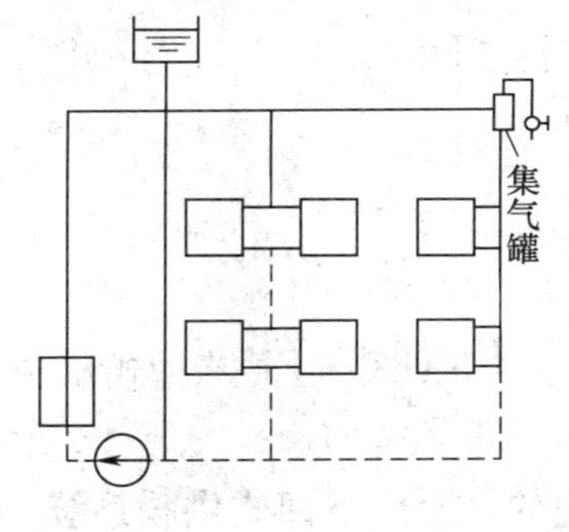

图 6—13　垂直式供暖系统

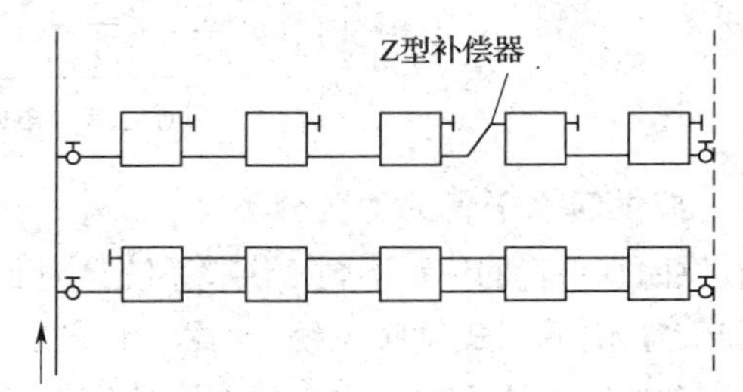

图 6—14　水平式供暖系统

2. 按室内立管与散热器连接方式分类

按室内立管与散热器连接方式不同，供暖系统可分为双管式、单管顺流式与单管跨越式。

（1）双管式供暖系统

双管式供暖系统由于有两根立管，工程造价较单管要高，但若水平支管上装有调节阀时，可以个别调节通过散热器的热媒流量，从而达到调节室温的目的，如图 6—15 所示。目前的分户热计量要求供暖系统为双管式。

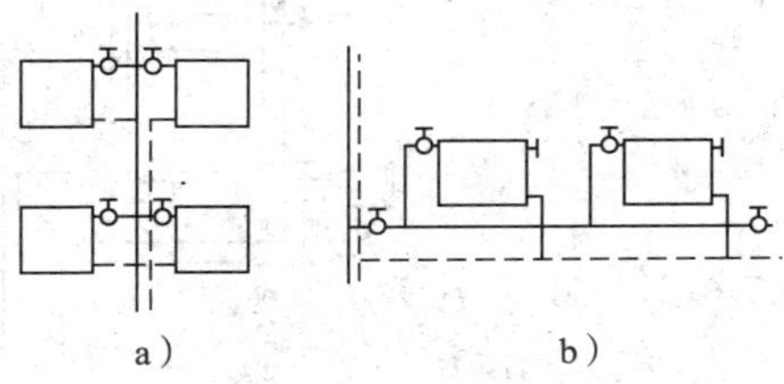

图 6—15　双管式供暖系统
a）垂直式　b）水平式

（2）单管式供暖系统

单管式供暖系统的散热器与支管的连接形式可归纳为以下几种，如图 6—16 所示。

图 6—16 中的第 1 种形式为顺流式，全部立管中的水顺次地流入散热器。这种系统简单，调节配

件少、施工方便、造价低。由于不能进行局部调节，所以一般用于不需要调节散热量的房间。第 2 种连接方式是为了稍微改进顺流式不能进行局部调节的缺点。第 3、4 两种连接方式是跨越式的。第 4 种形式是在跨越管入口处采用三通阀进行流量调节，可以避免单个散热器进行局部调节时影响其他散热器的流量和放热量。

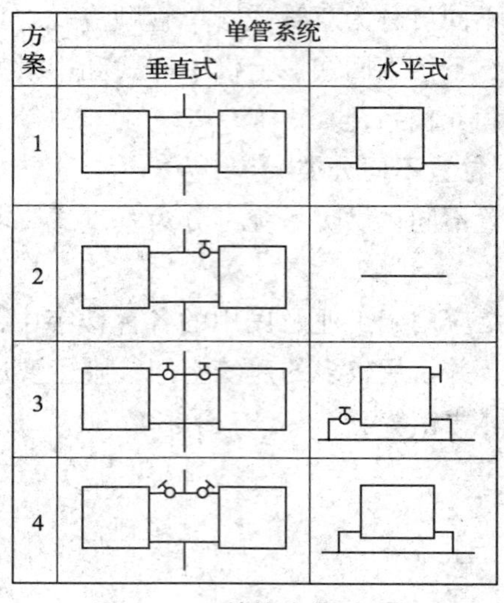

图 6—16　单管式供暖系统

3. 按供回水干管的位置分类

按供回水干管的位置不同，供暖系统分为上供下回式、下供下回式、上供中回式和中供式。

（1）上供下回式供暖系统

对于热水供暖系统，推行分户热计量之前最普遍采用的是上供下回式供暖系统。这种系统简单、易于布置、散热效果好、调节配件少、施工方便、造价低，热水主干管通常在楼房中从底部到顶部，顶部水平干管可布置在天棚内或顶层天花板下方，回水水平干管则布置在地下管沟中或底层天花板下方，如图 6—17 所示。

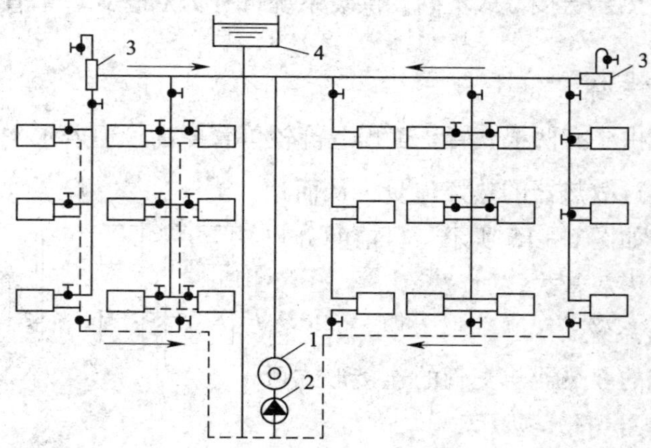

图 6—17　上供下回式热水供暖系统

1—锅炉　2—水泵　3—集气罐　4—膨胀水箱

（2）下供下回式供暖系统

下供下回式供暖系统将供水干管和回水干管都敷设在系统所有散热器的下方，如图6—18所示。与上供下回式系统相比较，供水干管和回水干管都敷设在地沟中，管道保温好，热量损失少；顶层无供水干管，顶层房间美观；立管短，节省管材；可以随土建施工进度安装，冬季施工可以分层供暖；由于各层散热器采用异程式连接，即各个循环环路总长度不等，在一定程度上缓和了上供下回式系统的垂直失调现象。但该系统排气复杂，需在顶层每组散热器上安装手动跑风门或将立管顶部加高，设专用的空气管道和排气装置排除系统内部空气。该系统适合于室温有调节要求、有地下室或供暖地沟及顶层不能设干管的四层及四层以下建筑。

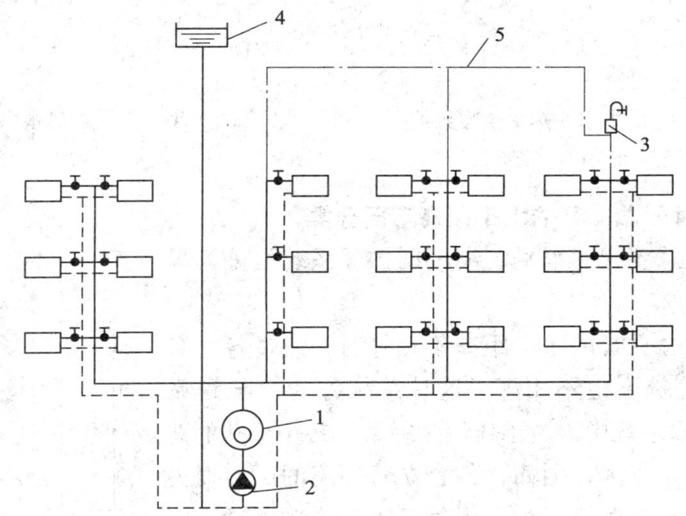

图 6—18　下供下回式热水供暖系统

1—锅炉　2—水泵　3—集气罐　4—膨胀水箱　5—空气管

（3）上供中回式供暖系统

上供中回式供暖系统将回水干管设在一层顶板下或设在室外，可省去地沟，单双管系统均可，如图6—19所示。安装时，应在回水立管下端设置泄水丝堵，以方便泄水及排放管道中的杂物。供回水干管上均设置自动排气阀或其他排气设施。该系统适合于不宜设置地沟的多层建筑。

（4）中供式供暖系统

中供式供暖系统是水平干管敷设在系统的中部，通常可设于建筑物的夹层内。下部系统呈上供下回式，上部系统可采用下供下回式或上供下回式，如图6—20所示。中供式供暖系统减轻了上供下回式供暖系统楼层过多而易出现垂直失调的现象，同时，可避免由于顶层梁底标高过低，致使供水干管遮挡顶层窗户而妨碍其开启的不合理布置。但上部系统（下供下回式）排气复杂，要设置排气装置。中供式供暖系统可用于加建楼层的原有建筑或“品”字形建筑。

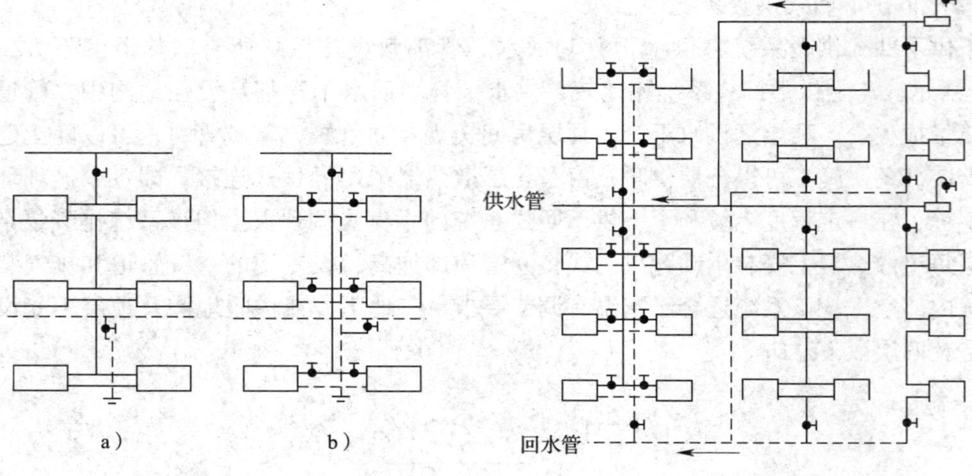

图 6—19 上供中回式热水供暖系统

a）单管系统 b）双管系统

图 6—20 中供式热水供暖系统

4. 按各立管距总立管的水平距离不同分类

按各立管距总立管的水平距离不同供暖系统可分为异程系统和同程系统。

当各立管距总立管的水平距离不相等时，通过各立管的循环环路的总长度也不相等，这种系统称为“异程系统”。在集中供暖系统中，由于作用半径大，各个环路的总长度就有可能相差很大，因而，各个立管环路的压力损失就更难以平衡。有时在靠近总立管最近的立管选用最小管径 DN15 时，仍有很多的剩余压力，这就会出现严重的水平失调现象。为了消除或减轻这种现象，可采用同程系统。同程系统的特点是各立管环路的总长度都相等，如图 6—21 所示，由于最近环路 GADEFG 与 GABCFG 环路长度相同，故压力损失易平衡。

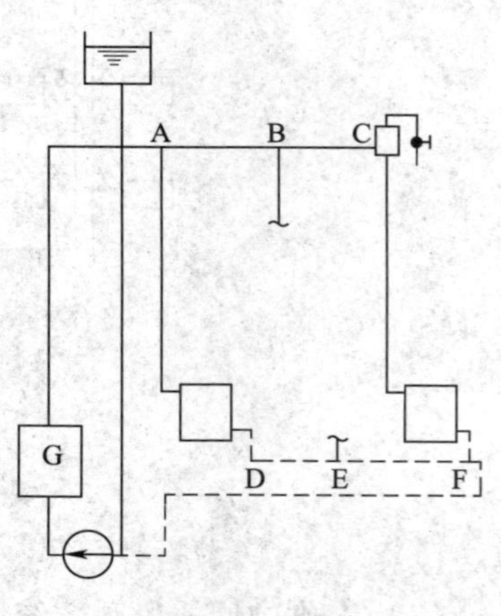

图 6—21 同程系统

同程系统的管径和长度较异程系统有时稍大，但由于它有上述优点，在较大的建筑物内宜采用同程系统。

三、高层供暖系统

高层建筑高度较高，通常在十几层以上，这会导致高层建筑在供暖时低楼层与高楼层供给热量不均匀或循环周期过长，因此，供热效果差。根据以上弊端，目前我国普遍采用分区式供暖的方式。

高层建筑供暖系统，在垂直方向分成两个或两个以上的系统分别供暖称为分区式供暖系统。

低层部分通常与室外网路直接连接。它的高度主要取决于室外网路的压力工况和散热器的承压能力。高层部分与室外网路采用隔绝式连接，如图 6—22 所示，利用换热器使上层系统的压力与室外网路的压力状况隔绝，以免相互影响。当高层建筑物中采用的散热器承压能力较低时（如一般的铸铁散热器），这种隔绝式连接方法是比较常用的一种形式。

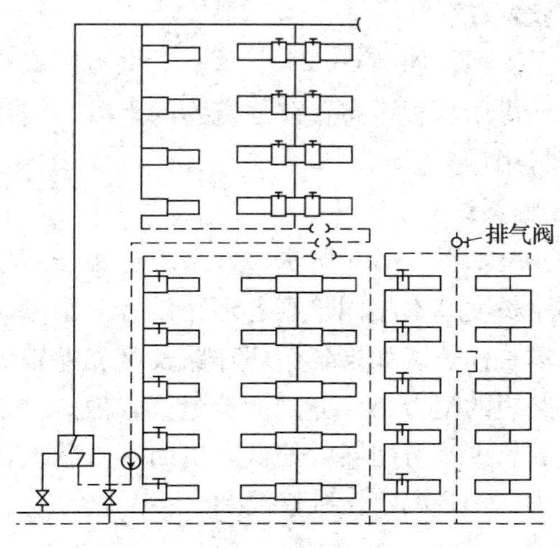

图 6—22 分层式热水供暖系统

当高层建筑施加于整个供暖系统的压力高过散热器的承压能力，室外网路的供水温度过低，装置换热器过大而不经济合理时，可考虑双水箱分层式热水供暖系统，如图 6—23 所示。

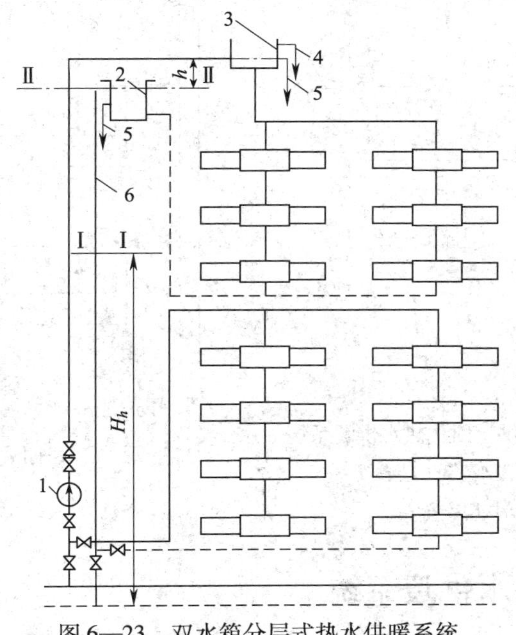

图 6—23 双水箱分层式热水供暖系统

1—用户加压水泵 2—回水箱 3—进水箱 4—进水箱溢流管 5—信号管 6—回水箱的溢流回水管

四、分户热计量供暖系统

分户热计量供暖系统是国家为了解决建筑供暖节能问题、减少大气污染、推进城镇供暖体制改革，同时提高用户热舒适性、满足个性化需要而推行的新型供暖系统。

1. 上供上回式热水供暖系统

该系统适用于旧房改造工程，如图 6—24 所示。上供上回式热水供暖系统能单独控制每组散热器，有利于节能，供回水管道布置在建筑物的上方，连接横干管和散热器的支管影响室内美观。该系统管材用量多。

2. 下供下回式热水供暖系统

下供下回式热水供暖系统如图 6—25 所示，该系统适用于新建住宅。同层散热器采用同程式连接，即各循环环路长度基本相同，则各环路沿程阻力基本平衡，因此，这个系统各循环环路上的散热器基本一样热。如果各循环环路长度相差很大，就容易造成近热远不热的水平失调现象，即环路短的阻力小，分配的流量大，散热多，房间温度高；环路长的阻力大，分配的流量小，散热少，房间温度偏低。供回水干管埋设在地面层内，但由于暗埋在地面层内的管道有接头，一旦漏水，维修复杂。

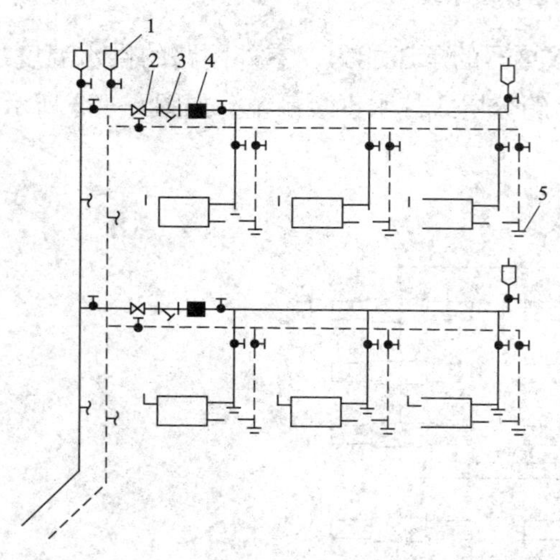

图 6—24 单户计量双管上供上回式热水供暖系统

1—自动排气阀 2—锁闭阀 3—过滤器

4—热量表 5—泄水丝堵

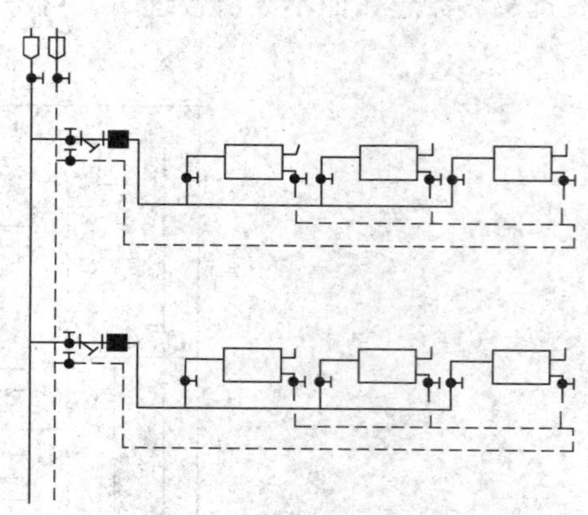

图 6—25 单户计量双管下供下回式热水供暖系统

五、水平放射式热水供暖系统

水平放射式热水供暖系统又称水媒地面辐射供暖系统（即地热供暖系统），在我国新建的建筑中应用得比较广泛，如图 6—26 所示。该系统的供回水干管暗埋于地面层内，暗埋没有接头，管材用量大，且需设置分水器和集水器。具体内容参看本章第 3 节。

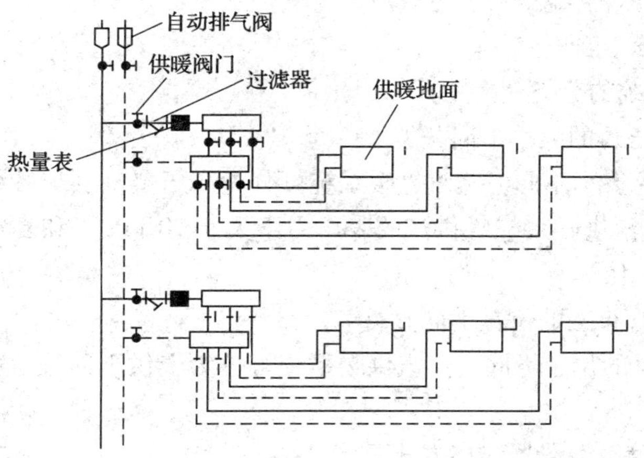

图 6—26　单户计量水平放射式热水供暖系统

第 3 节　物业蒸汽、水媒地面辐射供暖系统

一、物业蒸汽供暖系统

1. 蒸汽供暖的原理

蒸汽作为供暖系统的热媒，在我国应用较为普遍。把以蒸汽作为热媒的供暖系统，称为蒸汽供暖系统。蒸汽供暖原理如图 6—27 所示。

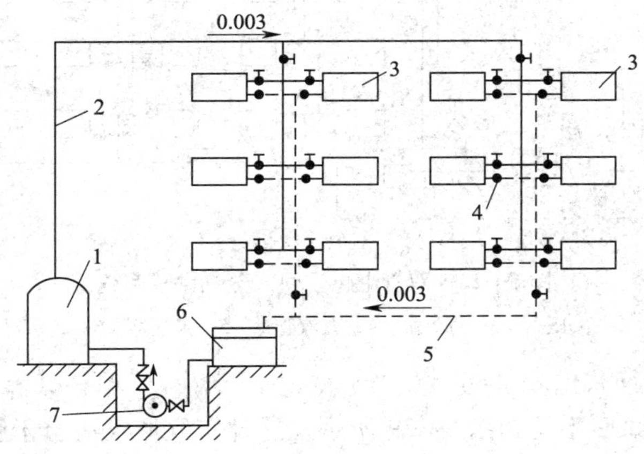

图 6—27　蒸汽供暖原理

1—蒸汽锅炉　2—蒸汽管路　3—散热设备　4—疏水器　5—凝结水管　6—凝结水箱　7—凝结水泵

水被加热后形成具有一定压力和温度的水蒸气，在压力的作用下通过管道流入散热设备，在散热设备内放出热量，热量经过散热设备壁面传给房间，蒸汽则由于放出热量而变成凝结水，经疏水器后沿凝结水管道返回蒸汽锅炉的凝结水箱内，然后再次被加热变成水蒸气，如此反复连续不断地工作。

2. 蒸汽供暖系统的分类

（1）按照供汽压力的大小不同分类

按照供汽压力的大小不同，蒸汽供暖系统可分为高压蒸汽供暖系统（供汽的表压力大于70 kPa）、低压蒸汽供暖系统（供汽的表压力不大于70 kPa）和真空蒸汽供暖系统（系统中的压力低于大气压）。

（2）按蒸汽干管布置的位置不同分类

按蒸汽干管布置的位置不同，蒸汽供暖系统可分为上供下回式、中供下回式和下供下回式等。

（3）按室内立管与散热器连接方式不同分类

按室内立管与散热器连接方式不同，蒸汽供暖系统可分为双管式和单管式。

3. 低压蒸汽供暖系统

（1）双管上供下回式供暖系统

双管上供下回式供暖系统如图6—28所示，蒸汽管与凝结水管完全分开，每组散热器可以单独调节。蒸汽干管设在系统的上部，通过蒸汽立管向下送汽，回水干管设置在系统的下部，疏水器可以在每组散热器或每个环路上设一个。在系统中，疏水器数量多效果好，是节约能源的一个措施，但是投资、维修工作量也大。双管上供下回式系统在蒸汽供暖中是最多见的一种形式，适用于对美观没有要求、最好有地下室的建筑物。供暖效果好，但费管材，施工麻烦。

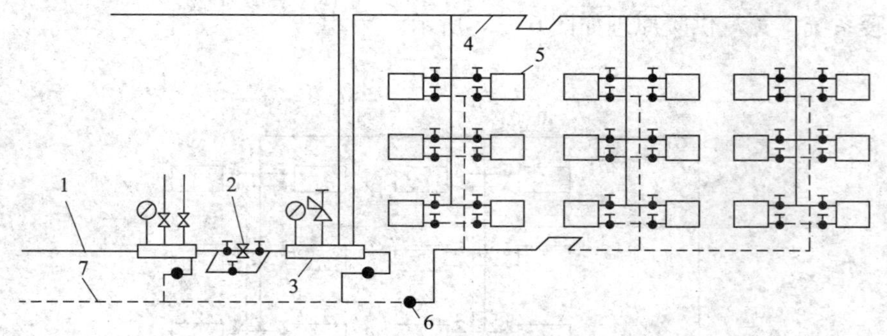

图6—28 双管上供下回式蒸汽供暖系统

1—室外蒸汽管 2—减压阀 3—分汽缸 4—蒸汽管道 5—散热器 6—疏水器 7—回水干管

（2）双管下供下回式供暖系统

双管下供下回式供暖系统如图6—29所示，这种布置形式适合于受条件限制，不能在上部设置蒸汽干管的情况。它与上供下回式系统不同的是蒸汽干管布置在所有散热器之下，蒸汽通过立管由下向上送入散热器。在系统运行过程中，蒸汽沿着立管向上输送时，沿途产生的凝结水在重力作用下向下流动，与蒸汽流动的方向正好相反。由于蒸汽的运动速度较大，会携带许多水滴向上运动，在弯头、阀门等部件处，会产生振动和噪声，这就是常说的水击现象。

（3）双管中供下回式供暖系统

双管中供下回式供暖系统如图 6—30 所示，该系统适用于多层建筑的供暖系统在顶层不能敷设干管的情况。

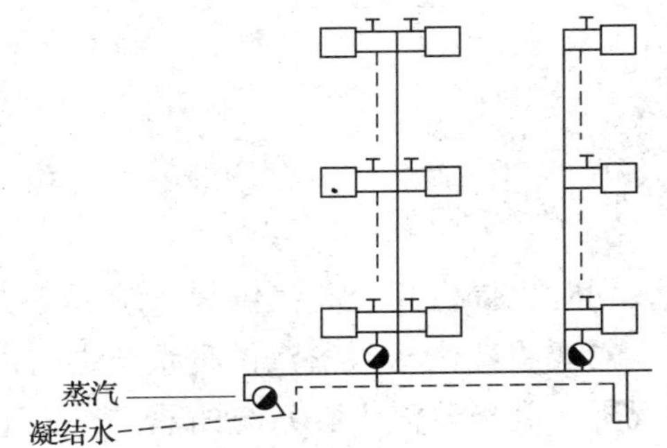

图 6—29　双管下供下回式蒸汽供暖系统

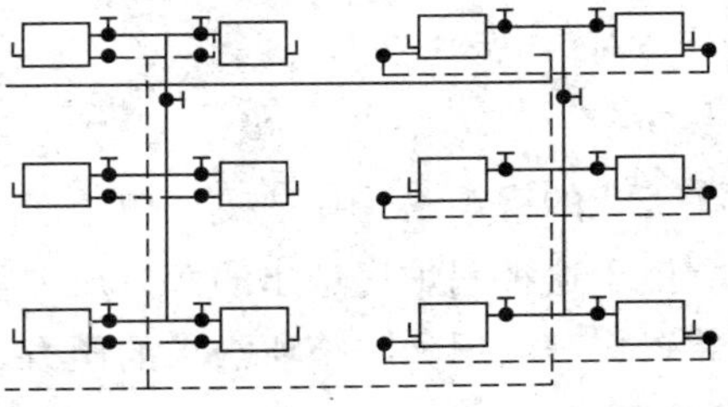

图 6—30　双管中供下回式蒸汽供暖系统

（4）单管上供下回式供暖系统

单管上供下回式供暖系统如图 6—31 所示，单管上供下回式供暖系统由于立管中汽、水同向流动，运行时不会产生水击现象，该系统适用于多层建筑，可节约管材。

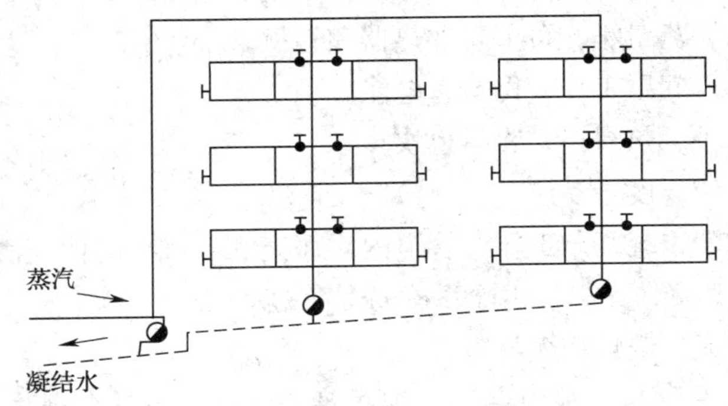

图 6—31　单管上供下回式蒸汽供暖系统

4. 高压蒸汽供暖系统

高压蒸汽供暖系统如图 6—32 所示。高压蒸汽供暖系统由蒸汽锅炉、蒸汽管道、减压阀、散热器、凝结水管道、疏水器、凝结水池和凝结水泵等组成。

由于高压蒸汽的压力和温度都较高，因此，在热负荷相同的情况下，高压蒸汽供暖系统的管径和散热器片数都会少于低压蒸汽供暖系统。这说明高压蒸汽供暖系统有较好的经济性，同样高压蒸汽供暖系统也具有卫生条件差、容易烫伤人等缺点。一般这种系统只在工业厂房应用。

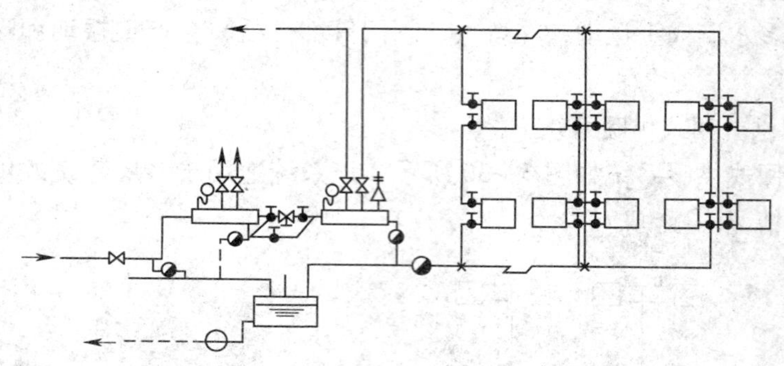

图 6—32 高压蒸汽供暖系统

在工业的锅炉房，往往既供应生产工艺用汽，同时也提供高压蒸汽供暖系统所需要的蒸汽。由于这种锅炉房送出的蒸汽压力常常很高，需要将蒸汽送入蒸汽供暖系统之前，用减压装置将蒸汽压力降至所需求的压力。一般情况下，高压蒸汽供暖系统的蒸汽压力不超过 300 kPa。

和低压蒸汽供暖系统一样，高压蒸汽供暖系统也有上供下回式、下供下回式和单管、双管系统之分。但是为了避免高压蒸汽和凝结水在立管中反向流动所发出的噪声，高压蒸汽供暖系统多采用双管上供下回式系统。

5. 蒸汽供暖系统的主要特点

蒸汽供暖系统与热水供暖系统相比，具有以下特点：

（1）热媒温度高，流量小，可节省散热器和管材。

（2）水泵流量小，间歇工作，可节省电能。

（3）系统热惰性小，热得快，冷得也快。

（4）蒸汽供暖系统温度不易调节。

（5）由于蒸汽供暖系统间歇工作，管道内时而充满蒸汽，时而充满空气，管道内壁氧化及腐蚀严重，所以其寿命比热水供暖系统的寿命短。

（6）系统热损失大，锅炉耗煤量多。

（7）散热器表面温度高，室内空气易被污染。因此，不适合卫生条件要求较高的医院、幼儿园等建筑。

二、物业水媒地面辐射供暖系统

1. 水媒地面辐射供暖的概念

水媒地面辐射供暖是指将热媒水充入到的管路（管路可做成盘管或排管）埋入建筑物的混凝土地面板内，形成散热面来满足房间或局部工作地点温度要求的一种供暖方式。通常情况下，水媒地面辐射供暖又被人们称为地热供暖，是我国目前普遍采用的一种供暖方式。

2. 水媒地面辐射供暖系统的组成

水媒地面辐射供暖系统由供暖管道、排气阀、过滤器、分集水器、地暖管等部分组成，如图 6—33 所示。

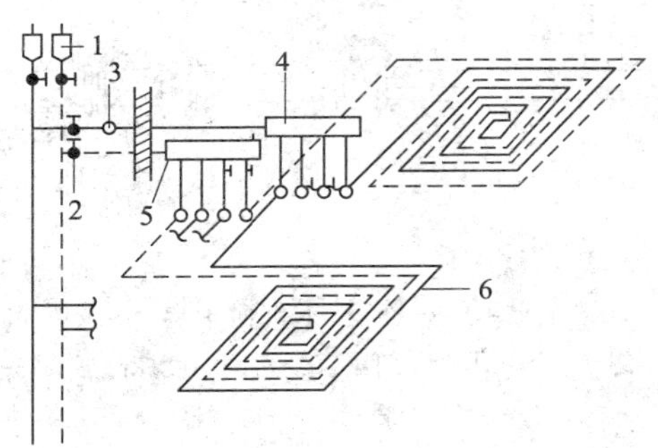

图 6—33　水媒地面辐射供暖系统

1—排气阀　2—阀门　3—过滤器　4—分水器　5—集水器　6—地暖管

（1）供暖管道

水媒地面辐射供暖系统的供暖管道可分为供、回水立管和供、回水支管。

（2）排气阀

排气阀一般设置在供、回水立管的顶端，用于排除供暖管道中的空气，防止产生气堵现象。

（3）过滤器

建筑内设置的过滤器一般设置在供水管道支管处，用以过滤管道中的杂物，防止管道产生杂物堵塞现象。

（4）分集水器

分集水器由分水器和集水器两部分组成，分水器与管网系统的供水管相连，它的主要作用是将来自于管网系统的热水通过埋在地板下的地暖管分配到室内各采暖房间。地暖管的另一端与集水器相连，在室内散热后温度降低的回水通过集水器主管回到管网系统，完成一个循环。分集水器的结构如图 6—34 所示。

（5）地暖管

地暖管指水媒地面辐射供暖系统（简称地暖）中用来作为低温热水循环流动载体的一种管材，其中以耐高温聚乙烯管（PE－RT）较为常用。

3. 水媒地面辐射供暖系统中管路敷设方式

水媒地面辐射供暖系统中管路的敷设方式有多种，但要求敷设尽量简单及温度分布均匀。如图 6—35 所示为几种常见的敷设形式，可以根据建筑形式灵活选用。其中回字形敷设较为简单，供回水管路间温度分布较为均匀，是常用的敷设方式之一。

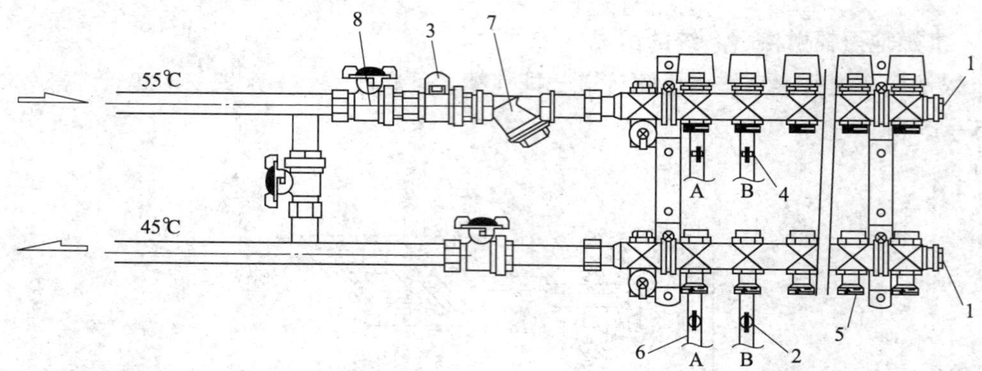

图 6—34 分集水器结构

1—放气及泄水组合 2—回水调节阀 3—房间温度控制器 4—给水调节阀 5—管接头 6—地暖管 7—过滤器 8—球阀

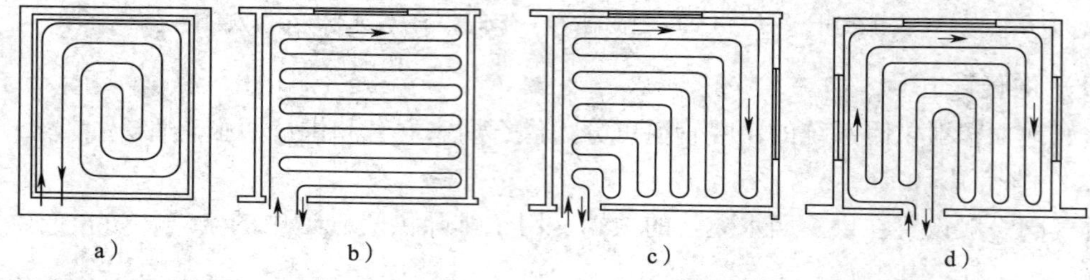

图 6—35 水媒地面辐射供暖系统中管路敷设方式

a）回字形（逆向螺旋形） b）S 形（单螺旋形）
c）L 形（双螺旋形） d）U 型（三螺旋形）

第六章

水媒地面辐射供暖系统中管路的埋设方式为埋管式，即将管路埋置在楼板中，与楼板形成一个整体，如图 6—36 所示。

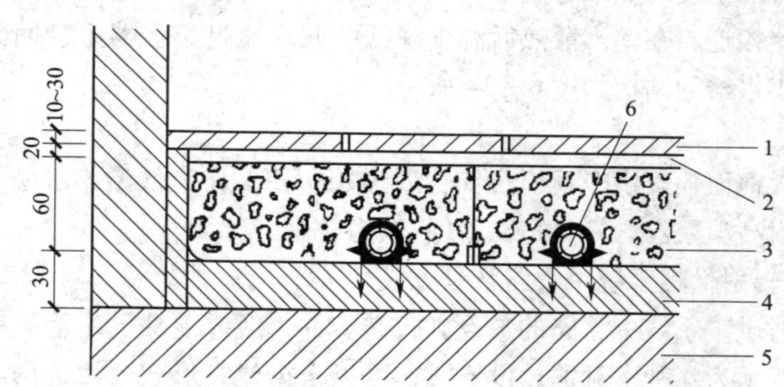

图 6—36 埋管式管路敷设方式

1—地面层 2—找平层 3—填料层 4—复合保温层 5—结构层 6—地暖管

4．水媒地面辐射供暖系统的特点

水媒地面辐射供暖是辐射供暖的一种，它与对流供暖（传统的散热器供暖）相比，具有诸多特点，因此，目前在我国建筑供暖中广泛使用。

（1）供暖的热效应好

辐射供暖是依靠辐射换热的方式向室内传播热量，处于辐射供暖空间的人或物体是在接受到的辐射照度和环境温度综合作用下产生热效应，以实感温度来确定。实测表明，在人体具有相同舒适感的情况下，辐射供暖的室内空气温度可比对流供暖时低2～3℃。

（2）人体舒适感强

辐射供暖时，因为人体和物体直接受到热量辐射，且室内围护结构及物体表面温度比对流供暖时高，因此，可以减少人体对外界的有效辐射热，加大人体与外界的对流散热，从而符合人体舒适感要求。

（3）环境卫生条件好

辐射供暖时室内空气上下对流弱，空气中含尘量少，空气温度分布均匀，有利于改善劳动条件和保持环境卫生，可为人们提供较对流供暖更舒适且卫生的空气环境。

（4）建筑物损耗热量少

辐射供暖时室内温度梯度较对流供暖小，从而可减少房屋上部的热损失，且由于热压作用的削弱，冷风渗透量也减少，又因辐射供暖的室内计算温度可比对流供暖时低2～3℃，故利用辐射供暖可使总损耗热量减少5%～20%，节约了能源。

（5）适用面广

由于辐射供暖主要是以辐射形式在一定的空间里造成足够的辐射热强度来维持供暖的效果，故在一些高大厂房、露天场所等特殊场合，使用辐射供暖可以达到对流供暖难以实现的供暖效果。另外，采用辐射供暖可以避免维护结构内表面因结露潮湿而脱落，从而延长了建筑物的使用寿命。

第4节　物业供暖系统维护与管理

做好供暖系统的维护与管理工作，对系统保持良好的工作状态、减少故障、安全经济地运行、延长系统的使用寿命等都有着重要的意义。

一、物业供暖系统管理范围

在实施管理时，应分清物业管理公司和城市供暖公司的职责。

采用锅炉房供暖时，无论是区域性锅炉房，还是集中供暖锅炉房，其供暖设备、设施及供暖管线均由物业管理公司负责维护与管理，或委托专业供暖公司维护与管理。

采用热电厂集中供暖时，其供暖设备、设施及供暖管线均由集中供暖部门负责维护、管理，集中供暖部门可以将物业公司管辖区内的热交换站及二次供暖管线、用户室内散热设备等委托物业管理公司维护、管理。

目前，我国城镇物业供暖系统中，普遍采用热电厂集中供暖的方式。但物业管理公司一般情况下不接受供暖公司的专业委托。如果用户在供暖过程中出现了暖气不热、漏水等现象，均可以向所在的供暖公司报修解决，物业在此方面只起到沟通、协调的作用。

二、物业供暖系统用户管理

用户管理是指对用户室内散热设备运行情况的检查、维护、供暖费用的收取以及对用户设备使用的指导、主要内容包括以下几点：

1. 用户家庭装修需变动散热器的位置、数量或型号时，应取得供暖公司的同意，并在物业管理公司登记备案。

2. 遇到供暖故障时业主可以通过物业管理公司与供暖公司取得联系，也可以直接向供暖公司报修。

3. 指导用户如何采取保温措施，节约能源，合理采暖。

三、物业供暖系统的维护

1. 供暖管网的维护

（1）管网的巡线检查

在运行期间，应定期进行供暖管网的巡线检查。检查的内容主要有各个地方的压力表、温度计是否在正常的要求内，并经常校验，使其指示读数正确无误；管道各固定、活动支承是否良好，是否松脱或滑落；管道的保温层及保护层是否完好、无浸水；管网空气的定时排除等。

（2）管网地下构筑物的维护

应使地沟保持良好的工作环境，对地沟中的排水设施要经常检查或清洗，使其保持良好的疏通状态，对检查井、集水坑中的水要及时排出。对井壁上支承大管道的固定支座，由于在运行期间，其会受到很大的管道轴向推力的作用，应特别留意检查井壁是否有开裂，支承是否有歪斜、松落等情况。

（3）管网的防腐

管道腐蚀是管网运行中常见的，也是较难处理的问题。管道腐蚀有管内部的腐蚀和管外部的腐蚀。管外部腐蚀主要是空气中氧气和二氧化碳及水汽的腐蚀，防腐主要是定期漆油保护；管内部腐蚀主要是管内水或蒸汽中的酸、碱、盐、空气及管内沉积的杂质、脏物对管道的腐蚀。因此，减少管道腐蚀就是要在运行期间对管路，特别是对凝结水管路定期进行排气和排污。排污时应有较高的流速，产生一定的冲击力，使脏物被冲出。

2. 用户供暖系统的维护

无论是热水供暖系统还是蒸汽供暖系统，在运行期间都要定期打开排气装置阀门进行排气；应经常注意检查系统中管路、阀门、散热器和支座等的工作状况，看是否有异常现象；对易受冻的系统部位，如采暖房间的膨胀水箱，集气罐，外门附近和楼梯间的散热器，外门门下的过门管道等，注意检查有无受冻，否则应采用可靠的防冻措施。

3. 供暖系统停止运行后的维护

在供暖系统停止运行时，应对系统进行一次全面细致的检查和维护及保养，除要修复运行期间出现，而又未能彻底解决的有关缺陷外，还应对不能马上修理的缺陷及损坏做上记号，登记入册，以便停止运行期间有计划、有目的地加以修复。

（1）系统停止供暖后的放水和冲洗

供暖系统停止运行后，在锅炉放水的同时也要放掉管网中的水，继而放掉用户系统中的水，再用清水冲洗各部分两三次，然后分别对其进行运行停止后的保养。

（2）停止运行期间的维护

对于热水供暖系统一般都采用充水维护。系统停止运行后，放掉系统中的水并冲洗干净，重新充入经过化学处理的水。然后，把锅炉烧起来，并在打开排气阀排空空气后，把所有的阀门关好，停炉熄火。熄火后，让水逐渐冷却，并留在系统中直到下次开始运行。

（3）系统停止运行后的维护与管理

系统停止运行后的维护与管理，也是为了保证系统再次运行时能正常工作。停止运行期间，要定期地检查整个系统，注意各部件的状态变化。凡是人能通行的地沟都要定期进入沟内进行巡线检查。

第5节 物业供暖系统故障应急预案

在供暖系统的运行过程中，可能遇到各种各样的故障，致使系统不能正常运行，达不到物业供热、供暖的要求。本节分别简要介绍物业热水供暖系统、蒸汽供暖系统、水媒地面辐射供暖系统常见的故障、原因及排除方法。

一、热水供暖系统运行中常见故障及其排除方法

热水供暖系统其主要的故障有散热器不热、散热器供热不均匀、供暖管道的泄漏等。

1. 散热器不热

散热器不热故障的原因及排除方法见表6—1。

表6—1 散热器不热故障的原因及排除方法

故障现象	故障原因	排除方法
外部管网缺陷引起的散热器不热	外部管网的污物堵塞和空气气堵，造成用户系统不热	及时清通管网中的堵塞污物，并将堵塞处的空气排出
	外部管网保温有缺陷。如未按设计要求的保温材料、保温厚度进行保温施工；保温施工质量不好；保温层受到水的浸蚀及破坏；地沟敷设深度不够，覆土层过薄等都会引起管道热损失增大，而达不到要求的供水温度	重新做好外部管网的保温工作
	初调节受到人为破坏。当初调节被破坏时，必然会影响整个供暖系统的水力平衡，从而引起一些用户不热或供热量不足的现象	当外部管网初调节好后，应及时固定所有用户系统热力入口处阀门的开启度
	随意在外部管网上连接新用户。随意增加新用户，会超过供热系统的负荷，必然引起原用户的供热量不足	在没有进行事先验算管网能否增添新用户的能力之前，不能随意增添新用户，同时严格禁止用户私自接管"盗暖"的行为
室内供暖管网缺陷引起的散热器不热	系统管路中有空气堵塞。如散热器的支管和水平干管的逆坡或弯曲方向不对都会造成气塞现象，使部分管道中的水停止流动，散热器不能散热，使供暖系统不能正常运行	纠正支管和干管的敷设角度，正确选择集气罐的位置，打开放气阀，放出空气
	管道或散热器杂物堵塞。由于各种原因常会使管道或散热器中积有泥土、砂子、钢屑、焊渣等杂物，导致运行时热水循环受阻，使管道或散热器不热	用手摸管道表面温度，发现有明显温度差的地方，应敲打振击或拆开检查，清除堵塞物
	阀门失灵、阀门未打开或未全部打开	打开阀门进行检修或者重换阀门；将未打开或未全打开的阀门全部打开
	管道冻结。由于缺乏适当的保温措施，导致供暖管道出现结冻现象，容易使管道或散热器因冻胀而破裂	用火烤化冻结的管道或更换冻结的管道

第六章

2. 散热器供热不均匀

散热器供热不均匀故障的原因及排除方法见表6—2。

表6—2 散热器供热不均匀故障的原因及排除方法

故障现象	故障原因	排除方法
上层散热器过热、下层散热器不热	供暖系统产生垂直水力失调，导致上层散热器的热媒流量过多，而下层散热器的热媒流量过少	关小上层散热器支管上的阀门，开大下层散热器支管上的阀门
上层散热器不热	1. 上层散热器保存了空气 2. 上层散热器缺水	1. 及时排出散热器中的空气 2. 启动补水泵给供暖系统补水

续表

故障现象	故障原因	排除方法
各立管上散热器的温度差别太大	供暖系统产生水平水力失调，导致部分立管热媒流量过大，而另一部分立管热媒流量过小	将温度高的散热器立管阀门关小，同时将温度低的散热器立管阀门开大
一组散热器单片散热片不热	1. 末端散热片存有空气，导致部分或整片不热 2. 散热片下部出水口被系统中的杂质或污物堵塞，导致水在散热片中不循环	1. 及时排出散热片中的空气 2. 拆下散热器的丝堵，进行疏通并排出杂质和污物

3. 供暖管道泄漏

供暖管道泄漏故障的原因及排除方法见表6—3。

表6—3　　供暖管道泄漏故障的原因及排除方法

故障原因	排除方法
阀门的压盖和管道长丝等接头漏水	将阀门的压盖或螺母紧一紧，必要时打开阀门或长丝重加填料。对于其他丝头、焊口或管道设备损坏漏水，则应根据情况关闭系统或环路的阀门，放水修理
建筑物高，静压力大，系统在运行中局部超压，使散热器及其配件损坏漏水	首先关闭系统或环路的阀门，然后排泄管道内的存水，将可能超压的部位更换成耐高压的散热器和配件
系统局部水循环不好，形成“死水”或供热时间间隔过长，门厅、楼梯间等一些易冻结的地方散热器、管道冻裂，造成漏水	首先关闭系统或环路的阀门，然后排泄管道内的存水，更换冻裂损坏件；清除水力失调现象，缩短供热间隔时间
管道受腐蚀、外力及人为等因素，导致管道及附件产生破裂漏水	首先关闭系统或环路的阀门，然后排泄管道内的存水，更换破损管道或附件

二、蒸汽供暖系统运行中常见故障及其排除方法

蒸汽供暖系统运行中的故障较热水供暖系统少，常出现的故障有散热器不热、水击、系统跑气、漏水等，故障原因及排除方法见表6—4。

表6—4　　蒸汽供暖系统运行中的常见故障原因及排除方法

故障现象	故障原因	排除方法
散热器不热	1. 散热器（特别是上层的散热器和系统末端的散热器）内存有空气 2. 疏水器失灵，凝结水不能顺利排出 3. 系统各环路压力失衡	1. 放掉散热器内的空气 2. 检修疏水器 3. 通过环路阀门等进行环路压力的重新调整，使各环路的压力损失基本上达到平衡

续表

故障现象	故障原因	排除方法
发生水击现象	1. 管道的坡向、坡度有问题 2. 管道局部下凹存水	1. 调整坡向、坡度，使气、水同向流动的蒸汽干管坡度不小于0.2%，气、水逆向流动的蒸汽干管坡度不小于0.5%，凝结水干管坡度不小于0.2%，散热器支管坡度为1%，并沿水的流动方向降低 2. 调直管道
系统跑气、漏水	1. 安装质量不符合要求 2. 材料不合格 3. 热膨胀问题没有解决好 4. 送、关气时阀门开、闭得过急	1. 按规范修复有安装质量问题处 2. 不使用不合格的材料、阀件 3. 由热膨胀引起跑气、漏水的管道，应先解决好热膨胀问题，并修复因热膨胀造成的泄漏 4. 送、关气时阀门要缓开、缓闭

三、水媒地面辐射系统运行中常见故障及其排除方法

1. 房间不热

（1）外部管网缺陷引起的不热

这部分内容与外部管网缺陷引起散热器不热的原因和排除方法基本相同，这里不加叙述。

（2）室内管网缺陷引起的不热

室内管网缺陷引起的不热故障原因及解决方法见表6—5。

表6—5　室内管网缺陷引起的不热故障原因及排除方法

故障原因	排除方法
供暖管道内积有泥土、砂子等杂物，使进户过滤器堵塞，导致热水循环不顺畅、地热供暖不佳	将过滤器前阀关闭后，卸下过滤网并冲洗及清理杂物，完毕后安装过滤网，并打开过滤器前阀
分集水器内出现空气堵塞，导致该用户地热供暖不佳	打开分集水器顶部的排气阀进行排气
立管中有空气堵塞，导致部分用户地热供暖不佳	打开供暖立管顶端的排气阀门进行排气
由于供暖阀门没有打开或未完全打开造成全部房间或部分房间地热供暖不佳	完全打开供暖进户阀及各分路分集水器上的调节阀门
敷管之前没有认真清理管内杂物，造成局部管路堵塞	敷管之前，用高压水进行反复的冲洗，使管道内保持清洁和顺畅
由于施工人员素质低，野蛮施工，地暖管路出现死弯、压扁、压死现象，致使水流不畅，阻力加大，流速不快	重新敷设供暖管道

2. 地热供暖管道的泄漏

（1）用户室外地热供暖管道泄漏的处理方法基本与热水供暖管道泄漏的处理方法相同，在这里不加以叙述。

（2）用户室内地热管道出现泄漏

排除方法：用户室内地热管道泄漏，由于漏点无法查寻，只能将渗漏部分的地面刨开，检查漏点，分析判断故障原因，然后做接头或换掉整个故障管路。

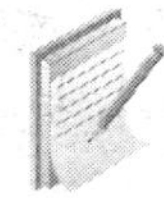

思考与练习

1. 简述供暖系统有哪几个部分组成。

2. 简述常用的排气装置和过滤器有哪些，在使用过程中如何操作。

3. 简述按供回水干管的位置不同，机械循环热水供暖系统的分类有哪些，并说明各自的特点。

4. 简述水媒地面辐射供暖系统的组成及特点。

5. 简述物业供暖系统中的管理范围有哪些。

6. 简述散热器不热的原因及排除方法。

7. 简述水媒地面辐射系统运行中常见故障及其排除方法。

技能训练

某垂直式单管热水供暖系统如图6—37所示（图中1、2、3、4、5、6点为可能的污物堵塞点），请回答以下问题：

1. 环路Ⅰ不热，请从管道被污物堵塞、管道气堵、阀门未开或未全打开三个方面分别分析暖气不热的原因及相应的解决方法。

2. 环路Ⅱ不热，请从管道被污物堵塞、管道气堵、阀门未开或未全打开三个方面分别分析暖气不热的原因及相应的解决方法。

3. 环路Ⅲ不热，请从管道被污物堵塞、管道气堵、阀门未开或未全打开三个方面分别分析暖气不热的原因及相应的解决方法。

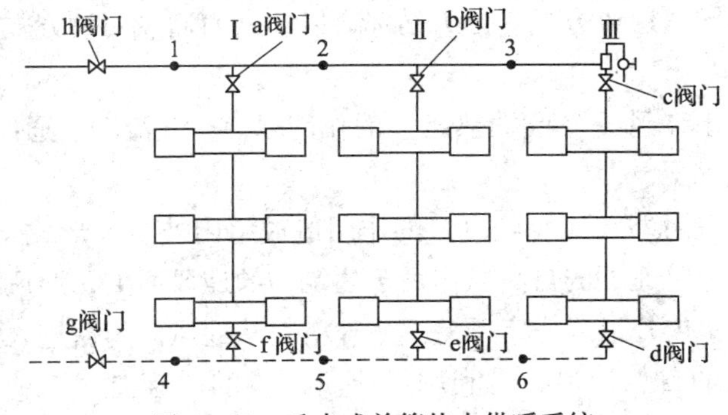

图6—37　垂直式单管热水供暖系统

第七章　物业通风与空调系统

学习目标

了解物业通风系统的通风方式；熟悉物业通风系统的主要设备和构件；了解空调系统的组成及类型；熟悉空调系统的主要设备；了解通风与空调系统的维护和管理；了解通风与空调系统常见故障的处理。

在物业管理中，通风一方面起着改善室内空气条件、保护人们身体健康、提高生产率的重要作用，另一方面是保证生产正常进行和提高产品质量的重要手段。空调是空气调节的简称，是高级的通风。空气调节的任务是采用技术手段来保持具有一定要求的空气环境。应用于工业生产和科学实验过程的空调一般称为工艺性空调，而应用于以人为主的环境的空调则称为舒适性空调。

总之，通风与空调在生活和生产中应用越来越广泛，这就对物业管理企业在通风与空调系统的维护及养护方面提出了更高的要求。

第 1 节　物业通风系统

建筑通风，包括从室内排除污染的空气和向室内补充新鲜空气。前者称为排风，后者称为送风（进风）。对室内进行排风或送风所采用的一系列设备和装置的总体称为通风系统。

一、通风方式

通风方式按照通风系统工作动力的不同可分为自然通风和机械通风两种方式；按照通风系统作用范围的不同，通风方式可分为局部通风和全面通风两种方式。

1. 自然通风

自然通风是借助于“风压”或“热压”的作用促使空气流动的通风方式。

(1) 风压自然通风

所谓风压是由于室内外气流（风力）的作用造成室内外空气形成一定的压力差。在风压作用下，室外具有一定速度的自然风作用于建筑物的迎风面上，迎风面上由于流速减小，静压增大，使建筑物室内外形成一定压差。室外空气从迎风面门窗进入室内，从背风面门、窗排气。风压作用下的自然通风，是利用风压所形成的“穿堂风”进行全面通风，如图 7—1 所示。

(2) 热压自然通风

热压是由于室内外空气的温度不同而形成的重力压差。如图 7—2 所示，是热压作用下的自然通风，室内空气的温度高、密度小，室外空气的温度低、密度大。室内空气便从上部的窗口排出，室外空气便从下部门、窗进入室内。室内外气体得到交换，室内工作区的空气环境得到改善。

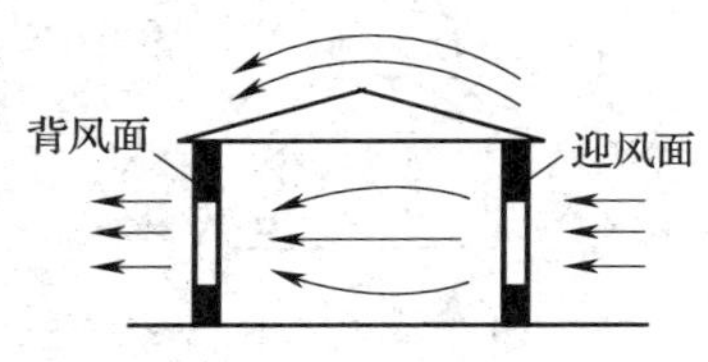

图 7—1 风压作用下的自然通风

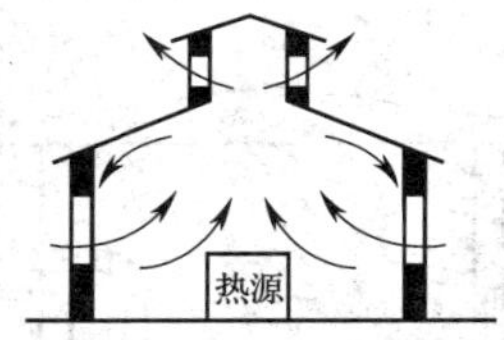

图 7—2 热压作用下的自然通风

(3) 自然通风的特点

自然通风的优点是不需动力设备，因此，比较经济，使用管理也很简单。缺点是：自然通风的空气未经任何处理，不能满足对空气的温度要求；通风量的大小受制于自然条件，通风效果不稳定；在工业物业中，车间内排出的污染气体会污染周围的环境。

2. 机械通风

机械通风是利用通风机所产生的抽力或压力，并借助于通风管网使室内外气体进行交换的一种通风方式。它的优点是风量、风压不受室外气象条件的影响，通风比较稳定，对空气处理也比较方便，通风调节也比较灵活。缺点是工程设备和运行维护费较大，安装和管理都较为复杂。

机械通风系统按作用范围的大小，可分为局部通风和全面通风。

(1) 局部通风

为了保证建筑物内局部工作地点的空气环境，将新鲜的空气送到局部区域，或者将这个局部区域的污浊空气排出室外，这种通风方式称为局部通风。局部通风分为局部送风、局部排风、局部送（排）风。

1）局部送风。局部送风是指向局部工作地点送风，保证局部工作地点具有良好的空气环境的通风方式。如图 7—3 所示为局部机械送风系统，经过处理的空气经过人体和呼吸区，工人处在新鲜空气的包围之中，从而改善工人呼吸环境或高温操作环境。这种系统用于生产车间较大、工作地点比较固定的厂房。

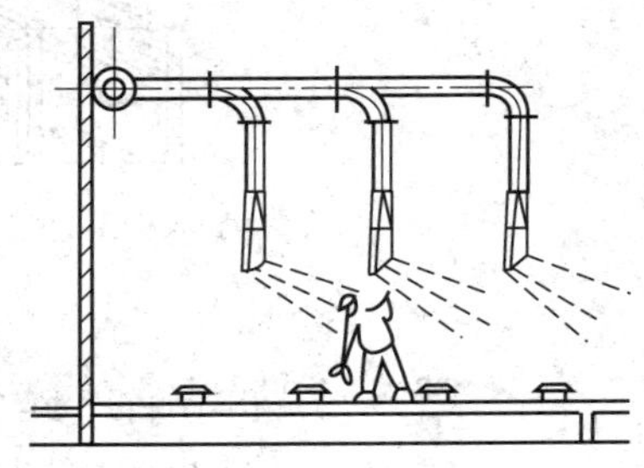
图 7—3 局部机械送风系统

2）局部排风。局部排风系统是指在产生粉尘或有害气体的局部地区设置的排风系统。这种排风系统的优点是用较小的通风量就能获得较好的通风效果，如图 7—4 所示。

3）局部送、排风。局部送、排风系统是指在局部区域既有送风又有排风，这种通风系统既能防止有害气体进入室内，又不影响生产工艺操作，通风效果较好，如图 7—5 所示。

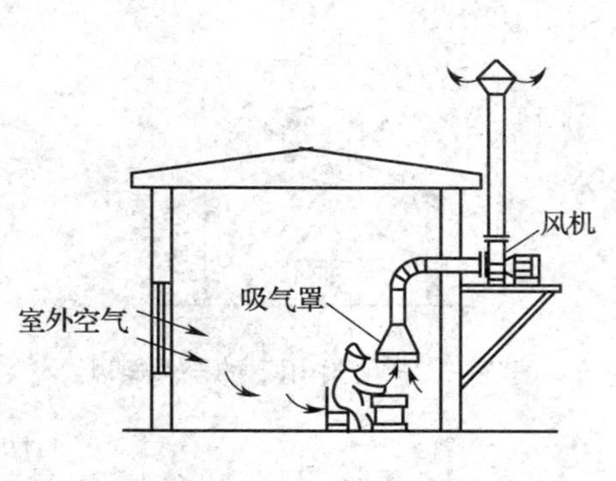

图 7—4　局部排风系统

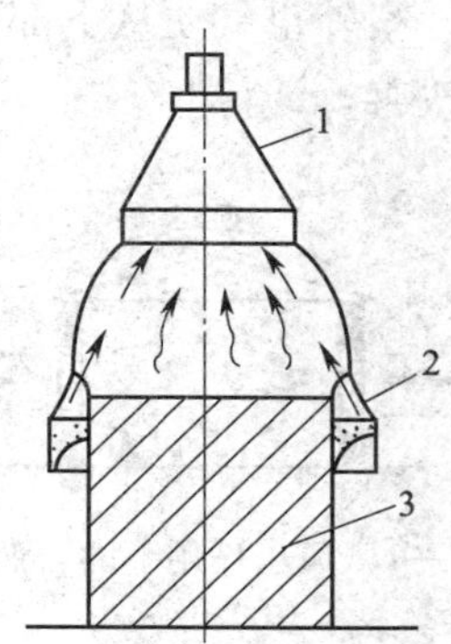

图 7—5　局部送、排风装置

1—送气罩　2—送风嘴　3—有害物来源

（2）全面通风

全面通风就是对整个房间进行通风换气。这种通风系统适用于房间内大范围散发有害物并不断扩散的情况。利用全面通风可以将这些有害物排出或者稀释到允许的浓度范围。全面通风可分为全面送风、全面排风及全面送、排风。

1）全面机械送风系统。全面送风是指向整个房间内送入自然风或经过处理的新鲜空气。机械全面送风属于正压送风，房间内保证正压，室外的有害源不能入侵室内而只能排除室内的污浊气体，通风效果较好。对于周围环境较差的房间，应采用这种通风方式，如图 7—6 所示。

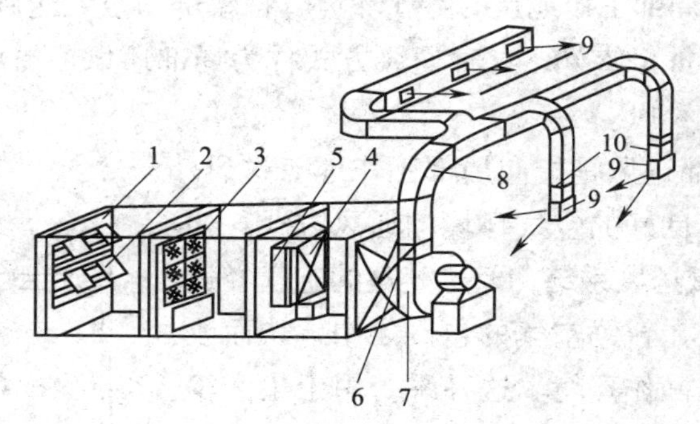

图 7—6　全面机械送风系统

1—百叶窗　2—保温阀　3—过滤器　4—空气加热器　5—旁通阀

6—启动阀　7—风机　8—风道　9—送风口　10—调节阀

2）全面机械排风系统。从整个房间全面均匀地排气方式称为全面排风。全面排风系统既可自然排风也可机械排风。机械全面排风属于负压排风，在这种通风系统室内的污浊空气无法从门窗空隙自行渗出室外，室外的空气可通过门窗空隙渗入室内，室内的污浊气体不会污染周围或相邻房间，如图 7—7 所示。

3）全面送、排风系统。对一个房间同时采用全面送风和全面排风两种通风方式相结合的通风系统称为全面送、排风系统。全面送、排风根据送风量、排风量的不同可分为正压通风和负压通风，如图 7—8 所示。

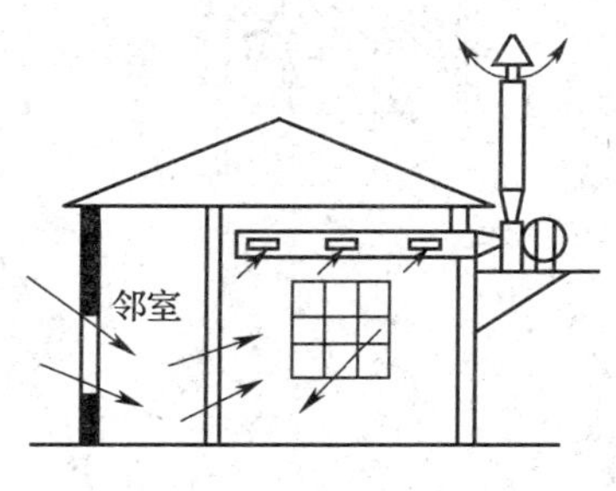

图 7—7　全面机械排风系统

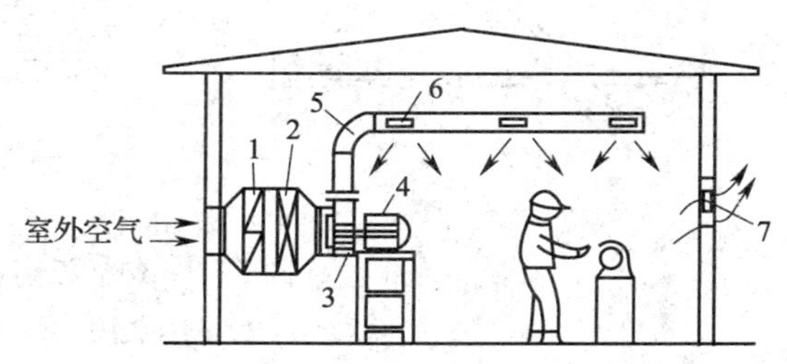

图 7—8　全面送、排风系统

1—空气过滤器　2—空气加热器　3—风机　4—电动机　5—风管　6—送风口　7—轴流风机

二、通风系统的主要设备和构件

1. 风道

风道是通风系统的主要部件之一，其作用是用来输送空气。风道常采用的断面形式有圆形和矩形。圆形风道强度大，省材料，但布置时占用有效空间大，不美观，宜隐蔽布置。矩形风道易于沿墙布置。

风道常用的材料有砖、钢筋混凝土、矿渣水泥板、镀锌钢板、塑料、玻璃钢等。

2. 阀门

通风系统的阀门很多，常用的有闸板阀、蝶阀、止回阀和防火阀等。

（1）风机启动阀

风机启动阀有闸板阀、圆形瓣式启动阀和光圈启动阀三种。闸板阀多用于通风机出口或主干管上作为开关，其特点是严密，但占地面积大；圆形瓣式启动阀多用于风机的吸入口上，这种阀的特点是结构复杂，造价高，但占地面积小，操作方便。

（2）调节阀

调节阀的作用是调节通风系统中风量的大小。常用的调节阀有密闭式斜插板阀、蝶阀、三通调节阀等，如图 7—9 所示。斜插板阀一般用于密封性要求较高的除尘系统和气力输送系统作调节风量用；蝶阀主要用于分支管道及送风口之前用来调节流量。

（3）止回阀

止回阀的作用是防止风机停止运转时气流倒灌，止回阀根据风道的形状有圆形和方形，如图 7—10 所示。

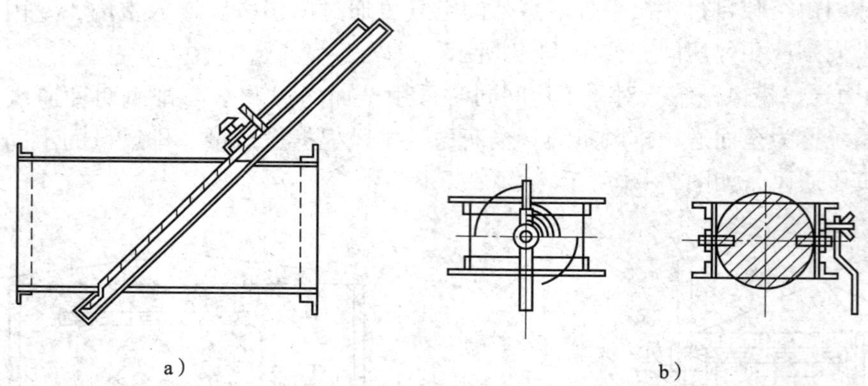

图 7—9 斜插板阀和蝶阀

a) 斜插板阀 b) 蝶阀

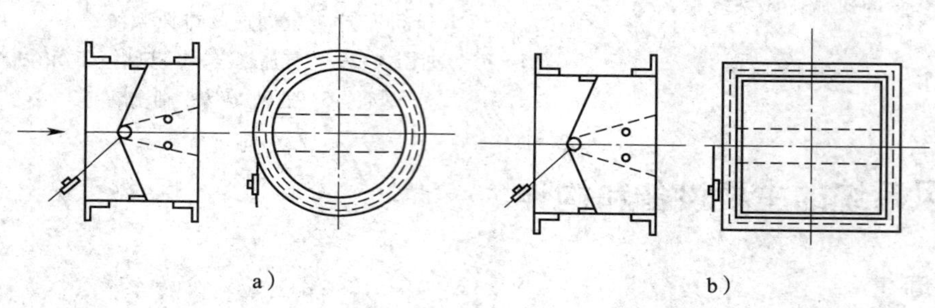

图 7—10 止回阀

a) 圆形风管止回阀 b) 方形风管止回阀

(4) 防火阀

防火阀是一种常开阀，当发生火灾时，用于切断风管内风的通道，防止火焰串入通风系统的其他房间，常利用阀门自动关闭通道。阀门本身是偏心的，重的一端用弹簧拉起呈开启状态，弹簧上装有易熔片，当风管内温度超过设计的温度时，易熔片断开，阀门自行关闭，如图 7—11 所示。

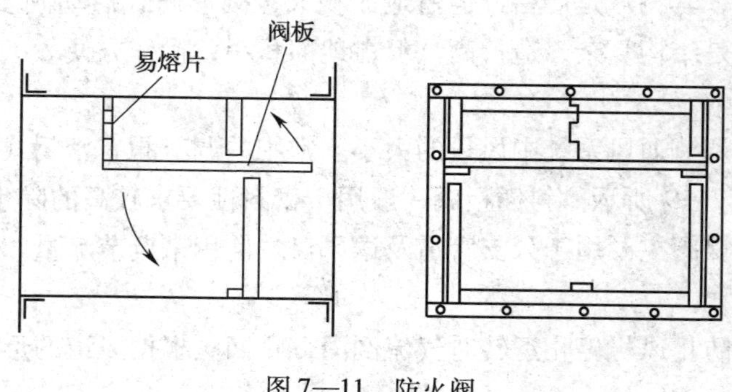

图 7—11 防火阀

3. 送、排风装置

根据使用部位的不同，送、排风装置分室内和室外两种。

（1）室外送风口

室外送风口的作用是采集室外的新鲜空气，供室内送风系统使用。为了保证送风的洁净，进风口应选择在空气比较新鲜、污染较少且远离排风口的地方。进风口位置一般应高于地面2.5 m，进风口一般设有百叶窗，它可防止雨、雪、树叶、纸片和沙土等杂物被吸入，在百叶格里还装有保温阀，供冬季关闭进风口之用，进风装置如图7—12所示。室外进风口一般直接设在建筑的外墙上。

（2）室外排风口

室外排风口是排风管道的出口，它的作用是将室内污浊的空气排出室外。常见的形式有设在屋面上的风塔和直接设在外墙上的排风口，如图7—13所示。排风口一般应设在主导风向下风向，为防止雨、雪或风沙等的倒灌，应在排风口上设置百叶格或风帽。

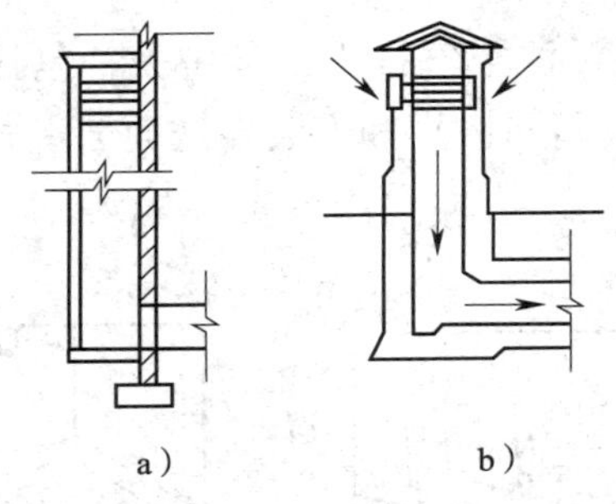

图7—12 进风装置

a）进风窗口 b）进风塔

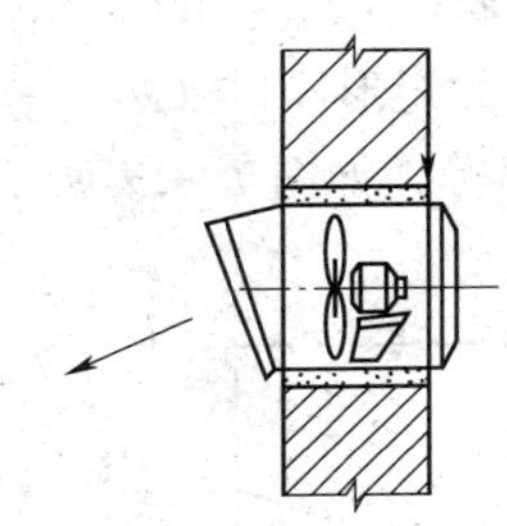

图7—13 外墙上的排风口

（3）室内送风口

室内送风口是送风系统中风道的末端装置，其任务是向室内均匀地送风，其类型有侧向送风口、散流器和孔板送风口、室内排风口等。

1）侧向送风口。侧向送风口是在风道侧壁上开设的孔口或者在风道的侧壁上装设矩形送风口，孔口设挡板或插板来调节风量和控制气流方向，如图7—14所示。

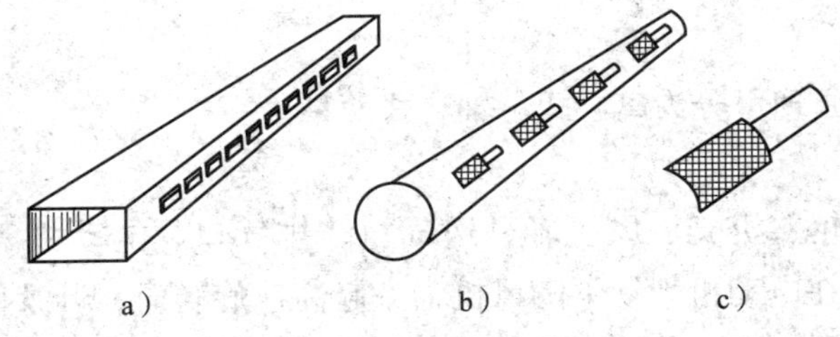

图7—14 侧向送风口

a）设在矩形风道上 b）设在圆形风道上 c）插板

2）散流器。散流器是一种由上向下送风的送风口，通常都安装在送风管道的端部并明装或暗装于顶棚上，常见的形式有盘式和流线型，如图 7—15 所示。

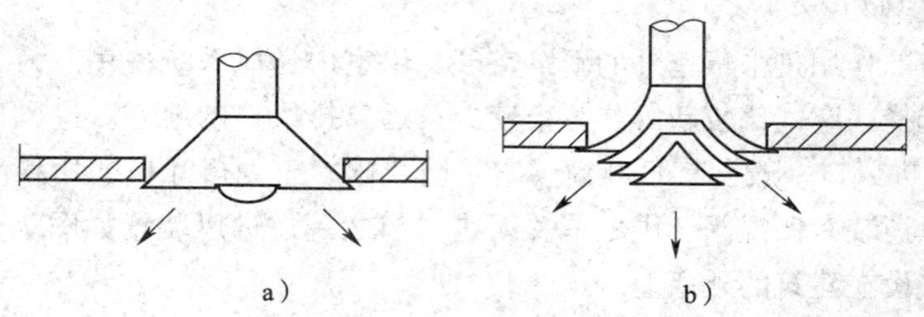

图 7—15 散流器

a）盘式 b）流线型

3）孔板送风口。孔板送风口是将空气通过开有若干圆形或小条缝的孔板送入室内，如图 7—16 所示。

4）室内排风口。室内排风口的作用是将室内污浊空气排入风道中去，包括安装在风管或墙侧壁上的矩形风口（表面装有百叶风格或金属网格）和安装在地面散点式和格栅式排（回）风口等，如图 7—17 所示。

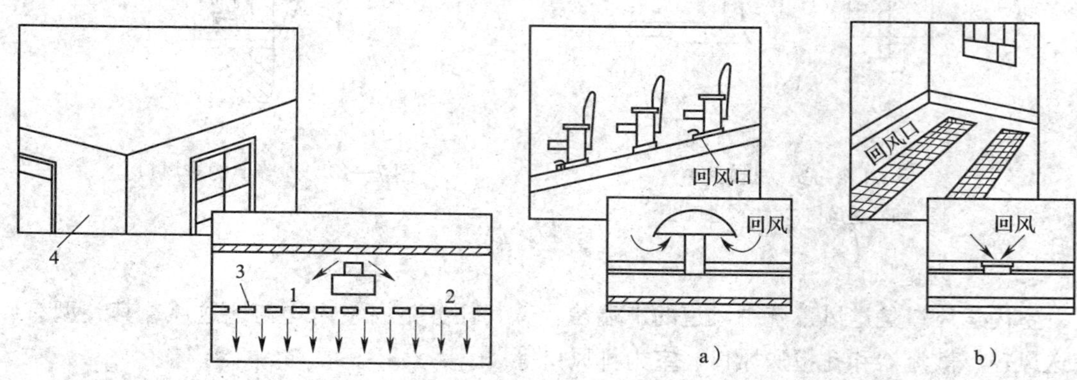

图 7—16 孔板送风口

1—风管 2—静压层 3—孔板 4—空调房间

图 7—17 地面散点式和格栅式排（回）风口

a）散点式排（回）风口 b）格栅式排（回）风口

4. 风机

风机根据其作用原理可分为离心式、轴流式两种。

（1）离心式风机

离心式风机由叶轮、机壳、风机轴、送气口、排气口、电动机等组成，其结构如图 7—18a 所示。当叶轮在电动机带动下随风机轴一起高速旋转时，叶片间的气体在离心力作用下径向甩出，同时在叶轮的送气口形成真空，外界气体在大气压力作用下被吸入叶轮内，以补充排出的气体，由叶轮甩出的气体进入机壳后被压向风道，如此源源不断地将气体输送到需要的场所。

（2）轴流式风机

轴流式风机主要由叶轮、机壳、电动机和支座等部分组成，如图 7—18b 所示。轴流式风机的叶轮与螺旋桨相似，当电动机带动它旋转时，对空气产生一种推力，促使空气轴向流入圆筒形机壳，并沿风机轴平行方向排出。

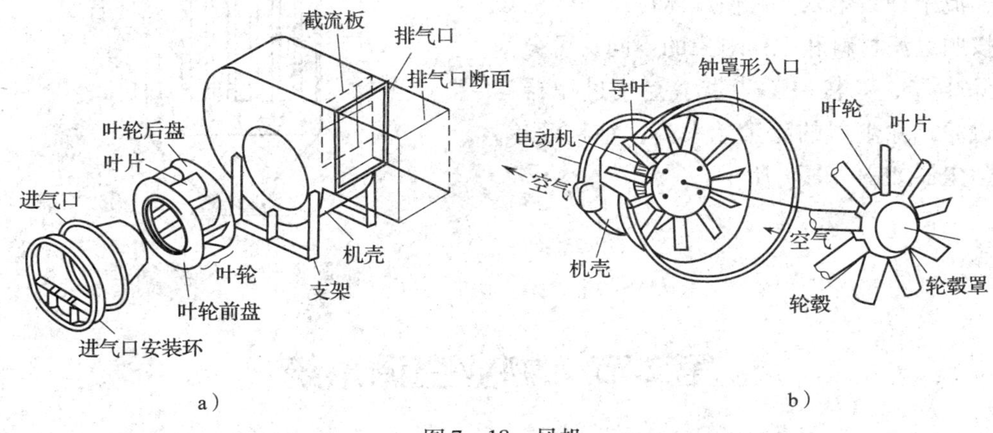

图 7—18　风机

a）离心式风机　b）轴流式风机

5. 除尘设备

为防止大气污染，排风系统在将空气排入大气前，应根据实际情况采取必要的净化处理，使粉尘与空气分离，进行这种处理过程的设备称为除尘设备。

除尘设备种类很多，下面介绍三种常用的除尘设备。

（1）重力沉降室

重力沉降室是通过重力使尘粒从气流中分离的设备。含尘气流进入重力沉降室后，流速迅速下降，在层流或接近层流的状态下运动，其中的尘粒在重力作用下缓慢向灰斗沉降。如图 7—19 所示。

（2）旋风除尘器

旋风除尘器是利用离心力从气流中除去尘粒的设备。这种除尘器结构简单、没有运动部件、造价便宜、维护管理方便，除尘效率一般可达 85% 左右，高效旋风除尘器的除尘效率可达 90% 以上。如图 7—20 所示。

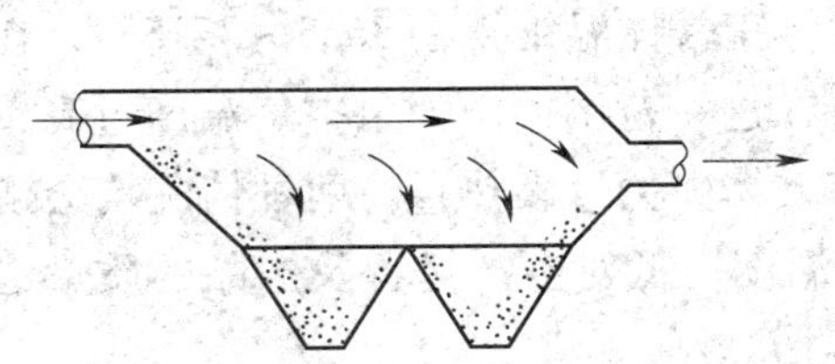

图 7—19　重力沉降室

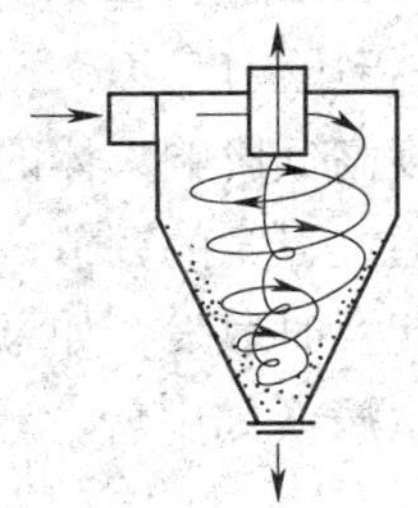

图 7—20　旋风除尘器

(3) 过滤式除尘器

过滤式除尘器是通过多孔过滤材料从气、固两相流中捕集尘粒，并使气体得以净化的设备。按照过滤材料和工作对象的不同，可分为袋式除尘器、颗粒层除尘器、空气过滤器三种。过滤式除尘器的除尘效率高，结构简单，袋式除尘器如图 7—21 所示。

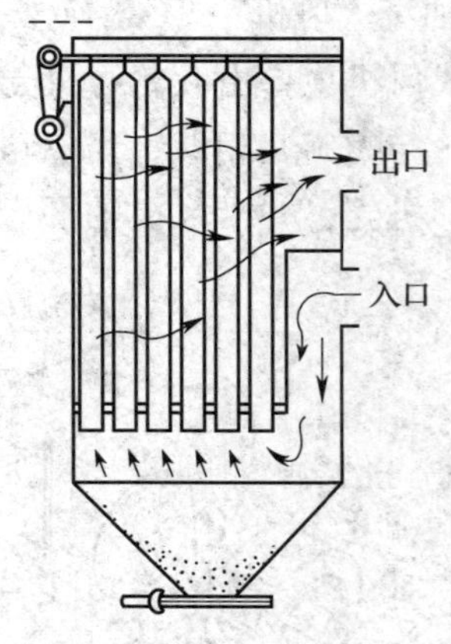

图 7—21 袋式除尘器

第 2 节 物业空调系统

空气调节简称空调，它的任务是调节室内空气，为工艺生产和人们生活创造一个良好舒适的室内环境。所谓良好舒适的室内环境，是指把室内空气的温度、湿度、洁净度、空气流速以及室内噪声控制在一定范围内，以保证工艺生产、产品质量和满足人们生活舒适的要求。

一、空气调节的衡量参数

空气环境的好坏有四个决定指标，即温度、湿度、清洁度和流动速度，它们被称为空气调节的“四度”。

1. 空气的温度

温度表示空气的冷热程度。常用的表示方式有摄氏温度与开氏温度。它们的关系是：

$$T = 273.15 + t$$

式中 T——开氏温度，K；

t——摄氏温度，℃。

空气温度高低影响人体的舒适与健康。人体正常体温维持在 36.5 ~ 37.5℃，在正常情况下，人体通过自身的调节，使人体体温维持在这一范围内。如果空气温度过高，会造成人体热量不能及时散发，如果温度过低，会使人体失去过多热量。两种情况均会使人体不舒适，甚至生病（如中暑、感冒等）。同样，温度高低对生产过程及产品的质量也会造成很大影响。

2. 空气湿度

不含有水蒸气的空气称为“干空气”，含有蒸汽的空气称为“湿空气”。自然界中的空气都是“湿空气”。空气的相对湿度是衡量空气潮湿程度的重要指标。它不仅影响人体的舒适度，也影响工业产品的质量。如相对湿度过大，人体会感到闷热；相对湿度过小，人就会感到口干舌燥。

3. 空气的清洁度

空气的清洁度是表示空气的新鲜程度和洁净程度的指标。空气新鲜度是指空气中含氧气的比例是否符合要求。空气中氧气的多少直接影响空气的新鲜程度，空调房间必须补充新鲜空气，排除污浊空气，满足人体舒适性要求。空气的洁净度是指空气中粉尘和有害气体的浓度，空气中的粉尘和有害气体不仅会影响人体的健康，而且影响产品质量，必须使空气中的粉尘和有害气体降到一定程度才是干净的空气。

4. 空气的流动速度

空气的流动速度表示室内空气流动快慢的程度。室内的通风和换气都是通过空气流动来实现的。人体对空气流动的感觉不仅取决于空气流速的大小，而且与温度的高低、人体活动情况及衣着有关。

二、空调系统的组成

一个完整的空调系统一般由被调对象、空气处理设备、空气输配系统三部分组成。如图 7—22 所示是一个比较典型的空调系统。

新鲜空气从可调节的百叶窗 11 进入。经过处理，具有一定洁净度和温、湿度的空气通过送风机 6，送风管 12 及送风口 13 分别送入各个空调房间，以满足房间对空气的要求。在进风管及回风管上安装有消声器 7 和 3，以减少由于空气的流动及风机运转而产生的噪声。

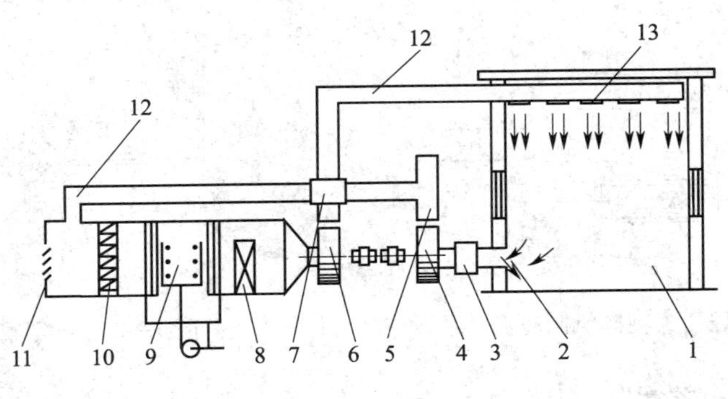

图 7—22　空调系统

1—空调房间　2—回风口　3、7—消声器　4—回风机　5—排风口　6—送风机　8—空气加热/冷却器　9—喷水室　10—空气　11—百叶窗　12—送风管　13—送风口

三、空调系统的工作原理

制冷装置是空调系统的一个重要组成部分，制冷是使某物体或某空间达到低于周围环境温度，并维持这一温度的技术。人工制冷的设备叫作制冷机，它是以消耗一定的能量（机械能或热能）为代价，实现热量从低温物体向高温物体转移的一种技术。空调工程中使用的制冷机有压缩式、吸收式和蒸汽喷射式三种，其中以压缩式制冷机的应用最为广泛。

1. 压缩式制冷机的工作原理

压缩式制冷机的工作原理是利用“液体汽化时要吸收热量”这一物理特性，通过制冷剂的热力循环，以消耗一定量的机械能作为补偿条件来达到制冷的目的。目前常用的制冷剂是卤代烃，氟利昂是饱和碳氢化合物卤族衍生物的总称，种类很多，可以满足各种制冷要求，但因破坏大气臭氧层而逐步被无氟或低氟制冷剂取代。

2. 压缩式制冷机的工作过程

压缩式制冷机是由制冷压缩机、冷凝器、膨胀阀和蒸发器四个主要部件所组成，并用管道连接，构成一个封闭的循环系统，如图 7—23 所示。制冷剂在制冷系统中历经蒸发、压缩、冷凝和节流四个热力过程。在蒸发器中，低压低温的制冷剂液体吸取其中被冷却介质的热量，蒸发成为低压低温的气态制冷剂，每小时吸收的热量 Q 即为制冷量。低压低温的气态制冷剂被压缩机 1 吸入并被压缩后排入冷凝器内。在压缩过程中，压缩机消耗机械能在冷凝器中，制冷剂在高压的作用下由气态变为液态的过程中放出大量的热量，并被水或风冷却，冷凝成高压的液体。从冷凝器排出的高压液体，经膨胀阀节流后变成低压液体进入蒸发器。由于压力降低，制冷剂由液态变为气态的过程中要从蒸发器中吸收大量的热量。此时，通过蒸发器而获得冷却的空气。空调机工作如图 7—24 所示，如此不断循环，实现室内空气降温的目的。

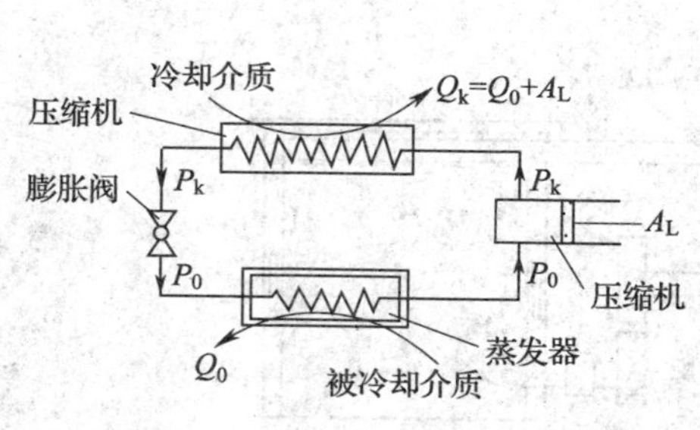

图 7—23 压缩式制冷机制冷循环原理

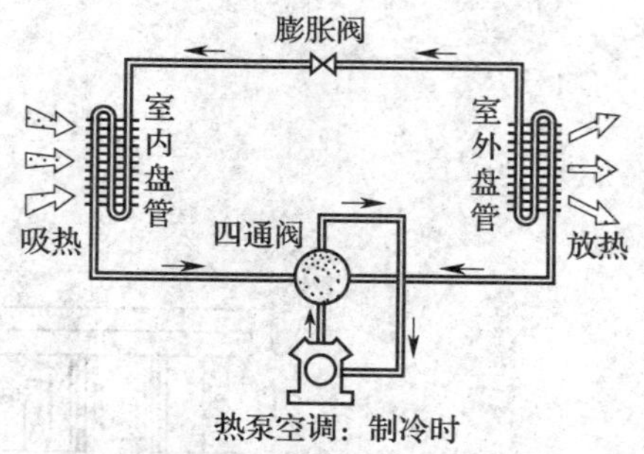

图 7—24 空调机工作示意图

四、空调系统的类型

由于各类房间对空气环境的要求不同，空调系统的类型也不同。常用的空调系统，按其空气处理设备设置情况不同，可分为集中式、半集中式和全分散式三种类型。

1. 集中式空调系统

这种系统的特点是所有的空气处理设备，包括风机、水泵等都集中在一个空调机房内，处理后的空气经风道输送到各空调房间，其结构如图 7—25 所示。集中式空调系统按其处理空气的来源，又有封闭式、直流式和混合式三种系统。

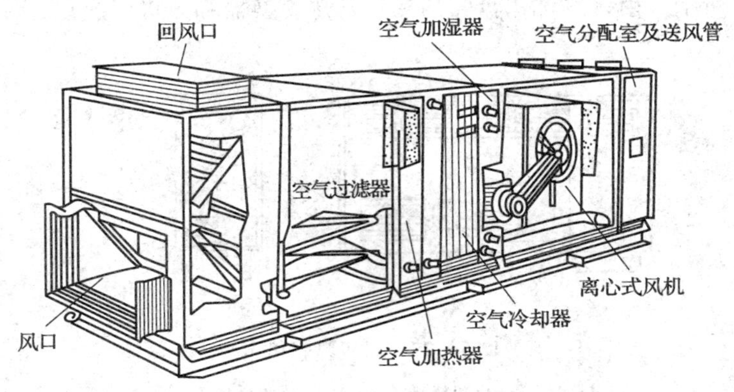

图 7—25　集中式空调系统

（1）封闭式集中空调系统

封闭式集中空调系统也称为全循环式集中空调系统，它所处理的空气全部来自空调房间，全部空气进行再循环，没有室外新鲜空气补充到系统中来，如图 7—26a 所示。这种系统卫生条件差，但耗能量低。通常应用于人员不长期停留的库房等。

（2）直流式集中空调系统

直流式集中空调系统也称为全新风式集中空调系统，它所处理的空气全部来自室外，室外空气经处理后送入室内，使用后全部排出到室外，如图 7—26b 所示。其处理空气的耗能量大。这种空调系统应用于室内空气不宜循环的建筑物中，如放射性及散发大量有害物的实验室、车间等。

（3）混合式集中空调系统

混合式集中空调系统是前两种系统的混合，既使用一部分室内再循环空气，又使用一部分室外新鲜空气，如图 7—26c 所示。这种系统既能满足卫生要求，又经济合理，应用广泛。

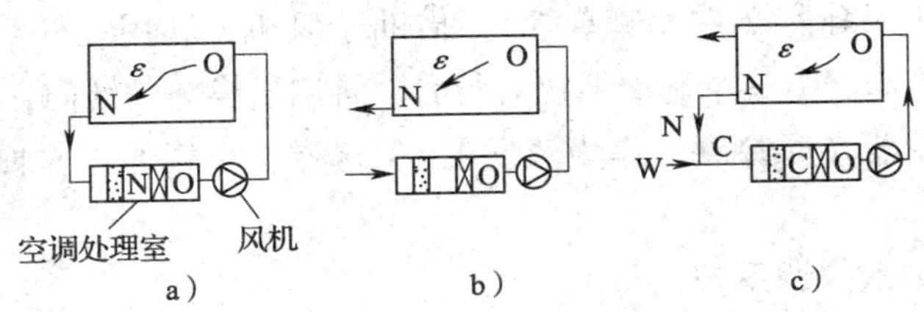

图 7—26　空调系统类型

a）封闭式　b）直流式　c）混合式

N—室内空气　W—室外空气　C—混合空气　O—冷却后空气状态

2. 半集中式空调系统

这种系统除设有集中空调机房外还在空调机房间内设有二次空气处理设备。二次处理的作用是在空气进入被调节房间之前，对来自集中处理设备的空气作进一步补充处理，以适应各种房间对空气温、湿度的不同要求。半集中式空调系统最常用的类型是风机盘管机组，如图 7—27 所示，由多排称作盘管的翼片管热交换器和风机组成。

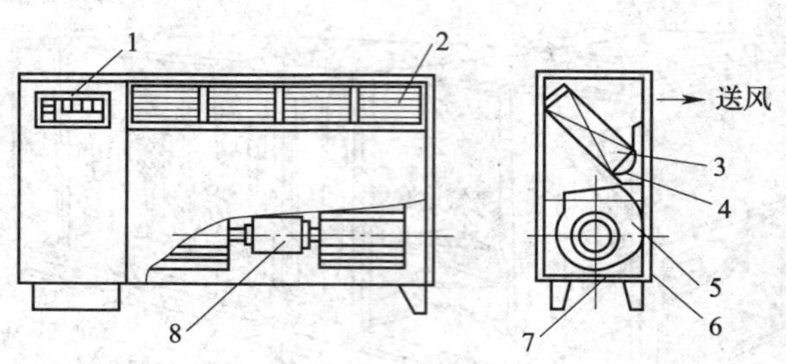

图 7—27 风机盘管机组

1—控制器 2—出风格栅 3—盘管 4—凝水盘 5—风机
6—箱体 7—空气过滤器 8—电动机

运行时，管内通入冷却水或热水。与集中空调系统不同，它采用就地处理回风的方式，由风机驱动室内空气流过盘管进行冷却除湿或加热，再送回室内。机组内还装有凝水盘与凝结水管路，用来排出除湿时产生的凝结水。供给盘管的冷热水一般是由集中冷热源提供的。风机盘管一般设置在空调房间，对室内空气进行循环处理。

3. 全分散式空调系统

这种系统也称为局部空调，如果在一个较大的建筑物中，只有少数房间需要空调，或者需要空调房间虽多，但很分散，距离又远，这时需要考虑采用局部空调系统。局部空调机组就是最常见的一种，又称为空调器。它是把空气处理设备、冷热源（制冷机组和电加热）等整体地组合在一个箱体里，其特点是结构紧凑、体积小、安装简便、节省大量风道、使用灵活，结构上分为整体式与分体式两种，目前整体式已不常用。

（1）整体式全分散空调系统

整体式全分散空调主要以窗式空调为主要代表，窗式空调是指可以装在窗台下预留孔洞内的一种小型空调机组。如图 7—28 所示，是一种热泵型窗式空调器的结构示意图。制冷系统中采用风冷式冷凝器（室外侧盘管），借助于风机，利用室外空气冷却冷凝器，此外，增设一个四通换向阀。冬季制冷系统运行时，将四通换向阀转向，使制冷剂逆向循环，把原蒸发器作为冷凝器（原冷凝器作为蒸发器）。这样，空气通过时便被加热，以作供暖使用。

（2）分体式全分散空调系统

分体式空调机组由室内机、室外机以及连接管和电线组成。视室内机的不同可分为壁挂式、吊顶式、落地式及柜机等。下面以使用最多的壁挂式为例进行介绍。

壁挂式空调机组包括室内机和室外机，室内机一般为长方形，挂在墙上，室内机后面有凝结水管，排向下水管道。室外机内有制冷设备、电动机、分液分离器、过滤器、电磁继电器、高压开关和低压开关等。连接管道有两根，一根是高压气管，另一根是低压气管。其工作过程如图 7—29 所示。低温低压的湿蒸汽进入蒸发器吸热，变成低压蒸汽，而后通过连接管进入压缩机，在压缩机的作用下变成高温高压蒸汽，进入冷凝器散热，变成高压低温液体，经过毛细管节流变成低压低温湿蒸汽，完成一个循环。

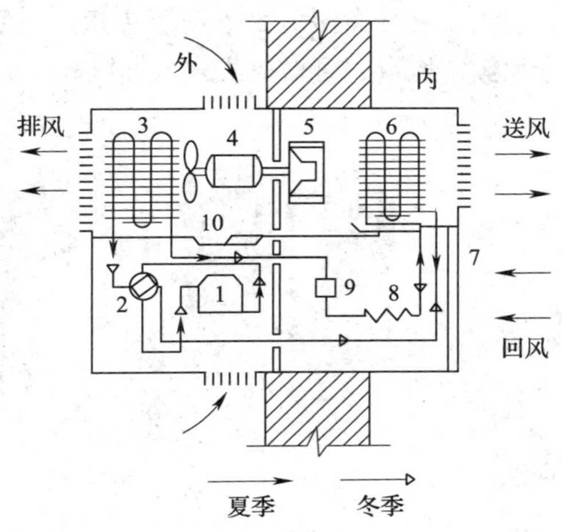

图 7—28　窗式空调器

1—压缩机　2—四通换向阀　3—室外侧盘管（冷凝器/蒸发器）　4—电动机　5—风机　6—室内侧盘管（冷凝器/蒸发器）　7—空气过滤器　8—节流毛细管　9—制冷剂过滤器　10—凝结水盘

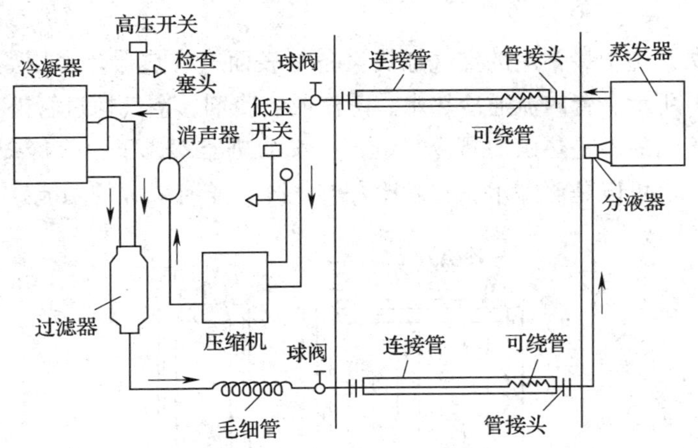

图 7—29　分体式全分散空调系统

五、空调系统中的主要设备

空调系统按其组成主要分为四个部分：空气处理设备、制冷设备、输配系统、消声减振设备。

1. 空气处理设备

为了使空调房间获得所需要的具有一定清洁度、温度和湿度的空气，必须对空气进行处理。空气处理设备主要是指空气过滤器、空气加热、冷却器和喷水室。

(1) 空气过滤器

空气过滤器是用来对空气进行净化处理的设备，根据过滤效率的高低，通常分为初效过滤器、中效过滤器和高效过滤器三种类型。为了便于更换，一般做成块状。此外，为了提高过滤器的过滤效率和增大额定风量，可做成袋式或抽屉式，如图 7—30 所示。

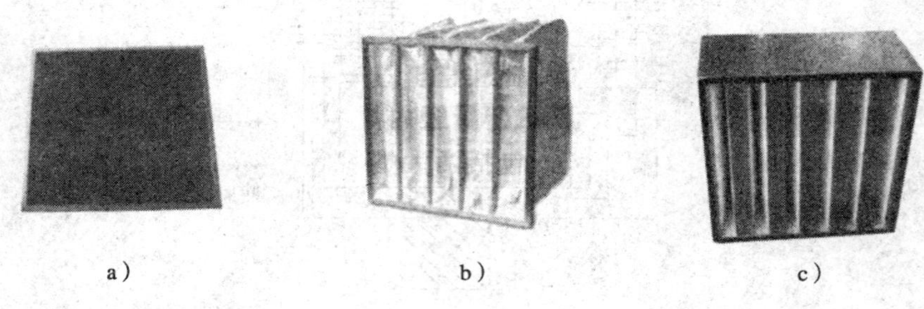

a） b） c）

图 7—30 空气过滤器

a）尼龙网初效过滤器 b）袋式中效过滤器 c）抽屉式高效过滤器

(2) 空气加热、冷却器

空气加热和冷却是两个截然不同的功能。空气加热一般由热交换器实现，空气冷却由冷却装置实现。

热交换器空调系统中最常用的空气加热设备是表面式换热器，多用翼片管，也有光管式的，如图 7—31 所示。管内流通冷热水、蒸汽或制冷剂，空气掠过管外与管内介质换热。当这种加热器中流动的不是热媒而是冷媒时，空气加热器就成了空气冷却器。冷媒根据需要可以是制冷剂，也可以是深井水。它除冷却空气外，兼有减湿的功能。

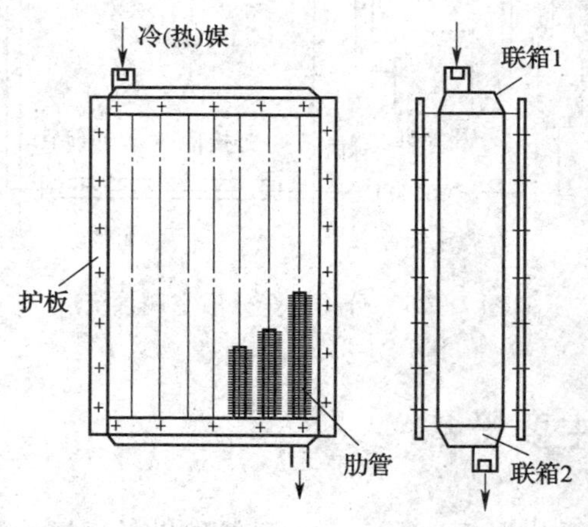

图 7—31 表面式换热器

(3) 喷水室

喷水室是空调系统中的主要空气处理设备之一，主要起冷却空气和加湿空气的作用。其喷嘴孔径一般为 2 ~ 3 mm。喷水室可分为卧式与立式以及单级与多级等几种，一般常用的为卧式单级喷水室。立式喷水室占地面积小，空气从下而上流动，水从上而下喷淋，热湿交换效果比卧式喷水室好。一般用于需处理的空气量不大或空调机房层高较高的场合，如图 7—32 所示。

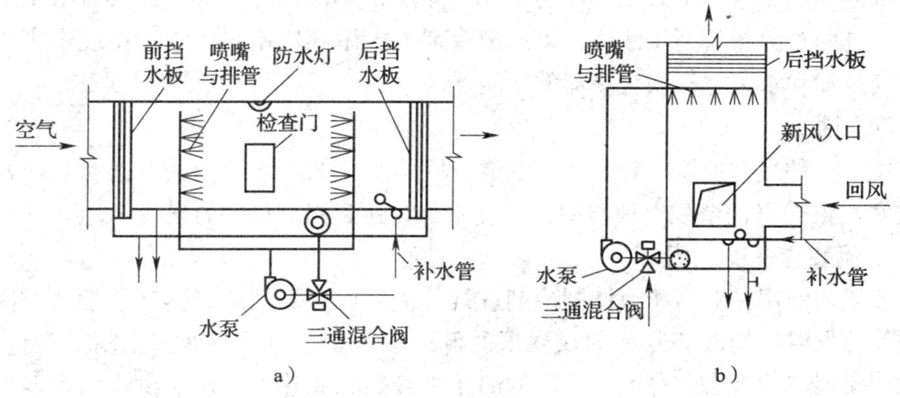

图 7—32　喷水室的构造

a) 卧式喷水室　b) 立式喷水室

(4) 空气的加湿和除湿

将水蒸气直接与空气进行混合的加湿方法称为蒸汽加湿。蒸汽喷管是最简单的加湿装置，它由直径略大于供汽管的管段组成，管段上开有多个小孔。蒸汽在管网压力作用下由小孔喷出混入空气。

1) 电加湿器。在空调机组里，多半采用电加湿。电热式加湿器是由管状电热元件置于水槽中做成的。电热元件通电后加热水至沸腾产生蒸汽。这种加湿器均有补水装置，以免断水空烧。

2) 冷冻除湿机。冷冻除湿机由制冷系统与供风装置组成。由制冷系统的蒸发器将要处理的空气冷却除湿，再由制冷系统的冷凝器把冷却除湿后的空气加热。

3) 加热通风法减湿。当室外空气湿度低于室内湿度时，就可以将经过加热的室外空气送至室内，同时从室内排出同样数量的潮湿空气，从而达到减湿的目的。该方法的不足之处是受自然条件的限制，不能确保室内除湿效果。

2. 制冷设备

由于制冷设备中，常见的是压缩式制冷设备，因此，本节仅对压缩式制冷设备予以介绍。

压缩式制冷系统主要由压缩机、冷凝器、蒸发器、节流装置及各种管、阀等组成。这里介绍几个主要设备。

(1) 压缩机

制冷压缩机是用来压缩和输送液态和气态制冷剂的，是制冷循环的动力装置，一般称为主机。制冷压缩机的形式很多，根据工作原理不同，分为容积式（活塞式）制冷压缩机和离心式制冷压缩机两类。

容积式制冷压缩机是靠改变工作腔的容积，周期性地将吸入的定量气体压缩。离心式制冷压缩机是靠离心力的作用，连续地将所吸入的气体压缩。

（2）冷凝器

冷凝器的任务是将压缩机排出的高温气态制冷剂冷却、液化。也就是使过热气态制冷剂进入冷凝器的放热面，将其热量传递给周围介质，如水或空气等，而其自身则被冷却为饱和气体，进而被冷却为高压液体，以便制冷剂再次循环使用。在空调系统中主要使用水冷却、空气冷却和水、空气联合冷却的冷凝器。

（3）蒸发器

蒸发器是一种热交换器，它是利用在节流后的制冷剂由液态变为气态时吸收被冷却物体（或空间）的热量而蒸发，使冷室的温度下降，达到制冷目的的设备。

（4）节流装置（膨胀阀）

节流装置的作用是对高压液体制冷剂进行节流降压，保证冷凝器和蒸发器之间的压力差，以便使蒸发器中的液态制冷剂在要求的低压下蒸发吸热，从而达到制冷降温的目的；同时，使冷凝器中的气态制冷剂在给定的高压下冷凝、放热，并调整供入蒸发器的制冷剂流量以适应蒸发器热负荷的变化，使制冷装置更加经济有效地运转。

3. 输配系统

（1）风机

风机是给空气动力的设备。在空调的输配系统中，常用离心式风机、轴流式风机和贯流式风机等几种。

（2）管道系统

管道包括风道、水管、管井、阀门和风口。

1）风道。风道是空气输配系统的主要组成部分之一，如图7—33所示。对于集中式空调系统与半集中式空调系统来说，风道的尺寸、风道内风速的大小与风道的敷设情况对建筑空间的使用和空调系统空气输配的动力消耗有着重要的影响。风道的形状一般为圆形或矩形。材料一般采用薄钢板涂漆或镀锌板。

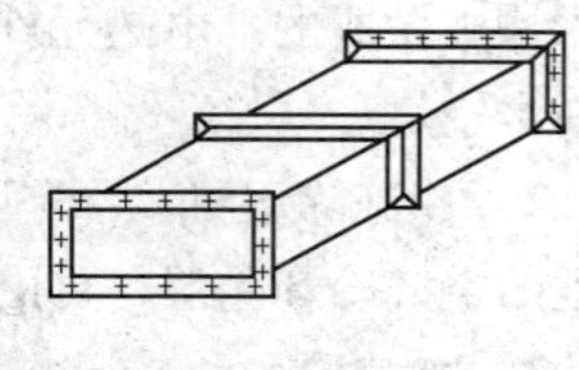

图7—33　风道

2）水管。水管是将冷热水从冷冻机房或热力站输送到空调机房的空调箱或房间里的风机盘管中去的管道。空调水管的保温与供热水管类似，即冷、热水的供、回水管均需保温。

3）管井。多数多层建筑物内不能在每层都设置空调机房，因而必然有垂直走向的风道，所以需要留有管井。管井内可以设置风管、水管及其他公用设施所用管线。管井应从下至上直通到顶，中途不应拐弯。

（3）风阀和室外风口

调节阀门一般安装在风道或风口上，用于调节风量、关闭风道、风口及分割风道系统的各个部分，还可用于启动风机和平衡风道系统的阻力。常用的风阀有插板阀、蝶阀、多叶调节阀和防火阀。风口一般设在屋顶或侧墙，侧墙排风口一般加百叶窗。进风口最好设置在建筑物的背阴处或北墙，尽量避免设置在西墙或屋顶上。

4. 消声、减振设备

空调设备在运行时会产生噪声与振动，并通过风管及建筑结构传入空调房间。噪声与振动的来源主要是风机、水泵、制冷压缩机、风管、送风末端装置等。

（1）消声

消除噪声的消声措施主要包括两个方面，一是设法减少噪声的产生；二是必要时在系统中设置消声器。消声器是由吸声材料和按不同消声原理设计的外壳所构成。根据工作原理可分为阻性、抗性、共振性和复合型等几种类型的消声器，如图 7—34 所示。

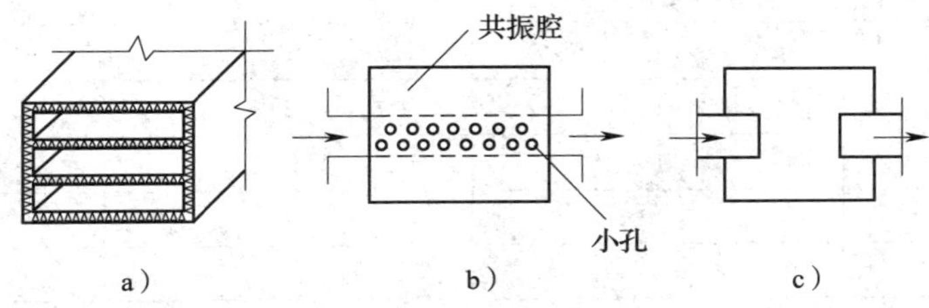

图 7—34　消声器

a）阻性消声器　b）共振性消声器　c）抗性消声器

（2）减振

空调的振动是空调系统运转产生的振动传给基础或楼板，并以弹性过渡的形式从设备基础沿建筑结构传到其他房间。当振动影响某些工作的正常进行或危及建筑物的安全时，需采取减振措施。一般可以采用以下两种减振措施：

1）将风机安装在弹性基础上，可以使风机传到基础的振动得以减弱。

2）在风机机座下安装减振器，减振器是用弹簧或其他弹性材料，如软木等制成的构件。

第 3 节　物业通风与空调系统维护与管理

一、物业通风与空调系统的维护

1. 灰尘清理

空调、通风系统灰尘来源主要是新风、漏风、风管内积尘，以及回风从室内带出来的灰尘等，运行人员就要针对不同的灰尘来源进行清理，尽量防止空气污染。

（1）经常检查及时更换空气过滤器。新风等粗效泡沫塑料过滤器要经常清洗，约 15 ~ 30 天清洗一次；风机盘管过滤器 30 ~ 40 天清洗一次；中效玻璃纤维过滤器当阻力为初阻力的2倍时，其他型号过滤器当达到其规定终阻力时要进行更换。更换安装过滤器时，不准污染滤料，安装要严密不漏风。对于循环使用的泡沫塑料滤料，一定要在干净的环境中清洗晾干，使用中最好先测定其效率，对不合格者应更换新的滤料。

（2）要保持房间环境整洁，确保空调、通风房间室内正压。

（3）系统全面清洗。通风系统全面清洗须遵照国家标准《空调通风系统清洗规范》（GB 19210—2003）执行，有以下主要原则：

1）应定期对通风系统清洁程度进行检查。检查范围包括空气处理机、管道部件及管道系统的典型区域。检查时间间隔不低于表7—1的规定。

表7—1　　通风系统清洗检查时间间隔　　年

建筑物用途分类	空气处理机组	送风管	回风管
工业	1	1	1
居室	1	2	2
小商业	1	2	2
商业	1	2	2
卫生保健	1	1	1
航运业	1	2	2

2）当检查出现如下情况：通风系统被检测污染、系统性能下降；对室内空气质量有特殊要求时，应对通风系统实施清洗。

3）清洗管道时通风系统应保持负压，可用空气负压机或真空吸尘设备来实现。管道清洗分为干式清洗和湿式清洗两种方法。干式清洗可使用真空吸尘设备辅以机械搅动装置及高压气源。湿式清洗即高压冲洗、蒸汽清洗，使用湿式清洗不可使通风系统部件受到损害，清洗后不能有残留化学物质。

4）对于通风系统部件可直接清洗或拆卸清洗。

5）清洗过程中发现老化或需修理的部件，要及时更换或修理。

6）要对清洗效果进行检验，检验合格后方可重新将空调通风系统投入使用。检验方法详见国家标准《空调通风系统清洗规范》（GB 19210—2003）。

2. 巡回检查

对设备状态要进行巡回检查，做到心中有数，出现问题及时维修，对暂时维修不了的设备，应采取应变措施，待非使用期时维修。

巡回检查的具体项目包括：送回风机、水泵、电动机是否有异常声音，轴承发热程度如何，传动带松紧是否合格；空调箱、风机箱、风管等内部是否有锈蚀脱漆现象，水阀门是否严密，开关是否灵活；风管、水管保温是否有损坏；各个部位的空气调节阀是否有损坏，固定位置是否有变化；需定期清洗、更换的设备（如各级过滤器等）是否已到清洗更换限度；配电盘、各种电器接线头是否有松脱发热现象，仪表动作是否正常等。

3．仪表检定

定期检验和校正测量、控制仪表设备，保证它们测量控制准确可靠。

4．系统检修

对于空调、通风系统的水系统、风机盘管水系统及风机等设备的故障分析及维修标准基本与供热系统有关内容相同。

二、空调、通风系统常用单体设备的维护

1．组合式空调机组的维护

组合式空调机组的维护主要包括空调机组的检查和清扫。空调机组的检查和清扫需在停机时进行，一般由 2～3 人一起按照事先规定的程序进行。检查时，应先关闭有关阀门，打开检修门，拆卸空调机组内部过滤网，检查盘管及风机叶片的污染程度，并彻底进行清扫。在清扫时检查盘管及箱底的锈蚀和螺栓紧固情况。将过滤器在机外冲洗干净，晾干以后再稳固安装上去，如发现有损坏应及时修复或更换。对于采用皮带传动的，还要进行风机皮带的外观及松紧度检查，必要时需更换传动皮带。

2．风机盘管的维护

风机盘管的主要维护项目如表 7—2 所示。

表 7—2　**风机盘管的主要维护项目**

设备名称	维护项目		
	巡视检查项目	维修方法	周期
空气过滤器	过滤器表面灰尘情况	用水清洗	1 次/月
盘管	肋片管表面污垢情况	清洗	2 次/年
	传热管腐蚀情况	清洗	2 次/年
风机	风机叶轮灰尘情况及噪声	清理风机叶轮	2 次/年
集水盘	集水盘排水情况	清扫防尘网和集水盘	2 次/年
管道	保温隔热结构、自动阀动作情况	更换或维修保温层、自动阀	即时维修

3．换热器的维护

换热器的维护包括换热器表面翅片的清洗和换热器的除垢。清除垢层常用的方法有压缩空气吹污、手工或机械除污和化学清洗。

4．风机的维护

风机的维护工作应该每半年进行一次，物业管理企业工程部门应及时填写“风机半年保养记录”（参见附录 19）。风机的维护工作包括小修和大修两个部分。小修一般包括：清洗、检查轴承；紧固各部分螺栓、调整皮带的松紧度和联轴器的间隙及同轴度；更换润滑油及密封圈；修理进出风调节阀等。大修则包括：小修内容；解体清洗，检查各零部件；修理轴瓦，更换滚动轴承；修理或更换主轴和叶轮，并对叶轮的静、动平衡进行校验等。

风机主轴的配合如果超出公差要求，一般应予以更换。而叶轮磨损常通过补焊修复。补焊时应加支撑，以防变形，焊后应做静平衡试验，大功率风机叶轮还应做动平衡试验。若磨损变形严重，应予以更换。叶轮的前盘板、后盘板及机壳的磨损、裂纹，一般通过焊补修复，不能修复者应予以更换。

5. 制冷机组的维护及管理

制冷机组是空调系统的冷源，制冷机组运行正常与否是空调系统运行正常与否的关键。同时，制冷机组也是空调系统中最复杂的设备。因此，物业管理企业的工程部门要每日对中央空调的冷水机组运行情况予以记录，并填写“中央空调冷水机组运行记录表”（参见附录20）。

（1）压缩式制冷机组的维护

目前蒸汽压缩式制冷机组的自动化程度都较高，机组都有自动安全保护措施，如排气和吸气压力安全保护、油压和冷却水流的安全保护等。

在蒸汽压缩式制冷机组的运行管理过程中，要注意制冷剂的安全使用。氟利昂类制冷剂泄漏时，若与明火接触，便会分解出剧毒物质；氨类制冷剂易燃易爆。因此，要防止制冷剂泄漏。在氨类制冷机房里要有可靠的安全措施，如氨浓度报警装置、事故排风装置等。所有废弃制冷剂均不得直接排放到大气中或下水道里，必须按环保部门的规定加以回收，待处理后再重复使用。

（2）吸收式制冷机组的维护

吸收式制冷机组的维护及保养可参照表7—3进行。

表7—3　　吸收式制冷机组的维护及保养

检查保养项目	检查及维护内容	检查保养周期
溶液泵及冷剂泵	异常磨损及噪声	每日
	绝缘情况	每个制冷季
真空泵	真空度	每周
	电动机绝缘情况	每个制冷季
	油的污染情况	每周
	联轴器或传动皮带松紧情况	每月
机组内气密性	吸收器上升1℃所需时间及平均排气量	每月/每个制冷季
调节阀	动作检查	每日
调整机构	动作及设定值检查	每周
手动阀	泄漏检查及膜片调换	每个制冷季
控制盘	绝缘情况、指示灯调换及控制程序检查	每个制冷季
传热管及管板	腐蚀、清洁情况	每个制冷季
冷却水及冷冻水管路	污垢情况、pH及电导率分析	每个制冷季
冷剂水	污染情况（密度检测，必要时需再生处理）	每月

续表

检查保养项目	检查及维护内容	检查保养周期
溶液	质量分析（如溶液污染则需再生处理）	每月
	pH 调整	每个制冷季
	缓蚀剂的加入	每个制冷季开车前、停车后
	表面活性剂的加入	每个制冷季开车前、停车后

6. 冷却塔的维护

（1）散水系统

1）检查冷却塔主水管、分水管、喷头有无破损松动，及时进行修补、固定。彻底清除水管及喷头内部的污物，以保证水管畅通，喷头布水均匀。

2）彻底冲洗冷却塔集水盘及出水过滤网罩，避免因水垢及污物积存而堵塞管道。清洗完毕应打开泄水阀门，放尽集水盘内积水，避免冷却塔冻坏。

3）检查集水盘、冷却塔塔脚是否漏水，如有漏点，及时修复。

（2）散热系统

1）清洗冷却塔填料表面、孔间的水垢及污物，保证填料的洁净。拆装填料时应注意布放紧密。

2）清洗挡水帘、消音毯，去除污物。对破损处进行修补更换。挡水帘码放时要求紧密，防止漂水。将冷却塔充水，检查是否漏水（特别是塔体连接处），若漏水则更换密封件。

（3）传动系统

1）电动机。检查电动机的接线端是否完好，电动机转动是否正常。对电动机接丝盒做密封处理，电动机轴承加油润精，电动机外壳重新喷漆。长期停机，建议每个月至少运转电动机 3 h，保持电动机线圈干燥，并润滑轴承表面。

2）减速机。检查减速机转动是否正常，如有异声，立即更换减速机轴承。

3）皮带、皮带轮。调节顶丝，松开传动带，延长皮带使用寿命。检查皮带有无破损、裂纹，必要时更换新传动带。校核传动带轮、马达架水平度，紧固松动螺栓，有锈蚀螺栓予以更换。

4）风扇。清洗扇叶表面污物，检查扇叶角度、扇叶与风筒间隙，并进行调整。

（4）塔体外观

1）对风筒、塔、入风导板进行彻底清洗，保证外观清洁美观。

2）重新紧固各部位螺栓，并更换生锈螺栓。

3）检查塔体外观有无破损、裂纹，并及时予以修补。

4）检查塔体壁板立缝处是否严密，必要时重新修补。

5）集水盘、填料及配水器中如有青苔、藻类或油类污物，易堵塞阻碍水流，可用漂白粉或次氯酸钠溶液加以处理，并控制余氯浓度低于 0.5 mg/L。

（5）冷却塔附件

1）检查自动补水装置——浮球有无损坏、工作是否正常，发现异常应及时修理、更换。

2）对冷却塔铁件螺栓重新紧固，更换生锈螺栓，对锈蚀铁件重新涂刷防锈漆。

3）检查进、出水管。检查补水管的塔体法兰盘有无破损、漏水。此外，还应采取措施防止杂物进入冷却塔内部。

三、物业通风与空调系统的管理

空调通风系统是一个复杂的、自动化程度高的系统，其正常运转除了要求配备具有高技术及高度责任心的操作运行人员外，还依赖于科学的管理制度。

1. 制定操作规程

参照制冷机及其辅助设备使用说明书并与制造厂商一起制定设备操作规程，保证制冷机及辅助设备得以正确、安全地操作。操作规程包括以下几点：

（1）空调机操作规程。

（2）制冷机操作规程。

（3）冷却塔操作规程。

（4）水处理设备操作规程。

（5）水泵操作规程。

（6）换热器操作规程。

（7）其他设备操作规程。

2. 建立各项规章制度

（1）岗位责任制：规定配备人员的职责范围和要求。

（2）巡回检查制度：明确定时检查的内容、路线和应记录项目。

（3）交接班制度：明确交接班要求、内容及手续。

（4）设备维护保养制度：规定设备各部件、仪表的检查、保养、检修、检定周期、内容和要求。

（5）清洁卫生制度。

（6）安全、保卫、防火制度。

3. 执行制度时应具备的记录

（1）运行记录。

（2）交接班记录。

（3）水质化验记录。

（4）设备维护及保养记录。

第4节　物业通风与空调系统故障应急预案

一、机组漏水的原因及排除方法

机组漏水的原因及排除方法，见表7—4。

表7—4　　机组漏水的原因及排除方法

故障现象	故障原因	排除方法
集水盘流淌水	集水盘排水口堵塞	应清理排水口
	集水盘内积水太深，排水管水封落差不够	整改水封，加大落差，使排水畅通
	风机风速过大	加大挡水板通风面积；适当降低风速
	风机风量过大	适当降低风机转速
	挡水板四周的挡风板破损或脱落	加装挡风板并做好密封
换热器出现问题	集水管保温不良致使表面结露	重新更换保温层或重做保温
	集水管漏水	修补集水管
	换热器铜管破裂	修补换热器铜管
集水盘出现问题	集水盘保温欠佳，表面凝露	做好集水盘、集水管的保温
	集水盘漏水	补焊集水盘

二、空调无风的原因及排除方法

1. 电动机电源未接通、电源缺相或电动机烧毁。

排除方法：检查电源，如电动机烧毁则更换电动机。

2. 风机出现问题

（1）轴承卡死或烧毁。排除方法：更换轴承或风机。

（2）传动带断裂。排除方法：更换传动带。

三、空调风量偏小的原因及排除方法

1. 风机反转

排除方法：将三相电源的任意两相互换接线。

2. 空调系统出现问题

（1）换热器长期使用，翅片表面积尘。排除方法：清洗换热器。

（2）设备或系统漏风。排除方法：用密封条（胶）堵漏。

（3）过滤器积尘过多。排除方法：清洗或更换过滤器。

（4）系统实际阻力过大。排除方法：检查风管、设备有无堵塞并排除；调节风阀开度。

四、空调风量偏大的原因及排除方法

1. 风机出现问题

排除方法：风机压力偏高、风量偏大。

2. 空调系统出现问题

（1）系统阻力过小。排除方法：调节阀门，增加阻力。

（2）过滤器损坏漏风。排除方法：更换过滤器。

（3）设备负压段或进风管漏气严重。排除方法：做好密封处理。

五、制冷能力偏小的原因及排除方法

1. 冷媒出现问题

（1）冷媒温度偏高。排除方法：调节冷水温度达到设计要求；管道保温若有问题，则整改保温（冷冻水出水温度一般为7℃）。

（2）冷媒温度合格，流量偏小。排除方法：检查消耗性能、管道阻力、有无堵塞现象。若存在问题，则先整改管道，或更换水泵。

2. 风量偏小引起冷量偏小

排除方法：适当加大风量。

六、风机传动带磨损严重的原因及排除方法

风机传动带磨损严重的原因及排除方法见表7—5。

表7—5　风机传动皮带磨损严重的原因及排除方法

故障原因	排除方法
风机轴与电动机轴不平行，且两传动带轮端面不在同一平面内	先将两轴调平行，再将两传动带轮端面调到同一平面
皮带质量差	调换成质量好的皮带

七、机组表面凝露的原因及排除方法

机组表面凝露的原因及排除方法，见表7—6。

表 7—6　　机组表面凝露的原因及排除方法

故障原因	排除方法
箱体保温不良，存在冷桥	做好保温
箱体漏风	做好密封处理
箱体保温破损或老化	除去原保温，重做保温
箱体保温厚度不够	重做保温

八、机组噪声、振动值偏高的原因及排除方法

机组噪声、振动值偏高的原因及排除方法，见表 7—7。

表 7—7　　机组噪声、振动值偏高的原因及排除方法

故障现象	故障原因	排除方法
风机出现问题	风机轴与电动机轴不平行	调节两轴至平行
	风机蜗壳与叶轮摩擦，发出异常声音	调节蜗壳与叶轮至正常位置
	风机蜗壳与叶轮变形	更换蜗壳与叶轮
	叶轮的静、动平衡未做好	更换叶轮或重做静、动平衡
	风机轴承有问题	更换轴承
电动机出现问题	电动机轴承、质量有问题	更换轴承、电动机
隔振系统出现问题	减振器选用、安装不当	重新选配、调整减振器安装
	风机与支架、轴承座与支架连接松动	固紧螺栓、螺母
箱体出现问题	箱体隔声效果差	加固或更换箱体壁板

九、送风噪声偏高的原因及排除方法

送风噪声偏高的原因及排除方法见表 7—8。

表 7—8　　送风噪声偏高的原因及排除方法

故障原因	排除方法
风管内风速过高，产生二次噪声	在不影响室内湿度的前提下，适当调小送风量
送风口风速过高	适当加大送风口

十、风机轴承温度过高的原因及排除方法

风机轴承温度过高的原因及排除方法见表 7—9。

表 7—9 风机轴承温度过高的原因及排除方法

故障原因	排除方法
轴承里无润滑油或润滑油质量不佳、变质、含混杂质	加注润滑油；清洗轴承、加注润滑油
轴承安装歪斜、前后轴承不同轴、或游隙过小或内外圈未锁紧	调节轴承安装位置，调节轴承游隙，锁紧内外圈
轴承磨损严重	更换轴承

十一、电动机电流过大或温度过高的原因及排除方法

电动机电流过大或温度过高的原因及排除方法见表 7—10。

表 7—10 电动机电流过大或温度过高的原因及排除方法

故障原因	排除方法
风机电流量过大	适当降低风机转速
电动机冷却风扇损坏	修复冷却风扇
输入电压过低	电压正常后运行
密封圈未压紧或损坏	压紧或更换密封圈

思考与练习

1. 通风系统按作用动力划分，可分为哪些类型？机械通风有哪些方式？
2. 空气的状态用哪些参数来描述？人体的舒适感与空气的哪些参数有关？
3. 空气调节的任务是什么？空调系统对空气有哪些基本处理？
4. 半集中式空调系统有什么特点？
5. 简述喷水室和表面式换热器能对空气进行哪些处理。
6. 简述风机盘管维护有哪些主要内容。
7. 简述制冷机组的维护管理有哪些主要内容。

技能训练

某家物业管理公司工程部门的人员，在日常巡检过程中发现：空调系统出现机组漏水或空调送风噪声偏高。请问如何查找原因，并进行简单的处理。

第八章　物业电气系统

学习目标

了解电路的组成和工作状态；了解物业电气照明系统；熟悉物业供配电系统和电气照明系统的维护与管理；熟悉物业供配电系统和电气照明系统常见故障的处理。

电能是整个国民经济和人民生活中不可缺少的能源之一，被视为人类生产和生活的生命线。住宅小区或高层楼宇要保持正常的使用功能，就离不开电能的正常供应。供电设备管理是物业公司为保证住宅小区或高层楼宇电能正常供应所采取的一系列管理活动。本章主要阐述物业供电系统的基本知识、维护管理，以及照明系统和安全用电。

第1节　物业供配电系统

一、电工基础知识

1. 电路的组成

电路由电源、中间环节和负载三部分组成。在用电系统中，电路起着传输、分配和转换电能的作用。

（1）电源

电源是供应电能的装置。在建筑电路中的电源一般是发电厂的发电机组，把水的位能、煤的热能、原子能等转换成电能。

（2）中间环节

中间环节是传送、分配和控制电能的部分。由连线、变压器、开关、熔断器及其他电路元、器件等构成的线路或系统组成。电源接在它的输入端，负载接在它的输出端。

（3）负载

负载是取用电能的装置，它们将电能转换为其他形式的能量。用于建筑中的负载主要是各种电灯、家用及办公用电器等。

如图8—1所示是最简单的电路，其中E是电源的电动势，U为端电压，R0是内阻，R为负载电阻。

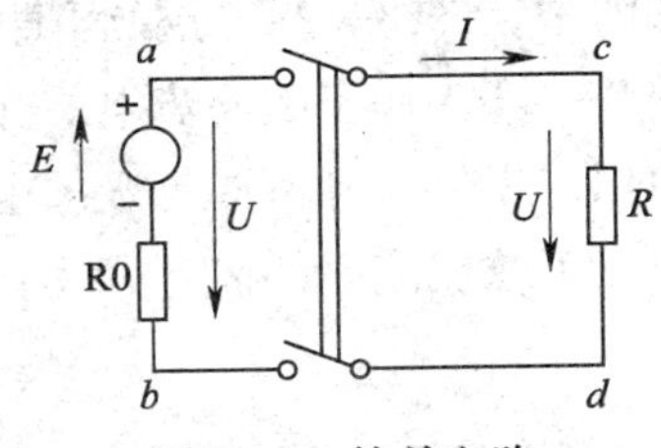

图8—1　简单电路

2. 电路的工作状态

电路在运行中只要导体内有电流I通过，导体就会发热。若导体电阻是R，电阻所消耗的电能全部变为热能Q，

经过时间 t 后，其热能为 $Q=I^2Rt$。

工程中有些负载是利用这一热效应工作的，但是多数情况的发热是有害的，会影响设备的使用寿命。电路有三种工作状态如下所述。

（1）空载状态

当电路的开关断开时，这时电路的状态称为空载。空载时外电路的电阻对电源来说为无穷大，因此，电路中电流为零。这种状态电路不工作也不发热。

（2）额定工作状态

各种电气设备的电压、电流及功率都有一个额定值。按照额定值来使用是最经济、合理和安全可靠的，还能使电气设备保证有一定的使用寿命。额定电流是电气设备长时间工作时所容许通过的最大电流，用 I_e 表示。当实际电流小于 I_e 时，称为轻载；大于 I_e 时，称为超载；等于 I_e 时，称为满载。在满载时，也就是额定工作状态。

（3）短路状态

当电路中有电压的两点被电阻为零的导体连接时，称为短路。其特征是外电路的电阻可视为零，电流有捷径可通，不再流过负载，电源的端电压也为零，这时电源的电动势全部降在内阻上，导体所消耗的电能为：$A=IUt=I^2Rt$。若导体内阻 R0 消耗的电能全部转换为热能（$Q=I^2Rt$），它会烧坏绝缘、损坏设备。

3. 交流电

第八章

电能的输送、分配和使用一般采用交流电，实际电力网中用的是按正弦规律变化的交流电，如图 8—2 所示。

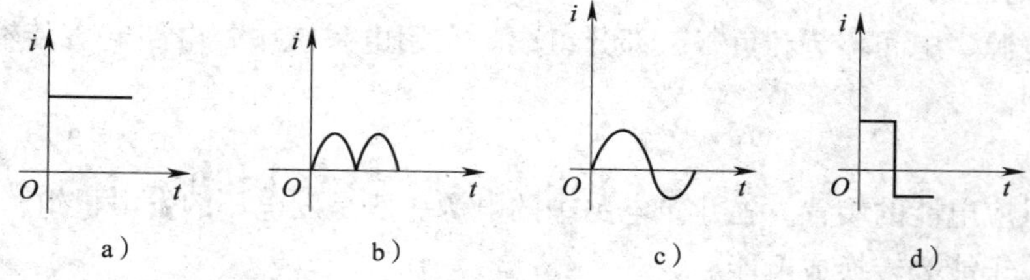

图 8—2 直流、交流电波形

a）稳恒直流电 b）脉冲直流电 c）正弦交流电 d）非正弦交流电

（1）正弦交流电

交流电是指大小和方向都随时间作周期性变化的电压和电流。交流电可分为正弦交流电和非正弦交流电两大类。正弦交流电是指按正弦规律变化的交流电。在图 8—2 所示的波形图中，图 8—2a 为稳恒直流电，图 8—2b 为脉冲直流电，图 8—2c 为正弦交流电，图 8—2d 为非正弦交流电。交流电可用变压器来改变交流电压的大小，便于远距离输电和向用户提供各种不同等级的电压。

正弦交流电的表达式为：

$$i=I_m\sin(\omega t+\varphi)$$

式中 I_m——电流最大值；

ω——角频率；

t——时间；

φ——相位角。

（2）正弦交流电的三要素

1）最大值。交流电流或交流电压不断变化的过程中，在正、反方向其数值达到的最高点被称为交流电的最大值，用 I_m 或 U_m 表示。

2）周期、频率和角频率。交流电流是不断重复变化的，每重复一次所需的时间叫周期，用 T 表示，单位为 s。

交流电流的瞬时值每秒重复的次数称为频率，用 f 表示，单位是 Hz。周期与频率的关系是：

$$f = \frac{1}{T}$$

电力供电的频率称为“工频”。我国的工频标准是 50 Hz，其他国家有用 60 Hz 的；航空工程上有用 400 Hz 的。

相位角在每秒变化的弧度数称为角频率，用 ω 表示，单位是 rad/s。

$$\omega = 2\pi f = 2\pi \frac{1}{T}$$

3）初相角。当 t 等于零时，电角度 φ 称为初相角。只要确定最大值、角频率、初相角三要素，就可以唯一地确定正弦量。

（3）交流电的有效值

在一个电阻上，分别通以直流电和交流电，如果经过一个交流周期的时间，它们在电阻上产生的热量是相等的，则把直流电流的大小作为交流电的有效值，用 I 表示，有效值与最大值的关系为：

$$I = \frac{I_m}{\sqrt{2}} = 0.707 I_m$$

$$E = \frac{E_m}{\sqrt{2}} = 0.707 E_m$$

$$U = \frac{U_m}{\sqrt{2}} = 0.707 U_m$$

在无特殊说明的情况下，交流电的大小总是有效值。一般交流电表测出的数值都是有效值。灯泡、电器、仪表上所标注的交流电压、电流数值也都是有效值。

4. 三相交流电压

在发电厂发电机上的定子槽中放置了三个同样的线圈绕组 AX、BY 和 CZ，三个绕组的首端 A、B、C 在相位上彼此相差 120°，尾端 X、Y、Z 彼此也相差 120°。当固定在转子上的磁极以匀速旋转时，便得到幅值相等、频率相同、相位上彼此相差 120° 的正弦交流电压，即对称三相交流电压，如图 8—3 所示。

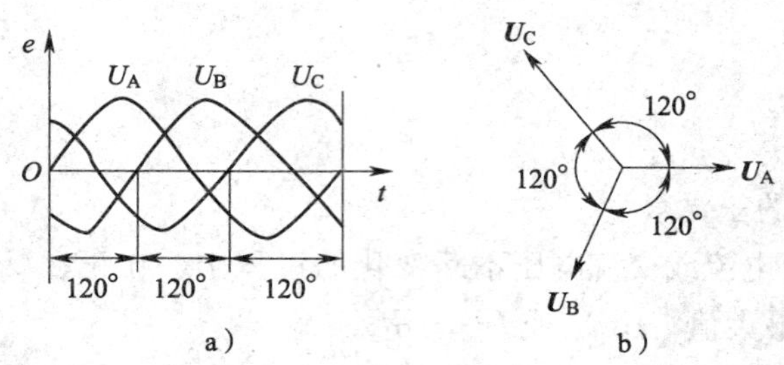

图 8—3 对称三相交流电压

a）波形图 b）相位图

把上述发电机每个线圈的末端连接成为一个公共端点，称为中性点，用“N”表示。从中性点引出的输电线为中性线，简称中线。中线通常与大地相接，并把接大地的中性点称为零点，而把接地的中性线称作零线。从三个线圈的始端引出的输电线叫作端线或相线，俗称“火线”。这种接法即是所谓的三相四线制，如图 8—4 所示。该接法可输送两种电压，一种是端线与端线之间的电压，称为线电压。另一种是端线与中线间的电压，叫相电压。两种电压之间的数量关系为：线电压在相位上总是超前与之相对应的相电压 30°。

$$U_p = \sqrt{3} U_t$$

使用交流电的用电电器种类很多，单相的有白炽灯、日光灯、小功率电热器以及单相感应电动机等。此类负载是通过连接在三相电源的任意一相上工作的，如图 8—4 所示。

$$I_N = I_A + I_B + I_C$$

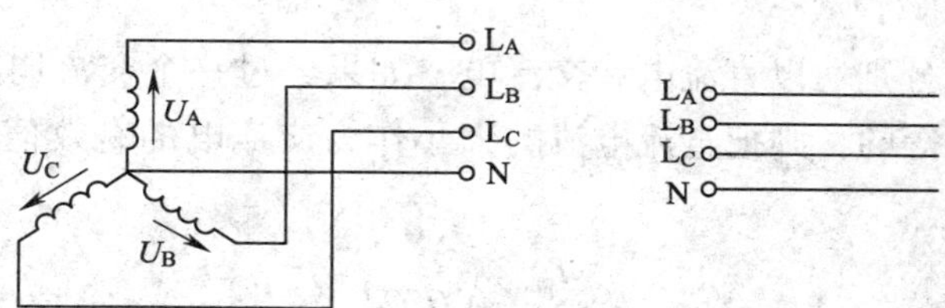

图 8—4 三相四线制

在通常情况下，中线电流总是小于线电流，而且各相负载越接近对称，中线电流就越小。因此，中线的导线截面可以比端线小一些。

二、物业供配电系统概述

1. 电压指标

主要是指电压相对额定电压的稳定性，包括电压偏移、电压波动、电压波形及电压对称度等。

电压偏移是指用电设备的实际端电压偏离其额定电压的百分数。即：

$$\Delta U_I = \frac{U_g - U_N}{U_N} \times 100\%$$

式中　U_g——用电设备的实际端电压（V）；

U_N——用电设备的额定电压（V）。

电压偏移过大将会造成设备损坏和效益降低。如当电压低于 U_N 时，灯泡亮度下降；电压过低会使电冰箱、空调等家用电器处于不正常工作状态，影响使用寿命。电压过高会使电灯、电视机等家电设备被烧毁，甚至引发电器火灾。根据有关规定，一般用电设备的电压偏移量为 ±5%。

2. 频率指标

我国电网的标准频率为 50 Hz，频率变化不但会对电网的运行质量产生较大影响，而且对用电器，尤其是那些与频率相关的用电器的正常运行也有很大影响。如由于频率的变化，会造成电动机转速的变化，从而影响由电动机为动力带动的设备的正常运行。因此，对频率的要求一般不允许超过额定频率的 5%。

3. 可靠性指标

可靠性指标是指根据用电设备在生产和社会生活中的重要性，以及中断供电对人身安全和设备的影响，对供电系统提出的不中断供电的要求。对不同的用户有不同的供电要求，一般分为三个等级。

（1）一级负荷

一级负荷是供电中断将造成人身伤亡；或在政治上、经济上造成重大影响；或破坏重要交通枢纽、通信设施、公共场所的正常秩序，带来极大的政治、经济损失。一级负荷要求有两个独立的电源供电，一般采用出自不同变压器的两个独立电源供电。

（2）二级负荷

二级负荷是供电中断将在政治上、经济上造成较大损失，或影响交通枢纽、通信设备正常工作，造成城市及重要公共场所秩序混乱。二级负荷由两条线路供电，一条线路工作时，另一条线路处于备用或采用一条专用线供电。

（3）三级负荷

不属于一、二级负荷的电力用户均为三级负荷，对供电无特殊要求，允许较长时间停电。一般用单回线路供电。

4. 建筑供配电系统

电能是现代工农业、交通运输、科学技术、国防建设和人民生活等方面的主要（二次）能源。由发电厂、输配电线路、变电设备、配电设备和用电设备等组成的有机联系的总体，称为电力系统。发电厂生产的电能，除一小部分供给本厂用电及附近用户外，大部分要经过升压变电所将电压升高，由高压输电线路送至距离较远的用户中心，然后经降压变电所降压，由电力网分配给用户。因此，电力网是电力系统中的一个重要组成部分，它是由配电线路和配电变电所组成的，其作用是将电能分配到工厂、矿山、城市和农村的用电器具（如电动机、电灯、电热设备等）中去。电压为 3 ~ 10 kV 的高压大功率用户可以从高压配电线路直接取得电能；380 V/220 V 的低压用户，需经配电变压器将 3 ~ 10 kV 再次降压后由低压配电线路供电，如图 8—5 所示。

第八章

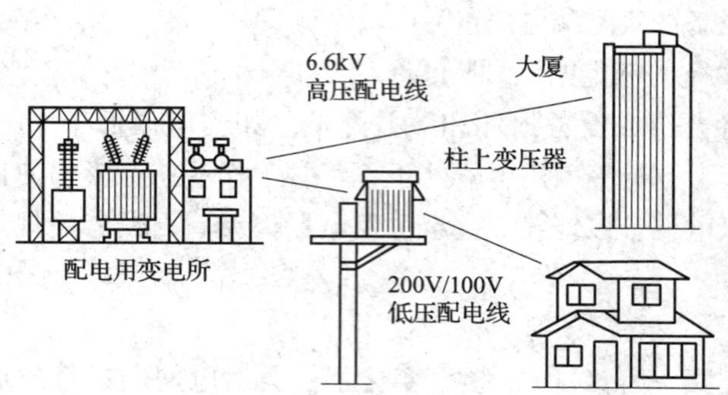

图 8—5 建筑供电系统

5. 配电箱和开关箱

配电箱和开关箱是接受和分配电能的装置，是配电系统中使用最多的设备，也是经常出现故障的设备，应注意正确地安装和使用，以保障安全，尽可能减少电气伤害事故发生。

（1）配电箱的常规设置

配电箱有总配电箱、分配电箱和开关箱三级设置。按所控制的负荷配电箱分为动力配电箱、照明配电箱和混合配电箱。

1）总配电箱一般设置在用电负荷中心。分配电箱设置在用电设备或负荷相对集中的地方。分配电箱与开关箱的距离一般不超过 30 m。

2）为便于使用，动力配电箱与照明配电箱一般分别设置。如果用混合箱时，动力与照明线路是分开设置的。

3）一般开关箱由末级分配电箱配电。

（2）熔断器

熔断器是一种保护电器的装置，它主要由熔体和安装熔体用的绝缘器组成。它在低压电路中主要用于短路保护，有时也用于过载保护。熔断器的保护作用靠熔体来完成，一定截面的熔体只能承受一定值的电流，当通过的电流超过规定值时，熔体将熔断，从而起到保护作用。

（3）低压断路器

低压断路器属于一种能自动切断电路故障的控制兼保护的电器。在电路出现短路或过载时，它能自动切断电路，有效地保护串接在它后面的电气设备。它的动作值可以调整，而且动作后不需要更换零部件，加之分断能力强，所以在低压配电中应用极为广泛。

（4）漏电保护器

漏电保护器是一种自动电器，它主要用来对有致命危险的人身触电进行保护，以防止因电器设备或线路漏电而引起火灾。当在低压配电线路或电器设备上发生人身触电、漏电或单相接地故障时，漏电保护开关便快速自动地切断电源，保护人身和电器设备的安全，避免事故的扩大。

（5）电能表

电能表又叫电度表，俗称电表。它是用来测量某一段时间内电源提供电能或负载消耗电能的仪表，是建筑电气工程中不可缺少的一种仪表。

第2节 物业电气照明系统

一、电气照明的要求、种类

电气照明是通过电光源将电能转换为光能，在夜间或采光不足的情况下提供保证工作、学习、生活所需要的明亮环境。设计的照明是否合理，将影响照明使用者的视力和工作效率。

1. 照明质量的基本要求

（1）照度均匀

如果被照面的明亮程度不均匀，由于亮度差异较大而使人的眼睛不断适应亮暗的变化，容易导致视觉疲劳，从而引起视觉变化。使照度均匀的方式是布置灯具时，其相互之间的距离和对被照面的高度有一定的比例，也可采用间接和半间接型的照明灯具。

（2）照度合理

对不同的工作、生活环境需要不同的亮度，一般以满足需要、不损伤眼睛视力为准。为保证必要的视觉条件，对不同环境各国都规定了“照明标准”。

（3）限制眩光

眩光是指极高的光源亮度或强烈的亮度对比，使人眼受到刺激或视觉降低的现象。眩光与背景亮度有关，当背景很暗时，即使光源亮度不大也会引起眩光。眩光还与光源亮度有关，在背景亮度一定的情况下，光源亮度越大，眩光作用也越大。眩光分直射眩光和反射眩光两种。直射眩光：在观察方向上有很亮的光源所产生的眩光；反射眩光：在观察方向上由被照物体反射引起的眩光。可以用限制光源的亮度来限制眩光：降低灯具表面的亮度，如采用磨砂玻璃；选用有遮挡刺眼光线装置的灯具；增大灯具悬挂高度；采用间接或半间接照明。

2. 照明的种类

照明按作用可分为正常照明、事故照明、警卫值班照明、障碍照明、彩灯和装饰照明等。

（1）正常照明

正常照明主要是满足生产、生活的需要。正常照明有一般照明、局部照明和混合照明三种。

1）一般照明。不考虑局部的特殊需要，为整个被照明场所而设置的照明。这种照明的照度一般都要求很均匀，又称为一般均匀照明。其灯具悬吊在顶棚上，距工作面有足够的高度。当采用气体放电灯作为一般照明的光源时，其照度一般低于30 1x。

2）局部照明。在工作地点附近设置照明灯具，以满足某一局部工作地点的照度要求。局部照明有固定式和可移动式两种。为了避免直射眩光，局部照明的灯具一般采用深照型灯具，如台灯、车床的工作灯等。

3）混合照明。一般照明和局部照明共同组成的照明。两者搭配要适当，混合照明中一般照明的照度应不低于混合照明总照度的5%～10%。否则，过低的一般照明和过高的局部照明会造成背景与工作面的亮度对比相差很大而产生不应有的眩光，引起视觉疲劳。

（2）事故照明

当正常工作照明因故障熄灭后，为供暂时继续工作和人员疏散而设置的照明称为事故照明。在下列场所应设置事故照明：

1）在工作照明熄灭后，由于工作中断或误操作，将引起爆炸、火灾等严重危险的场所。

2）在无照明的情况下，由于设备继续运转或人员的通行，将会造成设备、人身事故的地方。

3）公共场所，如影剧院、博物馆、展览馆、大型商场、大礼堂和高层建筑等供人流疏散用的走廊、楼梯和太平门等处。

4）医院的手术室、急救室等。

事故照明采用能瞬时点燃的照明光源，目前较普遍采用的是有储能功能的应急灯。灯具应布置在可能引起事故的设备、材料周围的主要通道、危险地段、出入口等处。事故照明灯具上应在明显部位处涂红色标记，以示区别。事故照明的照度不应低于工作照明总照度的10%。

（3）警卫值班照明

在值班室、警卫室、门卫等地方设置的照明，可利用工作照明中能单独控制的一部分，也可利用事故照明中的一部分或全部作为值班照明。

（4）障碍照明

在建筑物上装设用于障碍标志的照明。如高层建筑物顶上的飞行障碍标志灯，航道两侧的建筑物上装设的航行障碍标志灯。障碍照明应使用能透射红光的灯具，装设障碍灯时，应符合下列要求：

1）一般高层建筑物只在顶端装设障碍照明，水平面积较大的建筑物或密集高层建筑物，除在其最高顶端装设障碍灯外，还应在其外侧转角的顶端装设障碍灯。

2）烟囱的高度在100 m以上者，除在顶端装设障碍灯外，还应在其二分之一的高度装设障碍灯。为了减少烟囱顶端障碍灯受污染的影响，障碍灯可低于烟囱口4～5 m处装设。为了保证可靠性，一般将三盏障碍灯装成等边三角形，以便其中一盏障碍灯损坏时，仍能从前进方向看到灯光。

（5）彩灯和装饰照明

为节日装饰、室内装饰、美化市容夜景而设置的照明，一般采用15 W左右的白炽灯、节能灯或彩灯。

二、电光源和照明灯具

常用的电光源按其发光原理可分为两大类，即热辐射光源和气体放电光源。

1. 白炽灯

白炽灯就是普通灯泡，它是利用电流通过灯丝产生热量，把灯丝加热到白炽状态而发光，是热辐射光源。灯丝用高熔点的钨丝绕制，小功率的白炽灯玻璃泡壳内抽成真空，大功率的玻璃泡壳内抽真空后充入氖、氮等惰性气体，以减少钨丝的蒸发，提高灯泡的使用寿命。

白炽灯灯丝温度越高，发光效率也越高。但输入灯泡的大部分电能转变成看不见的红外线辐射能和热能，只有少部分转变成可见光，所以发光效率低，它所消耗电能的97%左右都通过发热消耗掉。电压对白炽灯的光通量和寿命有很大影响，电压升高5%，它的使用寿命降低一半，电压降低5%，光通量下降18%。白炽灯光谱中红光成分较显著，照在红颜色物体上显得更鲜艳，照在蓝颜色物体上有些失真，它属于暖色光。一般使用寿命只有1 000 h。

2. 卤钨灯

卤钨灯也是一种热辐射光源，克服了白炽灯钨丝蒸发使灯泡壁变黑的缺点。卤钨灯由灯丝和耐高温的石英管组成，由钨丝绕制的灯丝比白炽灯更密，因此，工作温度更高。管内除充入惰性气体外，还充入适量的碘和溴等卤族元素。

卤钨灯有碘钨灯管和溴钨灯管两种，体积小，发光效率高，使用寿命长，主要用于大面积照明场所和投光灯。

由于灯丝长、工作温度高，卤钨灯的耐振性差，不易装在有振动的场所和有易燃易爆以及灰尘较多的场所。为避免卤蒸气沉积在低端而破坏卤钨循环，必须水平安装，倾角不得大于±4°。否则，灯管很快发黑烧断，严重影响使用寿命。

3. 荧光灯

荧光灯俗称日光灯，为气体放电光源，如图8—6所示。灯管是一根管壁均匀涂有一层荧光粉的玻璃管，管内抽成真空后充入少量汞和惰性气体氖，两端装有钨丝电极。

荧光灯因具有发光效率高（约为普通白炽灯的4倍）、光线柔和、光色接近于日光、使用寿命长（达2 000～3 000 h）等特点而广泛应用。其缺点是有频闪效应，附件多，不宜频繁开关。采用电子镇流器的新型日光灯取代了老式的铁芯线圈镇流器和启辉器的日光灯，使荧光灯无频闪、启动电压宽、节电、灯管寿命长。

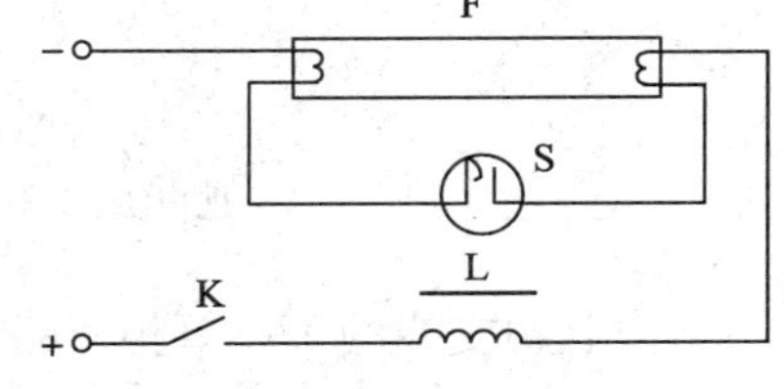

图8—6　荧光灯电路

K—开关　L—镇流器

S—启辉器　F—灯管

4. 荧光高压水银灯

荧光高压水银灯也称高压汞灯。高压水银灯启动过程需要 4～8 min，才进入高压汞蒸气放电的稳定工作状态。在灯管内汽化的汞蒸气压力较高，达 2～6 个大气压，所以称高压水银灯。

荧光高压汞灯发光效率高，使用寿命长，亮度高并接近日光。经常用在道路、广场等地，它的优点是省电、耐振、寿命长、发光强。缺点是启动慢、显色性差，不能用于事故照明和频繁开关的场所。

5. 高压钠灯

高压钠灯是利用高压钠蒸气放电发光的一种电光源。玻璃灯管外壳内抽真空后充入氖气，放电管由陶瓷制成，内部抽真空后充入钠气。

高压钠灯发光效率高、使用寿命长（约 10 000 h）、透雾性强、光色较好、为金白色，最适合交通照明。

三、照明电路

1. 照明配电系统

建筑物内部的照明供电系统应根据负荷容量、设备布置等条件确定。一般采用 380 W/220 V 三相四线制线路供电，如图 8—7 所示。一般每相与中线构成单相 220 V 电路，尽可能将照明负荷均匀分配到三相电路中，形成对称三相负荷。

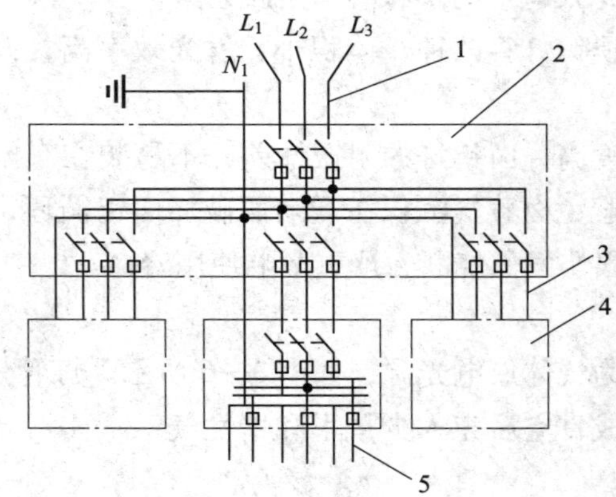

图 8—7 三相四线制供电系统

1—进户线 2—总配电室 3—干线 4—分配电室 5—支线

室内照明支线的每一单相回路，一般采用不大于 15 A 的熔断器或自动保护开关。每一单相回路所接灯头数（包括插座）一般不超过 25 个。

2. 照明配电线路

照明配电线路由进户线、配电箱、干线和支线组成。

（1）进户线

从外墙或地下室到总照明配电盘的这段线为进户线。由总配电箱至分配电箱的线路称为干线，由分配电箱引出的线称为支线，如图 8—8 所示。

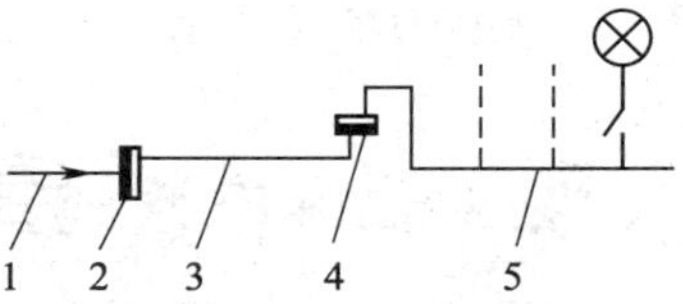

1　2　3　4　5

图 8—8　照明线路的基本形式
1—用户线　2—总配电箱　3—干线
4—分配电箱　5—支线

（2）配电箱

配电箱是接受和分配电能的装置，有总配电箱和分配电箱。总配电箱内设有总开关、总熔断器、电能表（电度表）和各干线的开关、熔断器等电气设备。分配箱内设有分开关和各支线熔断器等。

（3）干线

从总配电箱到各分配电箱的线路称为干线。照明供电的干线有放射式、树干式和混合式三种配电系统。

1）放射式配电系统。如图 8—9a 所示，可靠性高，配电设备集中，检查维修方便，但系统灵活性较差，适用于容量大、负荷集中的用电设备，如一个电源对小区域建筑群供电。

2）树干式配电系统。如图 8—9b 所示，系统灵活性好，但干线发生故障时影响范围较大，适用于用电设备比较均匀、容量不大的场合，如狭长区域的建筑群供电。

3）混合式配电系统。如图 8—9c 所示，综合了前两种配电系统的特点，适用于大中型建筑群和上述两种建筑群的综合供电。

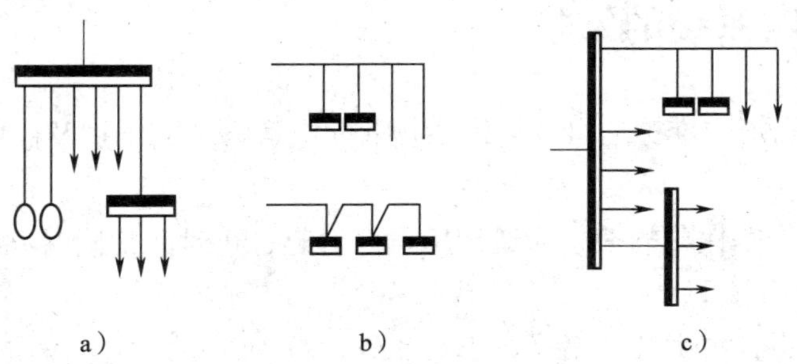

图 8—9　干线布置的方式
a）放射式　b）树干式　c）混合式

（4）支线

从分配电箱引出的照明线路称为支线。一般建筑物内有若干条支线，各支线的负荷应尽可能相等，以满足三相负载均匀的要求。

第 3 节　物业电气系统维护与管理

物业供配电系统是电力系统的一个重要组成部分，涉及电力系统电能发、输配、用中的后两个环节。由于供配电系统直接面向用电设备及其使用者，因此，其安全性尤为重要，建筑供配电系统维护与管理的目的是对已验收并投入使用的供电设备提供安全、可靠、优质、经济的维护与管理。

一、物业供配电系统管理范围

供电系统产权分界的目的是分清供电系统维护的范围和事故的责任，根据“全国供电规则”，维护管理与产权分界规定如下：

1. 低压供电，以供电接户线的最后（第一）支持物为分界点，支持物属供电局。

2. 10 kV 及以下高压供电，以用户墙界外或配电室前的第一断路器或进线套管为分界点，第一断路器或进线套管的维护责任由双方协商确定。

3. 35 kV 及以上高压供电，以用户墙界或用户变电站外第一基电杆为分界点，第一基电杆属供电局。

4. 若采用电缆供电，本着便于维护管理的原则，由供电局与用户协商确定。

5. 产权属于用户的线路，以分支点或以供电局变电所外第一基电杆为分界点，第一基电杆维护管理责任由双方协商确定。

这里的用户，可以理解为代表业主行使用电责任的物业管理公司，这需要在物业管理合同中进行约定。

二、物业供配电系统的维护

对物业供配电系统的维护这里着重讲述物业配电房设备的维护及保养。

1. 准备工作

（1）在配电柜停电保养的前一天通知用户停电起、止时间，同时办理好《配电柜检修工作票》手续。

（2）由维修组组长负责统一指挥，思想一致，行动统一，分工协作合理。

2. 保养程序

（1）实行分段保养，首先保养保安负荷段。

（2）切断保安负荷段，其余负荷段照常供电。断开供给保安负荷段的低压断路器，断开发电机低压断路器，把发电机选择开关置于“停止”位置，拆开蓄电池正、负极线，挂标志牌，以防发电机发、送电。

（3）检查母线接头处有无变形，有无放电变黑痕迹，紧固连接螺栓，螺栓若有生锈应予以更换，确保接头连接紧密。检查母线上的绝缘子有无松动和损坏。

（4）用手柄把总低压断路器从配电柜中摇出，检查主触点是否有烧熔痕迹，检查灭弧罩是否烧黑和损坏，紧固每个接线螺钉，清扫柜内灰尘，试验总低压断路器的合闸、分闸情况。

（5）把各分开关从配电柜中取出，紧固接线端子。检查电流互感器、电流表、电度表的安装和接线，检查手柄操作机构的灵活可靠性，紧固低压断路器进、出接线端子，清扫开关柜内和配电柜后面引出线处的灰尘。

（6）保养电容柜时，应先断开电容器总开关，用直径在 10 mm 以上的导线把电容器逐个对地放电，然后检查接触器、电容器接线螺钉、接地装置是否良好，检查电容器有无胀肚现象，并清扫柜内灰尘。

（7）保安负荷段保养完毕后，可启动发电机对其供电。

（8）采用同样方法保养其余母线段。

（9）填写“配电柜、控制柜保养记录表”（参见附录 26）。

三、物业电气照明系统的维护

为了避免电气照明故障的发生，必须对物业电气照明系统加强维护。

1. 日常维护

要对配电箱、熔断器、开关线路及每个灯进行日常维护，维护时要断电操作，禁止用水，对异常现象及时进行处理。

2. 定期维护

要定期（半年或一个季度）对相关设备系统进行维护。

（1）配电箱、灯座、开关和插座等装置上的各种接线、接头是否有松动，是否被擅自拆装过，线头是否被接错。

（2）配电箱、灯座、开关和插座等装置的结构是否完整，操作是否灵活可靠，通电触片的接触是否良好，有否被电弧灼伤的痕迹。

（3）带接地线的线路是否被拆除或接错，电源引线是否被擅自接长，导线绝缘是否良好。

（4）灯泡的功率是否符合要求，是否被擅自换大。

（5）是否有被擅自加接灯座或插座的情况。

（6）导线绝缘是否损坏或老化，中间连接处是否有松散现象，线路是否被移位。

（7）各级保护熔断器中的熔体是否被换粗。

四、物业供配电系统的管理

1. 物业供电管理

根据目前我国的供电方式，送电部门只把电送到该地区，通过地区的变电站再送到各户。物业管理企业的职责是保证安全供电、正常供电，故障修复，应急处理供电事故。因此，物业管理企业要加强供电管理。物业管理企业供电管理的行政主管单位包括电业局计量所、实验所、供电所等。

（1）供电管理的基本内容

1）负责供电设备的正常运行，维修人员必须持证上岗，并配主管电气工程主管。

2）建立严格的配、送电运行制度和电气维修制度，加强日常维护检修。

3）保证 24 h 有人值班，做到发现故障及时排除。

4）保证公共照明、指示、显示灯完好。

5）停电、限电应预先告示业主，以免造成经济损失和意外事故。

6）发生特殊情况，如火灾、地震、水灾时，要及时协助切断电源。

（2）建立物业电气设备档案

为了保证各电气设备完好、正常使用，物业管理企业要建立电气设备档案。一般住宅应以每幢楼或某一设备设施为单位建档，内容大致如下：

1）电气平面图、设备原理图、接线图等有关图样。

2）用电电压、频率、功率、补测电流等有关数据。

3）维修记录、运行记录及大修后的试验报告等。

2. 物业供电设备的安全管理

供电设备的安全管理有两方面的含义，一方面是保障设备安全运行，另一方面是保障设备使用人员和设备管理人员的人身安全。加强供电设备的安全管理可以防止供电设施损坏、绝缘老化、误操作造成的短路及漏电引起的火灾、触电事故。

（1）加强安全教育和普及安全用电常识

电能可造福于人类，但如果使用和管理不当，也常常给人们带来极大的危害，甚至伤人性命。因此，物业管理企业必须对供电设备使用人员和设备管理人员加强电气安全教育，使供电设备使用人员和设备管理人员树立“安全第一”的观点。普及安全用电常识，按规定使用安全用具，力争供用电过程中无事故发生，防患于未然。

（2）供电设施工程建设安全管理

1）住宅区供电设施建成投产后，由物业管理企业接管。物业管理企业对已建成的住宅区供电设施进行迁移、改造和采取防护措施时，必须与供电企业管理部门进行协商，经同意后方能施工。

2）住宅区内从事的新建项目，凡申请新装用电、临时用电、增加电的容量、变更和终止用电，都必须到当地供电企业办理审批手续。

（3）供电设备过负荷的安全管理

供电设备过负荷是指用户的用电功率超过了供电系统额定功率时的运行状态。在这种情况下，开关电器、变压器、线路都有被烧坏的危险。因此，物业管理公司应该高度重视，实时予以监督和宣传。

（4）供电设施防雷的安全管理

防雷管理主要包括两个方面内容，一是根据国家的防雷标准安装好防雷器具，二是管好防雷器具，保证雷雨季节防雷器具正常工作。

物业管理企业应在每年 4 月雷雨季节前，由工程部门人员进行一次避雷针、避雷器和接地体装置的试验、测量和维修，保证避雷器具良好运行。

3. 物业供电设备的运行管理

保证供电设备良好运行采取的一系列管理措施称为供电设备的运行管理。供电设备的运行管理主要包括运行中的巡视管理、变配电室管理等内容。

（1）供电设备运行中的巡视管理

供电设备运行中的巡视管理是根据物业管理公司工程部门制定的运行巡视管理规范，由值班人员定期对设施设备进行巡视、检查，以发现不良运行情况并及时整改解决的管理方式。

（2）物业变配电室的管理

1）接班人员应提前 10 min 到达工作岗位，以便及时做好接班准备，了解设备运行情况，准确无误地完成接班手续。

2）接班人员生病、有酒意或精神不振者不得接班；值班人员缺勤时，应报告工程部门电气主管。

3）交接班双方事先做好准备，必须按照下列内容进行交接。

①《配电室运行值班记录》《电气设备事故报告单》《配电室停电操作票》《配电室送电操作票》和《配电室工作票》，工程部门的通知及运行图样等应正确齐全（参见附录21、附录22、附录23、附录24 和附录25）。

②工具、设备用具、仪器、消防设备及钥匙等应齐全完整，室内外应清洁。

③在交接班时发生事故或执行重大操作时，应由交班人员处理完毕后方可交接，接班人员要协助处理。

④以上手续办好之后，双方应在运行值班记录上签字。

⑤双方签字之后，表示交接班手续已办妥，正式生效，未履行交接班手续的值班人员不可离开工作岗位。

第 4 节　物业电气系统故障应急预案

一、低压电气线路的常见故障

低压电气线路的常见故障包括短路、断路、漏电及接触不良等。在检修时，首先应根据各种现象加以综合分析判断，找出故障原因及故障所在后再加以排除。

1. 短路

照明线路发生短路故障时短路电流很大，如果保护装置不能及时动作，就会发生包括火灾在内的严重事故。其原因包括以下几点：

（1）接线错误，使相线与地（零）线相碰引起短路。

（2）接线不良，接头之间直接短接或碰线引起短路。

（3）保护装置不能及时动作，引发短路。

（4）房屋失修，导线霉烂破损引发短路。

（5）电器内部或灯头、开关的短路等。

2. 断路

引起照明线路断路的原因主要是导线断落、线头松脱、开关损坏、熔丝熔断、自动开关跳闸等。

3. 漏电

引起漏电的原因主要是导线和电气设备绝缘下降或长期使用而使绝缘老化。有时，由于潮湿或污染造成绝缘不良也会引起漏电。线路漏电不仅浪费电力，也容易引起触电事故，还是短路故障的先兆。现在的建筑单元一般都装有漏电保护开关，当发生漏电、出现跳闸时，一定要找出漏电部位和漏电原因。其检查方法如下：

（1）分析是否确实漏电。可用摇表测其绝缘电阻或在总刀闸上接电流表检查。

（2）如确实漏电，可继续用电流表判断是相线与零线间（相零）漏电，还是相线与大地间（相地）漏电，或者两者都有。若切断零线，电流表同样偏转，则是相地漏电；若电流表指示为零，则是相零漏电；若电流表指示变小，则说明相地与相零均漏电。

（3）确定漏电范围。拉下各支路刀闸，若电流表指示不变，则表明是总线漏电；若电流表为零，则是分线漏电；若电流表指示变小，则是总线与分线均有漏电。

（4）确定是某段线路漏电后，依次拉断该线路上用电设备的开关，仍以电流表指示变化来判断是哪一支线漏电。若所有支线拉开仍表示有漏电，则是该段干线漏电。

（5）在建筑单元内可直接用漏电开关是否跳闸来检查是哪一支线或哪一用电器漏电。

总的说来，检查漏电应从大范围到小范围，一步一步接近漏电点，当找到漏电点后一定要及时妥善处理，否则后患无穷。

二、停电事故应急预案

1. 发生停电事件，立即通知工程经理、电气主管或运行电工。

2. 工程经理或电气主管即时与设备运行工赶赴现场，检查供电设备，查找停电原因。

3. 如属本区域全部断电，工程经理或电气主管立即向变配电站查询，如无法立即恢复则按应急程序疏散乘客。

4. 如电路断电，则启用备用电源并用联络柜实行切换。

5. 如属局部停电，工程经理或电气主管立即组织抢修，同时向中心领导报告情况。

6. 由于停电的关系，电梯有可能出现困人情况，安保部需立即查明，如有应立即通知工程部门按困梯程序进行处理。

7. 电源恢复后，工程经理或电气主管向管理者做停电原因的报告。如无法立即恢复，由工程经理或电气主管将实际情况报告管理者，按应急程序疏散客人。

8. 如有疏散需求，保安部按应急方案处理，协助指引客人安全撤离。

9. 若需疏散，当所有客人撤离后保安巡逻员应检查整幢大楼，确保所有乘客已安全离开。

10．工程部会同保安部或服务部记录停电原因、事件经过、人员撤离时间等详细资料。

11．检修完毕恢复供电前，工程部门应通知相关用电部门关闭所有设备，恢复后再开启。停电恢复后，设备组检查各有关设备，保证所有设备正常运作。

12．事件结束后，工程部门在当日将详细情况报送上级领导，如存在管理问题应提出纠正和预防措施。

三、触电事故的应急处理预案

1．变配电站，供配用电设备、设施必须使弹簧门保持安全、可靠的状态；工程部人员要定期对供配用电设备、设施进行检查。

2．一旦发现供配用电设备、设施有引起人员触电的危险，应立即报告领导或工程部人员，紧急情况下可采取断电措施。

3．一旦发生触电事故，现场人员要设法先断开造成触电事故的电源，然后立即对触电者实施紧急救护。

4．救护者要认真观察触电者的全身情况，用少于 5 s 的时间来观察触电者神志状态，用少于 10 s 的时间来观察触电者呼吸、心跳情况；发现呼吸、心跳停止时，应立即在现场用心肺复苏法进行抢救，不得拖延。

四、配电室停、送电操作

1．停电操作的一般程序

（1）检查相关负荷的电流指示，是否在允许拉闸的操作范围。

（2）按断路器“停止”控制按钮，断开断路器开关；检查断路器分闸标志是否在分闸位置。

（3）用仪表或验电笔检测断路器出线端是否还有电压。

（4）断开开启式刀开关，使开关可以看到明显的断点。

（5）装设临时工作接地线及安全措施装置。

（6）悬挂“线路有人工作，禁止合闸”标志牌。

2．送电操作的一般程序

（1）检查设备上装设的各种临时安全措施和接地线确认已拆除。

（2）检查清点相关检修人员是否已全部到场。

（3）检查相关装置的信号指示灯、仪表等是否正常。

（4）检查断路器确在分闸位置。

（5）检查所有负载开关确在断开状态。

（6）合上开启式隔离开关。

（7）按断路器“储能”开关储能，按“合闸”按钮使断路器闭合。

（8）观测相关信号的指示灯是否正常，并用仪表检测电压是否正常。

思考与练习

1. 简述电路的基本组成。
2. 简述电路的基本工作状态。
3. 简述正弦交流电的三要素有哪些。
4. 简述供电系统的可靠性分哪些等级。
5. 简述电气照明质量的基本要求。
6. 简述电气照明的种类。
7. 简述供配电系统责任的划分。
8. 简述供电管理的基本内容。

技能训练

结合你所熟悉的小区或周围环境总结常见的用电系统和设备，并结合常见的故障制订相应的维护管理方案。

第九章　物业电梯系统

学习目标

了解电梯的分类；熟悉电梯的组成；了解自动扶梯的基本结构和工作原理；熟悉电梯设备的维护和管理；掌握电梯出险应急处理方法。

在高层建筑物中，垂直运输是必不可少的。办公楼、医院、商场、住宅小区及其他类型的建筑物必须装备足够的电梯和自动扶梯。从某种意义上说，没有电梯技术的发展，就没有高层建筑的出现。由此不难看出，电梯在高层建筑中的地位举足轻重。

第1节　电梯基本知识

一、电梯的分类

电梯的分类方式很多，通常的分类法表述如下：

1. 按用途分类

（1）乘客电梯

乘客电梯是指为运送乘客而设计的电梯，要求有完善的安全设施以及一定的轿内装饰。

（2）载货电梯

载货电梯是指为运送货物而设计，且通常有人伴随的电梯。

（3）医用电梯

医用电梯是指为运送病床、担架、医用车而设计的电梯，轿厢具有长而窄的特点。

（4）观光电梯

观光电梯是指轿厢壁透明，供乘客观光用的电梯。

（5）建筑施工电梯

建筑施工电梯是指建筑施工与维修用的电梯。

（6）其他类型的电梯

除上述常用电梯外，还有些特殊用途的电梯，如冷库电梯、防爆电梯、矿井电梯、电站电梯、消防员用电梯等。

2. 按速度分类

按速度不同，电梯可分为低速电梯（常指低于1.00 m/s速度的电梯）、中速电梯（常指速度在1.00～2.00 m/s的电梯)、高速电梯(常指速度大于2.00 m/s的电梯)和超高速电梯(速度超过5.00 m/s的电梯)。

3. 按机房的位置分类

(1) 机房设在井道顶部，多使用钢丝绳驱动的电梯。

(2) 机房设在井道底部，多使用顶升式电梯、液压式电梯、螺旋式电梯。

(3) 机房设在机井的侧面，使用液压式电梯。

4. 按操作方式分类

(1) 乘客自己操作，有简易自动式电梯和集选控制式电梯。

(2) 专门司机操作，有轿厢内搬手柄控制式电梯、轿厢内信号控制式电梯和轿厢外信号控制式电梯。

二、电梯的组成

尽管电梯的种类很多，但其基本结构类似，主要由九大系统组成，分别是曳引系统、导向系统、轿厢系统、门系统、门锁装置、重量平衡系统、电力拖动系统、电气控制系统、安全保护系统。典型的曳引电梯结构如图9—1所示。

1. 曳引系统

曳引系统是通过输出与传递动力，使曳引机的旋转运动转换为电梯的垂直运动的系统，主要由曳引机和曳引绳组成。

(1) 曳引机

曳引机由电动机、制动器和曳引轮等组成。电梯的驱动与停止是靠曳引绳和曳引轮槽之间的摩擦力实现的。曳引机分有齿轮曳引机和无齿轮曳引机两种类型。

(2) 曳引绳

曳引绳是连接轿厢和对重的装置，是与曳引轮槽产生摩擦力驱动轿厢升降的钢丝绳。

2. 导向系统

导向系统的作用是保证轿厢与对重的相对位置，限制轿厢和对重的活动自由度，使轿厢和对重只能沿着导轨做升降运动。导向系统主要由导轨、导轨支架、导靴、导向轮和反绳轮等部件组成。

3. 轿厢系统

轿厢系统是用于运送乘客和货物的系统，包括轿厢架和轿厢体。

(1) 轿厢架

轿厢架是支撑和固定轿厢的框架，包括上壁、立柱、底梁和拉杆等部件。

(2) 轿厢体

轿厢体具有一定的空间，是运载乘客或货物的容体，它由轿厢底、轿厢壁、轿厢门和轿厢顶组成。

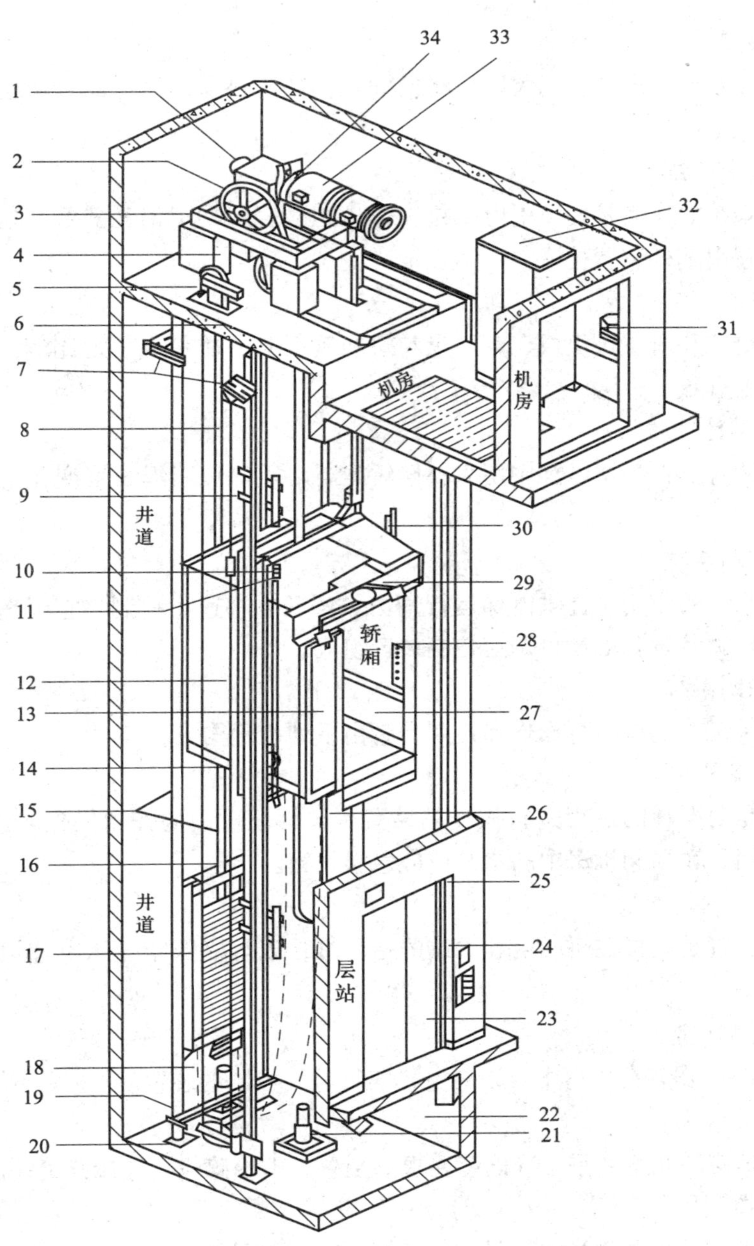

图9—1 曳引电梯结构

1—减速箱 2—曳引轮 3—曳引机底座 4—导向轮 5—限速器 6—机座 7—导轨支架 8—曳引钢丝绳 9—开关碰铁 10—紧急终端开关 11—导靴 12—轿架 13—轿门 14—安全钳 15—导轨 16—绳头组合 17—对重 18—补偿链 19—补偿链导轮 20—张紧装置 21—缓冲器 22—底坑 23—层门 24—呼梯盒（箱） 25—层梯指示灯 26—随行电缆 27—轿壁 28—轿内操纵箱 29—开门机 30—井道传感器 31—电源开关 32—控制柜 33—曳引电动机 34—制动器（抱闸）

4. 门系统

门系统的作用是防止坠落和挤伤事故发生，主要由轿厢门、层门和开门机组成。

5. 门锁装置

门锁装置装在层门内侧，门关闭后将门锁紧，同时接通控制电路，使轿厢运行。门不锁紧，电梯不能运行。

6. 质量平衡系统

质量平衡系统的作用是使曳引电动机工作负担减轻，功率消耗降低，达到节能和提高效率的目的，它由下列装置构成。

（1）对重

对重由对重架和对重块组成，其质量与轿厢满载时的质量成一定比例，用来平衡轿厢自重和部分额定载重。

（2）质量补偿装置

质量补偿装置是在高层电梯中用来补偿轿厢与对重侧曳引绳长度变化对电梯平衡影响的装置。

7. 电力拖动系统

电力拖动系统的作用是提供电梯运行动力，实现电梯速度控制，它由曳引电动机、供电装置、速度检测装置和电动机调速控制装置组成。

8. 电气控制系统

电气控制系统对电梯实行操作和控制，它由下列装置构成。

（1）操作装置

操作装置是对电梯的运行进行操作的装置，包括轿厢内的按钮操作箱或手柄开关箱、层站召唤按钮箱、轿顶和机房中的检修或应急操作箱。

（2）位置显示装置

位置显示装置是设置在轿厢内和层站的指示灯，以灯光数字显示电梯运行方向及轿厢所在的层站。

（3）控制屏（柜）

控制屏（柜）安装在机房中，是对电梯实行电气控制的装置。

（4）平层装置

平层装置是使轿厢达到平层准确度要求的装置，由磁感应器和遮磁板构成。

（5）选层控制器

选层控制器有轿厢内开关控制器、按钮控制器、信号控制器、集选控制器、并列控制器和梯群控制器等类型。

9. 安全保护系统

安全保护系统的作用是保证电梯安全运行，防止一切危及人身安全的事故发生，它由下列装置构成。

（1）安全钳装置

电梯速度达到限速器动作速度时，或者在悬挂装置断裂的情况下，安全钳装置能夹紧导轨而使装有额定载重量的轿厢制停，并保持静止状态。在安全钳装置作用时，装在它上面的电气安全装置能在安全钳动作前或同时，使曳引电动机停止转动，保证乘客、货物和设备安全。

（2）限速器

限速器是限制轿厢（或对重）运行速度的装置。当轿厢运行速度达到限定值时，限速器动作，使轿厢两边安全钳的楔块同步提起，夹住导轨。限速器通常安装在机房内或井道顶部。

（3）缓冲器

缓冲器是电梯极限位置的安全装置，装在井道底部。当电梯轿厢或对重因其种原因迅速下滑，直冲底部时，轿厢或对重撞击缓冲器，由缓冲器吸收和消耗电梯能量，这样可以尽量减轻对轿厢的冲击，使轿厢或对重安全减速直到停止。如果缓冲器随轿厢或对重运行，则在行程末端应设置与其相撞的支座，支座高度应不少于0.5 m。

（4）超速保护开关

当电梯运行速度超过额定速度的10%时，超速保护开关动作，切断控制电路，使电梯停止运行。

（5）上、下端站超越保护

在井道顶端、底端设置强迫减速开关、端站限位开关和终端极限开关。在轿厢或对重碰到缓冲器之前切断控制电路，使电梯停止运行。

（6）电气安全装置

电气安全装置主要由供电系统缺相保护装置、层门与轿门电气连锁装置和紧急操作装置等组成。

三、电梯的工作原理

曳引绳两端分别连着轿厢和对重，缠绕在曳引轮和导向轮上，曳引电动机通过减速器变速后带动曳引轮转动，靠曳引绳与曳引轮摩擦产生的牵引力，实现轿厢和对重的升降运动，达到运输目的。固定在轿厢上的导靴可以沿着安装在建筑物井道墙体上的固定导轨往复升降运动，防止轿厢在运行中偏斜或摆动。常闭块式制动器在电动机工作时松闸，使电梯运转，在失电情况下制动，使轿厢停止升降，并在指定层站上维持其静止状态，供人员和货物出入。轿厢是运载乘客或其他荷载的箱体部件，对重是用来平衡轿厢荷载、减少电动机功率的部件。补偿装置用来补偿曳引绳运动中的张力和质量变化，使曳引电动机负载稳定，轿厢得以准确停靠。电气系统实现对电梯运动的控制，同时完成选层、平层、测速、照明工作。指示呼叫系统随时显示轿厢的运动方向和所在楼层位置。安全装置保证电梯运行安全。

四、电梯安全装置工作概况

电梯常见的安全问题及相应的安全装置如图9—2所示。

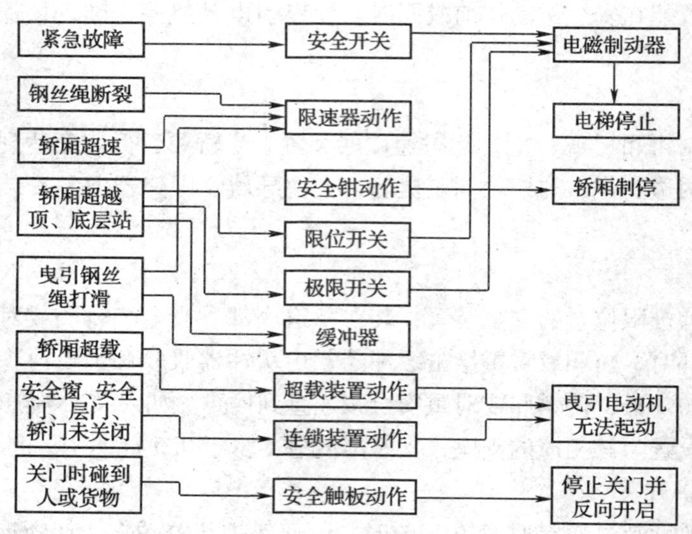

图 9—2　电梯安全关联系统

1. 电梯出现紧急故障时，电梯系统相关部位的安全开关被触发，切断电梯控制电路，曳引机制动器动作，制停电梯。

2. 曳引绳断裂，轿厢沿井道坠落，到达限速器动作速度时，限速器触发安全钳动作，制停轿厢。

3. 轿厢超越终端层站时，触发强迫减速开关减速；如无效则触发限位开关，切断控制线路使曳引机制停；若仍无效则采用机械方法强行切断电源，使曳引机断电、制动器动作制停。

4. 曳引钢丝绳在曳引轮上打滑时，轿厢超速导致限速器动作触发安全钳，将轿厢制停；如果轿厢速度未达到限速器触发速度，轿厢将触发缓冲器减速制停。

5. 轿厢超载后，超载开关被触发，切断控制电路，导致电梯无法启动运行。

6. 安全窗、安全门、层门或轿门未能可靠锁闭时，控制电路无法接通，电梯在运行中紧急停车或无法启动。

7. 当层门在关闭过程中，安全触板受阻，门机立即停止关门并反向开门，稍作延时后重新尝试关门动作，在门未可靠锁闭时电梯无法启动运行。

第 2 节　自动扶梯基本知识

一、自动扶梯的结构

自动扶梯的结构包括支承部分、驱动系统、运载系统、扶手系统、电气控制系统和安全保护系统等，如图 9—3 所示。

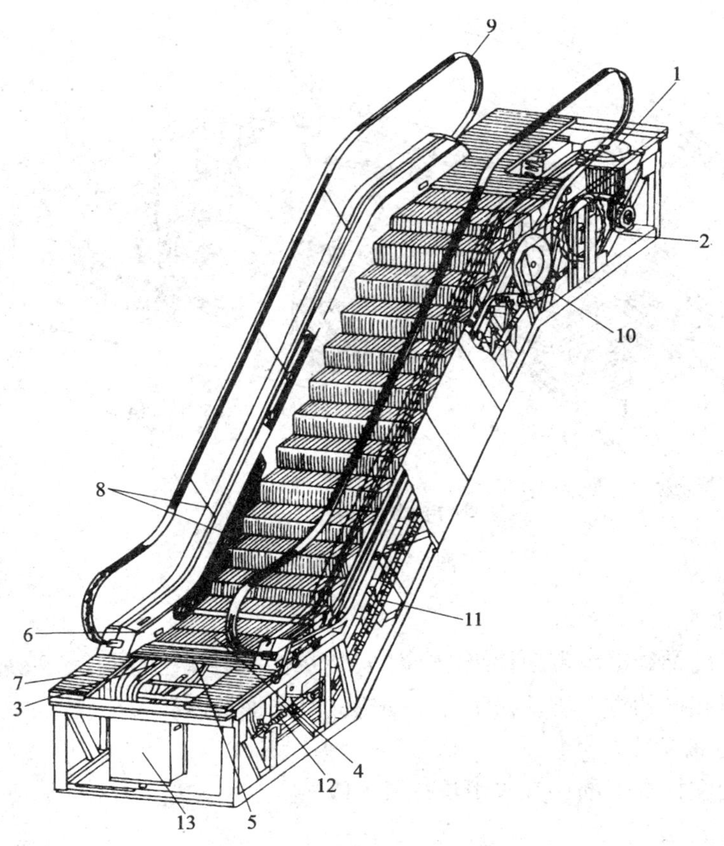

图 9—3　自动扶梯的总体构造

1—驱动装置　2—金属结构架　3—梯路导轨系统　4—梯级　5—梳齿板
6—围裙板　7—基坑盖板　8—内外盖板　9—扶手带　10—扶手带驱动系统
11—牵引链条　12—张紧装置　13—控制屏

1. 支承部分

自动扶梯的支承部分即扶梯的桁架，桁架架设在建筑物结构上，能支撑全部部件和乘客的质量，用型钢焊接而成。

桁架上所有的弦、柱及对角支承均可采用角钢、冷压成型钢、方形钢管焊接而成，要求刚度好、质量轻。根据设计需要和便于运输原则，桁架一般分成三段，即上水平段框架、倾斜段框架和下水平段框架。提升高度较大时，再对倾斜段框架分段。

2. 驱动系统

驱动系统由主机、主驱动轴、主驱动链、扶手带驱动链、扶手带驱动轴、梯级链张紧装置等组成，如图 9—4 所示。其功能是驱动梯级和扶手带运动。

（1）主机

主机是扶梯的动力部分，通过主驱动链使主轴转动。

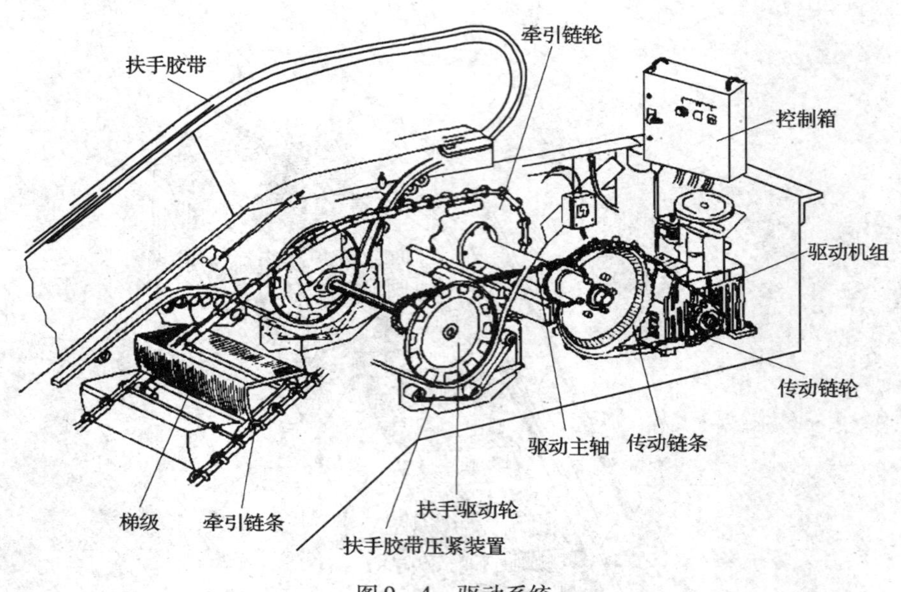

图 9—4 驱动系统

（2）主驱动轴

主驱动轴上的梯级链轮带动梯级链，使安装在梯级链条上的梯级运动；主驱动轴上的扶手带驱动链以相同的方式驱动扶手带驱动轮，使扶手带运动。

（3）梯级链张紧装置

该装置安装在扶梯下部，其作用是拉紧梯级链。

（4）自动润滑装置

自动润滑装置的功能是定时、定量对梯级链、主驱动链、扶手带驱动链等运动部件进行润滑。

3. 运载系统

运载系统由梯级、梯级链、导轨、地板和梳齿板等组成，其功能是运送乘客。梯级链将主机的动力传送给梯级，使梯级沿着导轨运动。

（1）梯级

梯级是用来运送乘客的，是扶梯的工作部件。梯级上有四个轮子，两个直接装在梯级上，称为梯级滚轮；另两个装在梯级链上，使梯级与梯级链相连，称为梯级链滚轮。由于梯级链滚轮受的力要大一些，故又称为梯级主轮，梯级滚轮则被称为辅轮。梯级结构如图 9—5 所示。

（2）地板与梳齿板

地板为乘客在扶梯两端提供站立平台，同时又是机房的盖板。梳齿板位于梯级的出入口。梳齿板上的梳齿与梯级的齿槽相啮合，保证梯级在回转时的安全性。

（3）导轨

导轨是梯级运动的导向，并起到支撑梯级及梯级链的作用。由支撑梯级工作的工作导轨、使梯级回转的返回导轨、防止梯级在工作时脱轨的压轨及相应的支撑件组成。

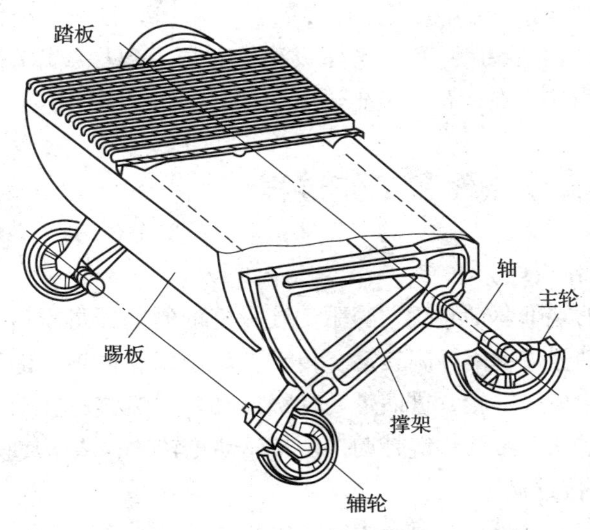

图 9—5　梯级结构

4. 扶手系统

扶手系统由扶手带、扶手带驱动装置、扶手装置等组成。

(1) 扶手带

扶手带是与梯级以相同速度运动的，供人手扶的部件。

(2) 扶手带驱动装置

扶手带驱动装置的功能是驱动扶手带。以滚轮组和多楔形带压紧扶手带，大直径的扶手带驱动轮以摩擦力驱使扶手带运动。

(3) 扶手装置

扶手装置是乘客乘扶梯时手扶用的，同时起到护栏的作用。它由扶手带、扶手带导轨、扶手支架、扶手栏板、内外盖板及裙部组成。

5. 电气控制系统

电气控制系统实现对扶梯的运行控制，主要由控制柜、控制按钮、开关等组成，有继电器控制、PLC 控制和微机控制等几种控制类型。

(1) 电控柜

电控柜安装在扶梯的上部机房，负责向主机供电并控制扶梯运行。

(2) 控制开关

控制开关由钥匙开关和紧急停止按钮组成，安装在扶梯上下端部，钥匙开关用于开关扶梯，紧急停止按钮用于在紧急情况下使扶梯停止。

6. 安全保护系统

安全保护系统的功能是当自动扶梯处于不安全状态时，安全装置使之停止。安全保护装置最常见的有主驱动链破断保护装置（当驱动链松弛或破断时，使扶梯停止）、护手带入口保护装置（防止手伸入扶手带入口的保护）、梯级链安全保护装置（当梯级链过分伸长或断裂时，使扶梯停止）、梳齿板安全保护装置（当梯级在通过梳齿板受到阻碍时，使扶梯停止）、梯级运行安全保护装置（当梯级滚轮破损导致梯级塌陷时，迫使扶梯停止）和防逆转保护装置（当扶梯在运行中发生逆向运动时，使扶梯停止）。

二、自动扶梯的工作原理和工作过程

1. 驱动装置的工作原理

对于蜗杆副传动的端部驱动装置，当驱动装置上的制动器得电后，制动带松开，电动机通电转动，通过联轴器带动蜗杆副转动。传动链轮与蜗轮同轴，随蜗轮同步转动，并通过驱动链将动力传递给梯级链轮，进而带动梯级运动。梯级链轮转动时，与之同轴的驱动主轴同步转动，并通过扶手带驱动链带动扶手带驱动轮转动，从而使扶手带运动。

2. 自动扶梯的工作过程

自动扶梯上的一系列梯级与两根牵引链条连接在一起，在按一定线路布置的导轨上运行即形成自动扶梯的梯路。牵引链条绕过上牵引链轮、下张紧装置，并通过上、下分支的若干直线、曲线区段构成闭合环路。这一环路的上分支中的各个梯级（也就是梯路）严格保持水平，以供乘客站立；上牵引链轮（也就是主轴）通过减速器等与电动机相连以获得动力。扶梯两旁装有与梯路同步运行的扶手装置，以供乘客手扶之用。扶手装置同样由上述电动机驱动。

第3节 物业电梯系统维护与管理

电梯在完成安装和调试，经政府主管部门验收合格并交付使用后，便进入了运行管理阶段。为了使电梯能够安全可靠运行，充分发挥其应有效益，延长日常使用寿命，必须在管理好、使用好、维修好等方面努力。这就需要建立相应的维护和管理制度，使电梯的日常使用、维修及保养规范化、制度化。

一、电梯设备的维护与保养

对电梯进行维护及保养、定期检查是确保电梯正常、安全运行的重要环节，正确的维护与保养可以使电梯一直处于良好的状态，延长电梯的使用寿命。

电梯的维护与保养应委托有资质的维修与保养企业或聘请有资质的维护与保养人员承担。电梯的维护与保养可根据电梯的具体情况进行，但内容至少应当包括日常维护与保养、月度维护与保养、季度维护与保养和年度维护与保养。

1. 日常维护与保养

日常维护与保养一般每两周进行一次，主要检查电梯整机和各主要部件的工作情况是否正常，发现问题及时维修，并进行必要的润滑。维护与保养完成后应填写“电梯日常维护与保养记录”（参见附录29）。

2. 月度维护与保养

在日常维护与保养的基础上，每月定期对各主要部件进行检查、清洁、润滑和必要的调整，着重检查各安全装置的性能，对发现的问题及时处理。维护与保养完成后应填写“电梯月度维护与保养记录”（参见附录30）。

3. 季度维护与保养

每季度对电梯进行较为细致地检查、清洁、润滑和调整，对安全装置进行必要的试验。维修与保养完成后应填写“电梯季、年度维护与保养记录”（参见附录31）。

4. 年度维护与保养

每年对电梯进行一次全面的综合性检查、清洁、清洗、润滑、修理、调整和测试。同时每年对电梯的整机运行性能和安全设施进行一次检查。整机运行性能包括乘坐的舒适感、运行的振动、噪声、运行速度、平层准确性。安全设施包括超速保护，断相、错相保护，撞底缓冲装置保护，超越上（下）限位置的保护等。由专职检验员对电梯进行全面、系统地检查，为电梯年度检测做准备。整机检修完成后填写“电梯季、年度维护与保养记录”。

5. 电梯的定期检验程序

根据《特种设备质量监督和安全监察规定》，在用电梯每年应报当地电梯检验机构检验，具体程序为：

（1）填写专门表格。

（2）由当地电梯检验机构受理。

（3）由当地电梯检验机构依据《电梯监督检验规程》和国家相关电梯标准检验，并出具报告。

（4）由执行检验任务的当地电梯检验机构颁发安全检验合格标志。合格标志每年更换一次，应张贴在电梯上。

电梯改造应参照电梯安装手续办理，取得改造后的安全检验合格标志，到地市级以上质量技术监督部门办理变更注册登记。

二、电梯设备的管理

电梯设备管理主要包括电梯设备的安全管理、电梯设备的运行管理、交接班制度管理、钥匙管理、电梯机房管理等方面的内容。

1. 电梯设备的安全管理

在日常的使用中，为防止电梯因使用不当造成损坏或引起伤亡事故，必须加强电梯的使用安全管理。电梯使用安全管理主要包括：安全教育、司梯人员的操作安全管理、乘梯人员的安全管理。

(1) 实施安全教育及管理制度

由电梯管理员负责对电梯机房值班人员、电梯司梯人员和乘梯人员实施安全教育，使他们树立安全第一的思想，熟知电梯设备的安全操作规程和乘梯安全规则。同时，制定相应的管理制度，包括各种相关人员的职责、操作人员守则、安全操作规程、常规检查制度、维修及保养制度、定期报检制度、作业人员及相关运营服务人员的培训考核制度、意外事件和事故的紧急救援措施及紧急救援演习制度，以及技术档案管理制度。

(2) 电梯司梯人员操作安全管理

为了确保电梯的安全运行，司梯人员均应持证上岗，并制定相应的司梯人员安全操作守则：

1) 保证电梯正常运行，提高服务质量，防止发生事故。

2) 要求司机坚持正常出勤，不得擅离岗位。

3) 电梯不带病运行、不超载运行。

4) 操作时不吸烟、不闲谈等。

5) 执行司机操作规程

①每次开启厅门进入轿厢内，必须做试运行，确定正常时才能载人。

②电梯运行中发生故障，应立即按停止按钮和警铃，并及时要求修理。

③遇停电时，电梯未平层禁止乘客打开轿厢门，并及时联系外援。

④禁止运载超大、超重的物品。

⑤禁止在运行中打开厅门。

⑥工作完毕时，应将电梯停在基站并切断电源，关好厅门。

(3) 加强对乘梯人员的安全管理

制定电梯乘梯人员安全使用乘梯的警示牌，悬挂于乘客经过的显眼位置。敬告乘梯人员安全使用电梯的常识。乘梯须知应做到言简意赅，警示牌要显而易见。乘梯须知内容是：

用手按钮，严禁撞击　不许吸烟，勿靠厢门
运行之时，挤门危险　危险物品，禁止进梯
保持清洁，勿吐勿丢　运载货物，须先报批
货物进出，专人控梯　若遇危险，请按警铃
电梯困人，严禁扒门　超载铃响，后进退出
儿童乘梯，成人携带　楼内火灾，切勿乘梯

2. 电梯设备的运行管理

电梯在运行使用过程中，电梯使用管理单位必要时应配备经培训合格且持有电梯司机操作证的人员，负责电梯的运行管理工作，并应日检巡查各台电梯的运行情况。若电梯不需要配备电梯司机，则必须指定安全管理人员日检巡查各台电梯。

(1) 电梯运行的日常巡视、监控管理

1) 机房各运转部件有无异常。

2) 轿厢内、外操作指令是否有效。

3）楼层部分的消防、地坎槽等的完损情况。

电梯的运行巡视、监控管理是指由电梯机房值班人员实施的，定时对电梯设备进行巡视、监控，发现问题及时处理的管理方式。电梯机房值班人员每日对电梯进行一次巡视，根据巡视情况填写“电梯设备日巡视记录”（参见附录27）。

（2）电梯日常运输管理

日常运输管理（包括乘客和货物运输管理）应清晰标明电梯运行楼层，张贴乘梯须知，严禁超载。在小区物业管理中，业主在入住装修时，往往将客梯作为装修货梯使用。此时，物业管理人员应做好装修期间电梯使用规定：

1）电梯内壁木板全封闭包装，专人看管，定时开通。

2）严格遵守《电梯日常使用规定及注意事项》。

3）业主运送装修材料时，需提前到物业公司办理准运手续后，方可使用电梯。

4）运载物品每次不得超过电梯的限重，并要密封装箱，外包装清洁，防止污染电梯。

5）运载直长物品时，两头要用软包装。

6）货物进入电梯、楼道时要轻拿轻放，严禁拖、拉、滚动。

7）装修垃圾原则上不允许使用电梯。

3. 交接班制度管理

（1）接班人员应准时来接班。

（2）接班人员应认真听取交班人员交代，并查看“电梯设备日巡视记录”，检查钥匙、工具等物品是否齐全，确认无误后填写“电梯交接班记录单”（参见附录28）。

（3）有下列情况之一者不准交接班

1）上一班运行情况未交代清楚。

2）记录不规范、不完整、不清晰。

3）接班人未到岗。

4）事故正在处理中或交接班时发生故障，应由交班人负责继续处理，接班人协助进行处理。

4. 钥匙管理

钥匙管理是一项很重要的工作，特别是用于打开层门的钥匙，必须按照规定挂上一块警示牌，没有受过训练的人员不得使用。电梯机房、层门和操纵箱的钥匙，由电梯使用管理单位统一管理并放在指定的位置，而且必须是由指定的有资格的人员管理，并应有钥匙使用登记手续。

5. 电梯机房管理

（1）非机房工作人员不准进入机房，必须进入时应经过公司工程部经理同意，在机房人员的陪同下进入。

（2）机房应配足消防器材，免放易燃易爆品。

（3）每周打扫一次机房卫生，保持机房清洁。

（4）为防止不必要的麻烦，机房要随时上锁。

第4节 物业电梯系统故障应急预案

一、电梯浸水的应急处理

当小区或大厦发生水灾时，通常是生活水箱、暖气及消防设备等水管破裂引起的，除应及时关闭水阀门外，电梯还要做以下应急处理：

1. 在电梯井道未灌水或有少量水时，要及时地将电梯停在最高层（为方便进入轿厢顶，一般停在顶层端站的下一站）中止运行，断开总电源开关。

2. 若水已经灌满井道底坑或机房，要立即断掉总电源开关，防止短路及触电事故的发生，此时电梯内如有乘客被困，可按困人处置方法将乘客救出。

3. 如果是楼层间跑水，水会由电梯厅门进入井道，损坏厅门锁机构或造成短路（门锁开关，候梯厅指层电路或按钮）。此时，要及时地将电梯开至二层，停梯断电。

4. 发生水灾，要注意保护好轿厢顶及轿厢内的电气设备不进水，如检修开关、操纵盘、开门电动机、指层电路、风扇和照明等设备，必要时采取保护措施，例如用沙袋封堵厅门等。

5. 恢复电梯运行时，尤其是微处理机控制的电梯，要仔细检查，以免过电压烧坏电子板。

6. 在电梯专业公司对电梯检测无误后，可恢复电梯运行，相应管理人员填写“小区、大厦设施设备突发事故报告”（参见附录32）。

二、电梯火灾的应急处理

发生火灾时，应立即使电梯停止运行，要绝对禁止使用电梯逃生，平时应向使用者宣传。

1. 将电梯停在火势或烟未蔓延的地区或楼层，通常停在首层。

2. 应及时与消防人员联系。

3. 指示乘客迅速离开轿厢，由楼梯逃生。

4. 使电梯处于“停止运行”状态，并用手将轿门、厅门关闭，及时切断总电源，禁止他人使用。

5. 严禁在火灾层打开电梯门，应考虑到“困人”等事故的发生，即使电梯能够运行，也要向乘客说明可能产生的危险。在火灾层停梯开门是最危险的，根据统计，死亡事故的发生多半是由于这个原因引起的。因为发生火灾时，人们的逃生欲望极为强烈，同时发生“困人”事故的可能性也大大增加（如停电、电梯设备损坏等），过多人员的拥挤及井道、楼层浓烟也会引起窒息等伤亡事故的发生，所以欲速则不达。为了避免这些不测事故的发生，应尽早地将电梯停至安全层（通常停至首层）断电。

6. 具有消防运行功能的电梯，按动“消防员专用”按钮，使之处于消防运行状态，以备消防人员使用。

7. 善后工作完毕后，相应管理人员应填写“电梯故障及维护登记表”（参见附录33）。

三、地震时的应急处理

感到地震时，首先使电梯“停止运行”。地震时与发生火灾一样，不要利用电梯避难，请在平时向用户交代清楚。

1. 感到地震时请立即按最近目的层按钮或最近层停车关梯。

2. 让乘客离开轿厢，到候梯厅。

3. 停梯后，请乘客不要使用电梯。

4. 万一被困在电梯轿厢内，则不要外逃，保持镇静等待救援。地震之后，要按下述方法进行检查，正常后方可恢复运行（参看第5点）。

5. 震后工作

发生三级（含三级）以下地震时：

（1）以低速（检修速度）运行，下行至最底层端站。

（2）以低速（检修速度）运行，上行至最高层端站。

若运行过程中，无异常声响、振动及冲击，即可恢复正常运行。在做几次全自动运行试验以后，确认正常，方能交给乘客使用。若有异常现象，应立即停梯，向相反方向运行至最近的层站停梯，并与电梯专业公司联系检查修复。

四级以上（含四级）的地震，不能低速运行，要与电梯专业公司或制造厂家联系，进行全面检查修复后，方可投入运行。

6. 相应管理人员应填写“小区、大厦设施设备突发事故报告”。

四、电梯困人的应急处理

1. 接到被困乘梯者的呼救电话

乘坐电梯出现电梯困人时，乘梯者按下梯内紧急呼救按钮，监控中心值班人员接到紧急呼救时，应迅速用对讲电话与乘梯者联系，并查找出被困乘梯者在哪部电梯、停在哪一层。用对讲机及时通知工程部，并向他们提供电梯的状态等情况，同时值班人员用电梯监控对讲电话安慰被困乘梯者，在电梯等候营救。

2. 电源切断确认

工程部的设备专业技术人员在进行处置时，为防止轿厢突然移动，发生危险事故，应先将该电梯的主电源切断。

3. 故障电梯的轿厢位置确认

在进行处置被困乘客时，由机房控制柜或层站的轿厢位置指示器确认轿厢位置。若机房内无法确认轿厢位置时，可用专用钥匙小心开启层门，再用电筒观察确认轿厢在井道内位置。

4. 轿厢停于接近层门位置，且高于或低于楼层不超过0.5 m时

（1）用专用层门钥匙开启层门。

（2）在轿顶用人力开启轿厢门。

（3）协助乘客离开轿厢。

（4）重新将门关妥。

5. 轿厢停于高于或低于楼层超过0.5 m时

应先将轿厢移至接近层门，然后按上述第（3）步骤接出乘客，移动轿厢方法如下：

（1）通知轿厢内乘客保持镇定，并说明轿厢随时可能会移动，不可将身体任何部分探出轿厢外，以免发生危险。如果此时轿厢门处于未完全闭合状态，则应将其完全关闭。

（2）将盘车手轮装在电动机轴上。

（3）一名设备专业技术人员控制盘车手轮，另一设备专业技术人员手持释放杆，轻轻松开"抱闸"（制动器），轿厢会由于自重而移动，若轿厢由于自重无法移动时，应用盘车手轮使轿厢向正确方向移动。为了避免轿厢上升或下降太快发生危险，操作时应点动动作使轿厢逐步移动，直至轿厢到达平层区域。

6. 无法救出受困人员

如因技术或其他原因不能按正常手段把被困人士救出，应马上通知电梯公司或消防人员以营救被困人员。

7. 填写报告

相应管理人员应填写"小区、大厦设施设备突发事故报告"。

五、电梯突然停电的应急处理

如果电梯在运行中停电，则乘客被困在停止运行的轿厢内即是"困人"，这时处理是非常重要的。先用对讲机向轿厢内的乘客说明"电梯停电，请暂时安静地等候"。当电源恢复正常，电梯就会再次正常地运行，所以向乘客说明，不会有任何危险。停电时，要做好以下的应急处理：

1. 如果预测停电在短时间内就可以恢复正常或备有发电机，则用对讲机或电话向乘客交代清楚，让他们在轿厢内耐心地等待，不可强行走出轿厢。

2. 停电复原以后，应指示乘客再次按轿厢内的目的层按钮，这样就可以恢复电梯正常运行。

3. 如果是长时间停电或线路故障，应考虑盘车放人，盘车放人要遵照"电梯困人解救方法"执行。对电梯备有应急照明或应急处理运行电源，维修及保养人员要定期检查其工作情况。

4．事后，相应管理人员应填写“小区、大厦设施设备突发事故报告”。

六、电梯常见故障原因及排除、预防方法

电梯运行过程中通常会出现电梯不关门故障、电梯困人故障、电梯滑梯故障、电梯没有显示故障、电梯停在首层不能运行故障、电梯不平层故障六种常见故障，下面就以表格的形式详细介绍一下电梯常见故障原因及排除、预防方法。物业管理公司在排除电梯故障后要及时填写“电梯故障及维护登记表”。

1．电梯不关门故障

电梯不关门故障的原因、排除方法及预防措施见表9—1。

表9—1　电梯不关门故障的原因、排除方法及预防措施

故障现象	故障原因	排除方法	预防措施
电梯不关门	厅、轿门的踏板槽或导轨有尘土等卡住	将厅、轿门的踏板槽或导轨内的尘土清除	定期清扫，保持电梯轿厢和厅外清洁，业主装修时做好防护工作
	安全触板，光电、光幕触板不能复位	将安全触板，光电、光幕触板清洁并复位。若不能解决，请厂家处理	定期检查、调整、清洁、保养安全触板及光电、光幕触板
	开门按钮、厅外按钮卡住，不能复位	用手按开门按钮、厅外按钮2～3次	定期检查，发现问题立即更换
	轿厢内急停、检修、专用开关误设置	检查轿厢内急停、检修、专用开关，并复位	做好电梯的钥匙管理和掌握电梯的正确使用方法
	消防开关误动作	将消防开关复位	教育业主及工作人员正确使用消防开关

2．开关门时动作不灵活，有振动、跳动故障

开关门动作不灵活，有振动、跳动故障的原因、排除方法及预防措施见表9—2。

表9—2　开关门动作不灵活，有振动、跳动故障的原因、排除方法及预防措施

故障现象	故障原因	排除方法	预防措施
开关门时动作不灵活、有振动和跳动	厅、轿门的踏板槽或导轨有尘土等卡住	将厅、轿门的踏板槽或导轨内的尘土清除	定期清扫，保持电梯轿厢和厅外清洁，业主装修时做好防护工作
	吊门滚轮磨损严重或导轨不平有凹凸处	调整、修复门导轨，使其平滑；更换磨损的滚轮	在清扫轿门滑道时，应将轿厢停在底层，使滑道内扫下的异物直接落入底坑
	吊门滚轮下的偏心轴挡轮间隙大	调整门导轨下的偏心轴挡轮间隙	注意平时对吊门的维护和调试

3. 电梯困人故障

电梯困人故障的原因、排除方法及预防措施见表9—3。

表9—3　电梯困人故障的原因、排除方法及预防措施

故障现象	故障原因	排除方法	预防措施
电梯困人	停电	等来电后，电梯自动复位，恢复正常运行	发出停电公告，使业主明确停电时间，并在厅门口设置提示牌
	灾害天气（雷电、洪水）	请厂家处理，并恢复正常使用	在灾害性天气前做好预告和紧急措施
	轿厢内急停和安全窗开关误设置	检查轿厢内急停和安全窗开关，如果出现误设置，将其复位	做好电梯的钥匙管理和掌握电梯的正确使用方法
	电梯故障	请厂家处理并排除故障	加强电梯的日常保养工作，发现问题立即解决

4. 电梯滑梯故障

电梯滑梯故障的原因、排除方法及预防措施见表9—4。

表9—4　电梯滑梯故障的原因、排除方法及预防措施

故障现象	可能原因	排除方法	预防措施
电梯滑梯	业主不文明使用电梯（如醉酒推门、蹦跳、触动某些开关）	让电梯自动复位，恢复正常运行。必要时请厂家处理	向业主宣传电梯的正确使用方法，加强电梯日常管理
	电梯接地不良	请厂家处理，并恢复正常使用	电梯接管验收时，确认电梯接地是否良好
	电梯故障	请厂家处理并排除故障	加强电梯的日常保养工作，发现问题立即解决

5. 电梯没有显示故障

电梯没有显示故障的原因、排除方法及预防措施见表9—5。

表9—5　电梯没有显示故障的原因、排除方法及预防措施

故障现象	故障原因	排除方法	预防措施
电梯没有显示	电梯故障或元件老化	请厂家处理并排除故障	加强电梯的日常保养工作，发现问题立即解决
	轿厢内急停、检修、专用开关误设置	检查轿厢内急停、检修、专用开关并复位	做好电梯的钥匙管理和掌握电梯的正确使用方法
	停电	等来电后，电梯自动复位，恢复正常运行	发出停电公告，使业主明确停电时间，并在厅门口设置提示牌
	泊梯开关动作	将泊梯开关复位	教育业主正确使用泊梯开关

6. 电梯停在首层不能运行故障

电梯停在首层不能运行故障的原因、排除方法及预防措施见表9—6。

表9—6　　电梯停在首层不能运行故障的原因、排除方法及预防措施

故障现象	故障原因	排除方法	预防措施
电梯停在首层不运行	泊梯开关动作	将泊梯开关复位	教育业主正确使用泊梯开关
	安全触板，光电、光幕触板不能复位	将安全触板，光电、光幕触板清洁并复位。若不能解决，请厂家处理	定期检查、调整、清洁、保养安全触板及光电、光幕触板
	开门按钮、厅外按钮卡住，不能复位	用手按开门按钮、厅外按钮2~3次	定期检查，发现问题立即解决
	轿厢内急停、检修、专用开关误设置	检查轿厢内急停、检修、专用开关并复位	做好电梯的钥匙管理和掌握电梯的正确使用方法
	消防开关误动作	将消防开关复位	教育业主及工作人员正确使用消防开关

7. 电梯不平层故障

电梯不平层故障的原因、排除方法及预防措施见表9—7。

表9—7　　电梯不平层故障的原因、排除方法及预防措施

故障现象	故障原因	排除方法	预防方法
电梯运行不平层	电梯故障或元件老化	请厂家处理并排除故障	加强电梯的日常保养工作，发现问题立即解决
	电梯停电复位或停电自救装置动作	运行一层即恢复正常。若不能解决请厂家处理	掌握电梯的正确使用方法

思考与练习

1. 简述电梯的工作原理。
2. 简述电梯常见的安全问题及相应的安全装置。
3. 自动扶梯的结构包括哪几部分？
4. 电梯在运行过程中应加强哪些管理？
5. 电梯的维修及保养内容包括哪些部分？

第九章

技能训练

1．结合实践，在物业管理过程中，如果业主通过报警电话反映电梯出现了困人现象，恰好你就是电梯设备的值班人员，如何从专业的角度处理电梯出现的困人问题。能否自行设计一份“小区、大厦设施设备突发事故报告”单，并进行填写。

2．在日常的物业管理过程中，电梯经常会出现不关门的现象，请结合所学到的知识谈谈电梯出现此项问题的原因有哪些？如何进行排除？

第十章　物业智能化系统

学习目标

了解物业智能化系统的组成；了解建筑自动监控系统、通讯自动化系统和办公自动化系统；熟悉物业小区智能化系统；掌握智能化设备的维护和管理方法；熟悉智能化设备的故障原因及处理。

建筑智能化起源于20世纪80年代初期，我国现在的建筑智能化水平还有待提高。建筑智能化是建筑史上一个重要的里程碑，它使人类的工作环境和生活质量出现了前所未有的提高。本章主要从物业智能化系统的组成、物业住宅小区智能化系统、物业智能化系统维护与管理、物业智能化系统的故障及应急处理等几个方面给予介绍。

第1节　物业智能化基本知识

一、建筑智能化的定义

智能建筑是现代高新技术与建筑艺术相结合的产物，是一门多学科交叉且具有高科技含量的新领域技术。目前其定义方法各国仍有差别，下面通过几种国内外比较有影响力的定义来了解智能建筑的内涵。

1. 美国智能建筑学会定义

智能建筑是对建筑物的结构、系统、服务和管理这四个基本要素进行最优化组合，为业主提供一个投资合理、高效、舒适、便利环境的建筑空间。

2. 欧洲智能建筑集团定义

智能建筑是使其业主发挥最高效率，同时又以最低的保养成本、最有效地管理本身资源的能力，提供一个反应快、效率高和有支持力的环境使业主达到其业务目标。

3. 日本智能建筑研究会定义

智能建筑应提供包括商业支持功能、通信支持功能等在内的高度通信服务，并能通过高度自动化的大楼管理体系保证环境的舒适和安全，以提高工作效率。

4. 新加坡政府公共设施署定义

智能建筑必须具备三个条件：一是具有自动控制系统的各种设施，以创造舒适安全的环境；二是有良好的通信网络设施，保证建筑内数据信息的流通；三是有对外通信设施，具有与外界信息沟通能力。

5. 国际智能工程学会定义

在一座建筑物中设计了可提供相应的功能以及适合业主对建筑物用途、信息技术要求变动时的灵活性。换句话说，智能建筑应该具有安全、舒适、系统、综合有效利用投资、节能的特点并具备很强的使用功能，以满足业主实现高效率的需要。

6. 我国对智能建筑的定义

采用系统的集成方法，将智能型计算机技术、通信网络技术、信息技术与建筑艺术有机结合，并通过对设备的自动监控、对信息资源的管理和对使用者的信息服务及其与建筑的优化组合，所获得的投资合理、适合信息社会需要并且具有安全、高效、舒适、便利和灵活特点的建筑物为智能建筑。

二、建筑智能化的组成和功能

智能建筑传统上又称为3A大厦，它表示具有办公自动化（OA）、通信自动化（CA）和楼宇自动化（BA）功能的大厦。其中消防自动化（FA）和保安自动化（SA）包含于楼宇自动化中。建筑智能化系统是一个综合性的整体，在系统内，由集成中心（SIC）通过综合布线系统（GCS）来控制3A大厦，实现现代建筑的高度信息化、自动化及舒适化，如图10—1所示。

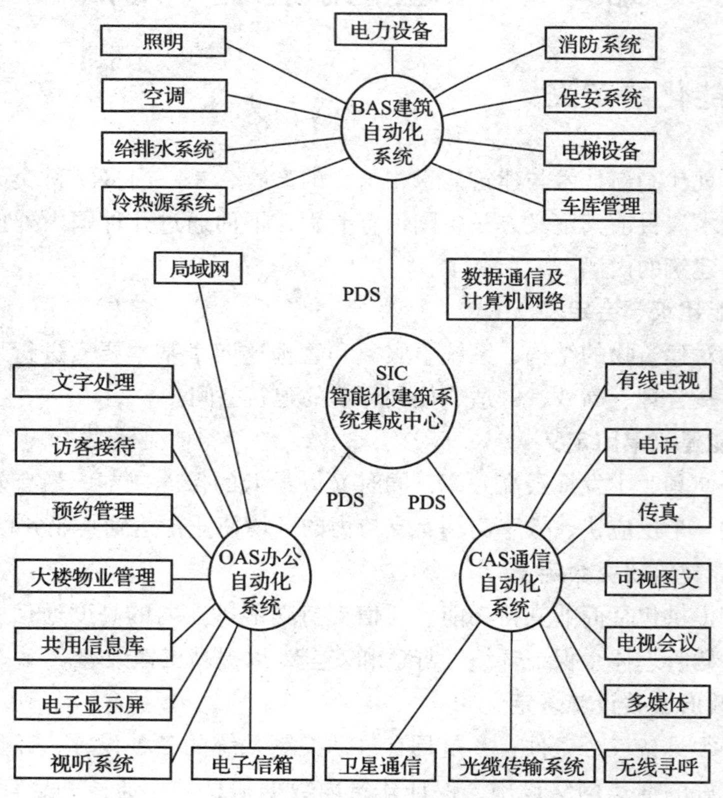

图10—1 智能建筑的基本内容结构

根据智能建筑的3A特性，其基本功能具体包括：

1. 通过楼宇自动化系统（BAS）创造和提供一个使人们感到舒适的温度、湿度、照度和空气清新的工作和生活的客观环境，以达到高效、节能、舒适、安全、便利和实用的要求。它具体包括安全保安监控功能、消防灭火报警监控功能、公用设施监控功能。

2. 通过办公自动化系统（OAS）和通信自动化系统（CAS）可以为用户提供各种通信手段，高技优质地处理语音、数据、文字和图像等各种信息，利用信息资源，支持管理决策，提高办公效率和工作质量，以求得到更好的经济、社会效益。

三、建筑智能化的优势

相对于传统建筑，智能建筑具有以下优势：

1. 提供了安全、舒适高效、和便捷的环境

智能建筑首先确保安全及健康，其防火系统与保安系统要求智能化；其空调系统能监测出空气中的有害污染物含量，并能自动消毒，使之成为“安全健康大厦或小区”。智能大厦、小区对温度、湿度、照度均加以自动调节，甚至控制色彩、背景噪声与味道，使人们像在家里一样心情舒畅，从而大大提高工作效率。

2. 节约能源

在现代化建筑中，空调作为大负荷设备，耗电量很大，以大厦为例，其空调与照明的能耗约为总能耗的70%。因此，节能问题是智能建筑中必须重视的。在满足使用者对环境要求的前提下，智能大厦、小区应通过其“智慧”，尽可能利用自然光和大气冷量（或热量）来调节室内环境，以最大限度减少能源消耗。按事先在日历上确定的程序，区分“工作”与“非工作”时间，对室内环境实施不同标准的自动控制，下班后自动降低室内照度与温、湿度控制标准，已成为智能大厦、小区的基本功能。利用空调与控制等行业的最新技术，最大限度地节省能源是智能建筑的主要特点之一，其经济性也是该类建筑得以迅速推广的重要原因。

3. 节省设备运行及维护费用

通过管理的科学化、智能化，使得建筑物内的各类机电设备的运行及管理、保养及维护更趋于自动化。确保设备运行及维护的经济性主要体现在两个方面：一方面系统能正常运行，发挥其作用可降低机电系统的维护成本；另一方面由于系统的高度集成，操作和管理也高度集中，人员安排更合理，从而使人工成本降到最低。

4. 满足业主对不同环境功能需求

在传统的建筑设计时，是根据事先给出的功能进行的，不允许改进。而智能建筑要求其建筑结构设计必须具有智能功能，除支持3A功能（即BA、CA及OA）的实现外，还必须是开放式、大跨度框架结构，允许业主迅速而方便地改变建筑物的使用功能或重新规划建筑平面。室内办公所必需的通信与电力供应功能也具有极大的灵活性，通过结构化综合布线系统，在室内分布着多种标准化的弱电与强电插座，只要改变跳接线，就可以快速改变插座功能，如变程控电话为计算机通信接口等。

5. 高新技术的运用能大大提高工作效率

在智能建筑中，由于采用了“3C”高新技术（现代计算机技术、现代通信技术和现代控制技术），业主可以通过国际可视电话、直拨电话、电子邮件、声音邮件、电视会议、信息检索与统计分析等多种手段，及时获得全球性金融商业情报及各种数据库系统中的最新信息，并通过国际计算机通信网络，可以随时与世界各地的企业或机构进行商贸等各种业务工作。

由此可见，这种高效率、高速度的性能更加展示了智能建筑的实力所在。

6. 系统的集成是实现智能目标的保证

从技术角度看，智能建筑与传统建筑最大的区别就是智能建筑各智能化子系统的系统集成。智能化系统的集成是将智能建筑中分离的设备、各子系统、功能、信息通过计算机网络集成为一个相互关联的统一、协调的系统，实现信息、资源、任务的重组与共享。

第2节 物业智能化系统的组成

物业智能化系统的组成包括综合布线系统、建筑设备自动监控系统、通信自动化系统、办公自动化系统和建筑设备管理系统五个组成部分。

一、综合布线系统

“智能建筑”需要“综合布线”作为神经系统，需要信息技术的支持。综合布线是建筑物或建筑群内信息网络的基础传输通道。综合布线的发展历史同样很短，由于其克服了传统布线的严重缺点，故得到了迅速发展。目前为了适应以综合楼为代表的办公型建筑、教育建筑、科研建筑以及家庭住宅等各类建筑的智能化要求，综合布线系统以后将逐渐成为国民经济中很重要的支持因素。

1. 综合布线系统的定义

建筑物综合布线系统（Premises Distribution System，PDS）又称为开放式布线系统（Open Cabling System，OCS），它是一种在建筑物和建筑群中传输综合数据的网络系统。它把建筑物内的语音交换设备、智能数据处理设备及其他广义的数据通信设施相互连接起来，并通过必要的网络通信设备与建筑物外部公用数据网络或电话网络相连。其系统组成包括所有建筑物及建筑群内部用以连接以上设备的线缆和相关的布线器件及连接器件。

2. 综合布线系统的组成

综合布线是开放式结构，综合布线系统采用模块化设计方式，便于配线上的扩充和重新组建。综合布线系统由六个独立的子系统组成，为使任何一个系统都能独立进入布线系统中，故采用星形拓扑结构。六个子系统分别称为工作区子系统（Work Location）、水平子系统（Horizontal）、干线子系统（Back－bone）、设备间子系统（Equipment）、管理子系统（Administration）、建筑群子系统（Cam－pus），如图 10—2 所示。

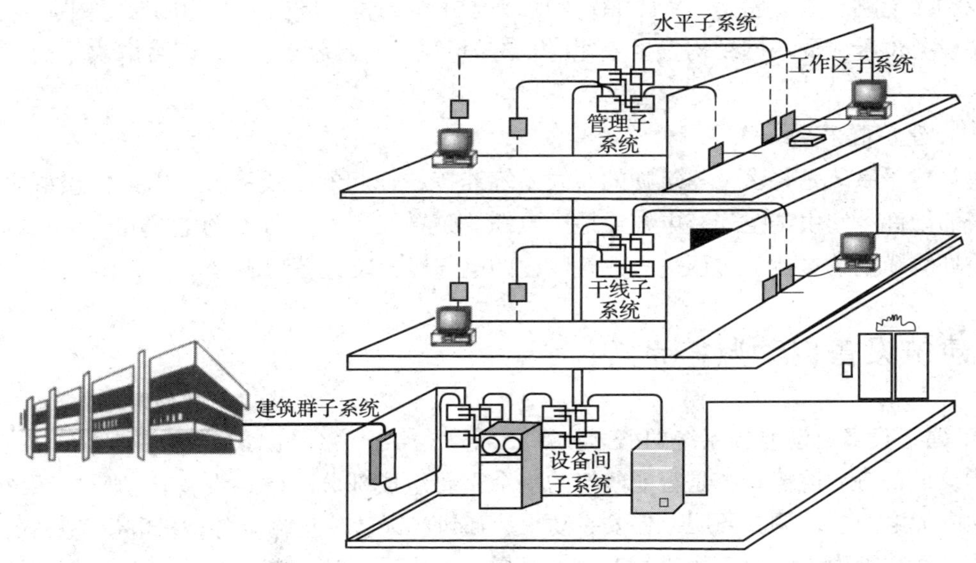

图 10—2　综合布线系统的组成

（1）工作区子系统

工作区即最终用户的办公区域。它由终端设备及其连接到信息插座之间的部件组成。包括信息插座、插座盒（或面板）、连接软线、适配器等。根据标准的综合布线系统设计，在每个信息插座旁边要求留有 1～2 个单相电源插座，以供计算机或其他终端设备使用。信息插座与电源插座间距不得小于 10 cm，也不得大于 30 cm。

（2）水平子系统

水平子系统的功能是将干线子系统线路延伸到用户工作区。水平子系统是布置在同一楼层上的，其一端接在工作区的信息插座上，另一端接在楼层配线间的跳线架上。水平子系统多数采用四对非屏蔽双绞线（UTP），它能支持大多数现代通信设备。

（3）干线子系统

干线子系统又称为垂直主干子系统，它是建筑物内垂直方向上的主馈线缆，它将各楼层配线间的接线端连接到主配线间的配线架上，再与设备间系统连接起来。它通常采用大对数的电缆馈线或光缆，可以实现高速和大容量的传输。

（4）设备间子系统

设备间是在每幢大楼适当地点设置的安装进线设备、主配线架及其他相关设备，并进行布线系统管理与维护的场所，可根据建筑物的实际情况设置一个或多个设备间。设备间子系统由设备间中的线缆、连接器、主配线架、相关支持硬件及防雷保护装置等组成，其功能是将公共设备（如计算机主机、数字程控交换机、各种控制系统、网络互联设备等）与主配线架连接起来。

(5) 管理子系统

管理子系统设置在每层的楼层配线间内，其组成包括电缆配线架、光缆配线设备及电缆跳线和光缆跳线等。它是干线子系统和水平子系统的桥，同时又可为同层组网提供条件。当终端设备位置或局域网结构发生变化时，有时只要改变跳线方式，即可解决，而无须重新布线。

(6) 建筑群子系统

建筑群子系统是将多个建筑物的布线系统连接在一起的布线系统，以提供楼群之间通信所需的硬件。它由架空安装电缆或地下电缆管道敷设、直埋敷设的电缆和光缆，以及防止入楼处线缆上的过流、过压进入建筑物内的电气保护装置等组成。

二、建筑设备自动监控系统

1. 建筑设备自动监控系统的概念

建筑设备自动监控系统是智能建筑的一个重要组成部分。建筑设备自动监控系统可对建筑物内的电力、空调、照明、保安、防火、通风、采暖、运输等各类机电设备进行监测、控制及自动化管理，使建筑物成为安全、可靠、健康、舒适、温馨的生活环境和高效的工作环境，并能保证系统运行的经济性和管理的智能化。建筑设备自动监控系统组成结构如图 10—3 所示。由于火灾报警系统、安全防范系统在建筑物内自成体系，可不纳入建筑设备自动监控系统中。

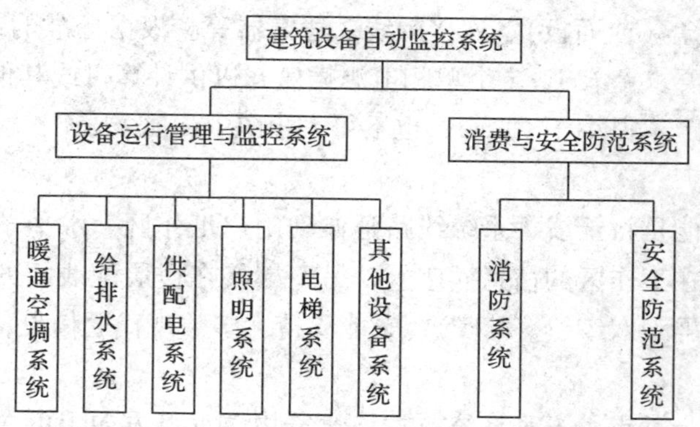

图 10—3 建筑设备自动监控系统组成结构

2. 建筑设备自动监控系统的结构

建筑设备自动监控系统是基于现代分布控制理论而设计的集散系统，通过网络将分布在各监控现场的控制器连接起来，共同完成集中操作、管理和分散控制的综合自动化系统。

建筑设备自动监控系统目前广泛采用集散式控制系统结构，有两级和三级两种结构形式。两级与三级结构的差别在于有无网络控制器。两级结构的建筑设备自动监控系统操作站与现场控制器间可直接通信，无须采用其他任何的转接设备，提高了整个系统的可靠性及运行的速度，如图 10—4 所示。

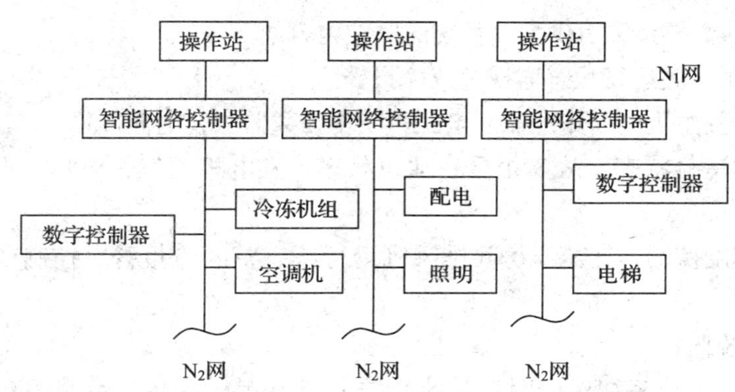

图 10—4 两级建筑设备自动监控系统结构

3. 建筑设备自动监控系统的监控功能

（1）暖通空调系统监控

暖通空调系统是智能建筑设备系统中最主要的组成部分，其作用是保证建筑物内具有舒适的工作、生活环境和良好的空气质量。在暖通系统中的各种设备不需要在任何情况下都以满负荷方式运行，建筑设备自动监控系统的主要任务就是采用自动化装置监测各种参数和设备的工作状态，并根据负荷情况及时地控制各设备的运行，以节省能源。其中包括：冷冻站监控、热交换站监控、新风机组监控、空调机组监控。

（2）给排水系统监控

给排水系统主要由各种水泵、水箱、水池、管道及阀门等组成，对该系统进行监控的主要任务是监视各种储水装置的水位，各种水泵的工作状态，按照一定的要求控制各类水泵的运行和相应阀门的动作，并对该系统的设备进行集中管理，从而保证设备的正常运行，实现给排水管网的合理调度。建筑设备自动监控系统对给排水系统的监控内容如下：

1）水池、水箱高/低液位监测。

2）水泵运行状态、故障报警监视。

3）累计水泵运行时间，提示按时维修。

4）超低、超高液位报警，水泵故障报警。

（3）送排风系统监控

送排风系统主要由送风机、排风机组成，建筑设备自动监控系统对送排风系统的监控内容如下：

1）监测风机运行状态及故障报警。

2）风机启/停控制。

3）按预先编写程序启/停风机。

4）读防火阀状态，实现和消防系统联锁。

（4）供配电系统监控

建筑设备自动监控系统对供配电系统的监控内容如下：

1）各高/低压开关运行状态监视及故障报警。

2）进线电源及主供电回路电流、电压、功率因数监测，电能计量。

3）发电机的运行状态、故障报警、油位状态，发电机的三相电压、电流、功率、用电量及频率。

4）变压器温度监测，变压器房间排风机运行状态及故障报警，控制变压器房间排风机启停。

（5）照明系统监控

建筑设备自动监控系统对照明系统的监控有两方面，一是监视照明配电系统的工作状态，以便对照明系统进行有效的管理，保证其正常工作，实现照明设计的要求；二是根据一定的策略控制各类照明灯具的开启、关闭，从而达到节能的目的。监控内容如下：

1）公共照明，按不同季节的时间表自动时控开关。

2）楼层配电箱的自动切换，正常照明、经济照明与事故照明的自动切换。

3）照明系统设备开/关时间记录，累积运行时间记录、状态记录、用电量记录。

4）特殊照明，如节日彩灯、泛光灯、广告霓虹灯、喷泉彩灯、高低柱灯等。

（6）电梯监控

建筑设备自动监控系统对电梯不做控制、只做监视，监视内容如下：

1）通过控制柜辅助开关，直接监测电梯运行状态及故障报警。

2）根据运行状态对各电梯启/停次数进行统计。

三、通信自动化系统

1．通信自动化系统的定义

通信自动化系统是保证楼内的语音、数据、图像传输的基础，它同时与外部通信网（如公共电话网、数据通信网、计算机网络、卫星以及广电网等）相连，提供建筑物内外的有效信息服务。

2．通信自动化系统的作用

通信自动化系统提供的各类业务及其业务接口，目前通过建筑物内的综合布线及CATV同轴电缆引至各个用户终端。

通信自动化系统的设计，应满足办公自动化系统的要求，并能适应电信部门的通信公网向数字化、智能化、综合化、宽带化及个人化发展的趋势。考虑到接入网和综合业务数字网（ISDN）的发展，公网应向使用者提供快捷、有效、安全及可靠的信息通信服务，包括语言文本、图形、图像及计算机数据等多种媒体的通信服务。客户可自行定义服务通信方式，调整通信服务功能。其组成如图10—5所示。

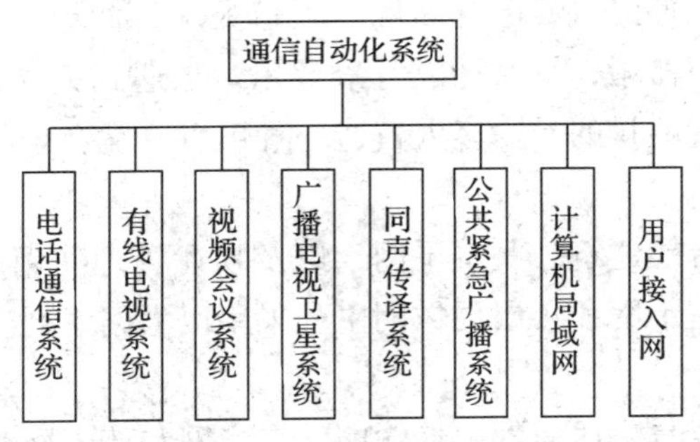

图 10—5　通信自动化系统的结构

3. 通信自动化系统的组成

（1）电话通信系统

电话通信系统是各类建筑物必须设置的系统。智能建筑中的电话系统交换设备一般采用 PABX（用户程控交换机），电话线路基于综合布线系统 GCS。PABX 不仅能提供传统的语音通信方式，还能满足用户对数据通信、计算机局域网互联、N－ISDN 通信的要求。

（2）有线电视系统

有线电视系统 CATV 也是智能建筑的基本系统之一。与传统 CATV 不同的是，智能建筑 CATV 要求电视图像信号双向传输，并为采用 HFC（光纤同轴电缆混合接入网）打下基础。

（3）视频会议系统

视频会议系统是利用图像压缩编码和处理技术、电视技术、计算机网络通信技术和相关设备、线路，实现远程点对点或点对多点之间图像、语音、数据信号的实时交互式通信。可大大节省时间、提高会议的效率、降低会议成本。

（4）广播电视卫星系统

通过架设在房顶的卫星地面站可直接接收广播电视的卫星信号。VSAT（Very Small Aperture Terminal）卫星通信系统是 20 世纪 80 年代发展起来的一种新型的卫星通信系统，是具有小口径天线的智能化地球站。这类地球站安装使用方便，非常适合智能建筑的数据传输。大量的这类小站（天线为几米甚至小到 1 m 以下）协同一个大站（称主站），构成一个卫星通信系统，可以单向、双向传输数据、话音、图像及其他综合电信和信息业务，适合于用户分散、业务量不大的专用或公用通信网。

（5）同声传译系统

同声传译系统是译员通过专用的传译设备提供即时口头翻译，译员通过话筒讲话，听众通过耳机接收，这种翻译形式可同时有几种语言，如联合国大会就有六种语言的同声传译。

（6）公共/紧急广播系统

智能大厦和高级宾馆等现代化建筑物都设有广播音响系统，包括一般广播、紧急广播和音乐广播等部分。广播音响系统的设计则包括公共广播与客房音响两部分。公共广播用于公共场所，如走廊、电梯门厅、电梯轿厢、入口大厅、商场、酒吧、宴会厅等，通常采用组合式声柱或分散扬声器箱，平时播放背景音乐，当遇到火灾时作为事故广播，指挥人员的疏散。客房音响设置的目的是为客人营造一种可以欣赏音乐与休息的舒适环境。

（7）计算机局域网

计算机局域网包括智能建筑公共主干网，以及物业管理使用的局域网和购房、租房用户使用的业务局域网。主干网和楼层局域网主要采用以太网系列。

（8）用户接入网

从现代网络功能角度看，通信网由传输网、交换网和接入网三部分组成。

电信网的接入网是指实现本地交换机与用户间连接的部分；有线电视的接入网是指从前端到用户之间的部分；而数据通信网的接入网是指通信子网的边缘路由器与用户 PC 之间的部分。

用户接入网主要是解决智能建筑内部与外部世界的信息沟通问题。主流用户接入网目前有 N－ISDN（窄带综合业务数字网）、HFC（光纤同轴电缆混合网）、ADSL（非对称数字用户线）、HTTB（光纤到楼）、DDN（数字数据网）。

四、办公自动化系统

1. 办公自动化系统的定义和功能

（1）办公自动化系统的定义

办公自动化系统，是办公信息处理的自动化。它利用先进的技术，使人的各种办公业务活动逐步由各种设备、各种人机信息系统来协助完成，达到充分利用信息，提高工作效率和工作质量，提高生产率的目的。

办公自动化系统由支持办公活动的多种技术综合而成。办公自动化系统使办公人员能迅速而准确地获取、加工信息，减少或避免各种差错和弊端的出现，提高办公活动的效率，也改善了办公环境和条件，还能为领导人的决策提供有力的支持，提高管理和决策的水平。

（2）办公自动化系统的功能

办公自动化系统的功能，是实现数据、文本、语音、图形、图像的处理功能及通信功能，信息存储与管理功能及辅助决策功能。

在一个办公自动化系统中，包含文字处理子系统、报表处理子系统、轻印刷子系统、数据库子系统、文档管理子系统、公文管理子系统、通信及网络子系统、模型库、方法库子系统，这些系统相互依存，但还有各自的功能，形成了办公自动化系统功能树，如图 10—6 所示。

2. 办公室自动化系统中的软、硬件设备

像计算机、电话、传真机、复印机等现代化设备，称之为办公设备，而不能称之为办公自动化系统。办公自动化系统不仅包括硬件部分而且包括软件部分。下面将分别介绍办公自动化系统中的软、硬件设备。

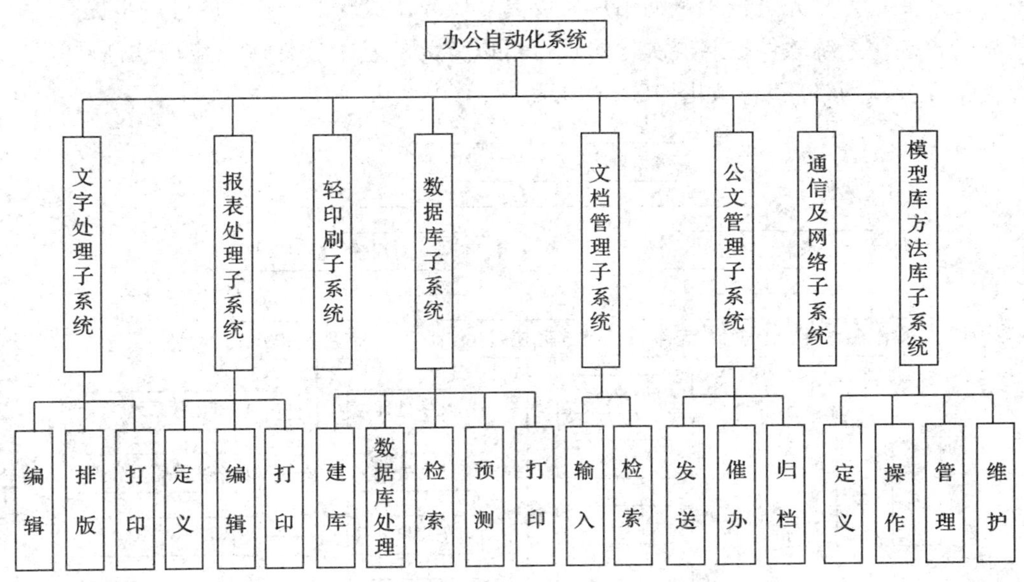

图 10—6　办公自动化系统功能树

（1）办公自动化系统硬件设备

办公自动化系统硬件设备是指办公自动化系统中的物理设备。办公自动化系统硬件按功能和作用可分为办公信息的输入、输出设备、信息处理设备、信息复制设备、信息传输设备、信息存储设备、其他辅助设备等，如图 10—7 所示。

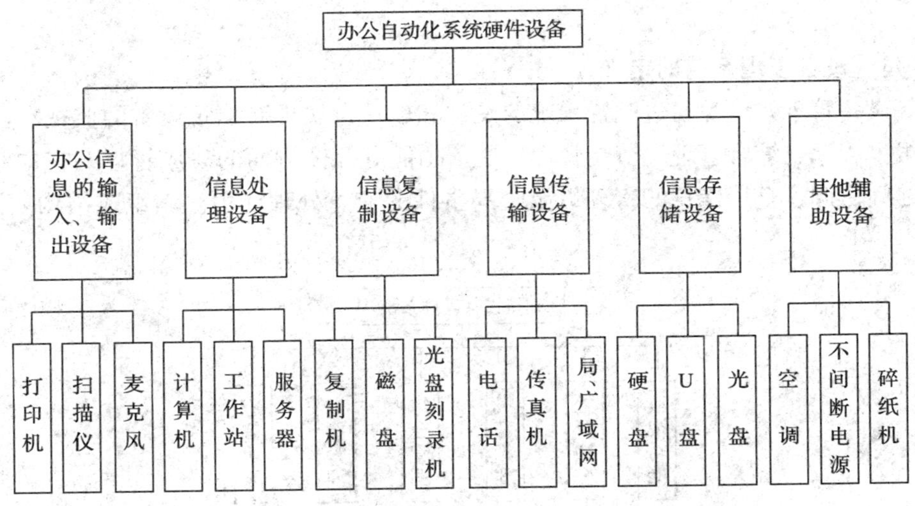

图 10—7　办公自动化硬件设备组成

（2）办公自动化系统软件设备

随着计算机技术的发展，办公软件已由文字输入、处理、排版、编辑、查询、检索等单机应用软件发展成为现代化网络办公系统。未来的 OA 软件除了可以完成现有的功能外，将更有效地使用各种先进技术帮助用户完成更多任务，实现工作效率的进一步提高。

办公自动化系统软件按照层次化的观点可以分为：基本软件层、应用软件层。各层软件都支持办公室网络环境，如图 10—8 所示。

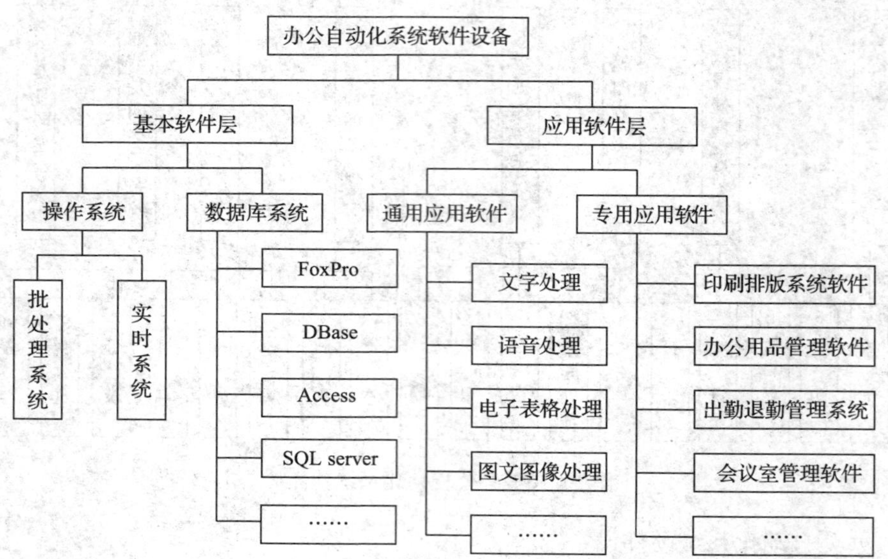

图 10—8 办公自动化系统软件设备组成

五、建筑设备管理系统

1. 建筑设备管理系统的定义

建筑设备管理系统是通过配置系统的硬件和软件，实现对建筑设备的监视功能、控制功能、报警管理、综合管理、节能管理、通信功能等几个方面的集成管理，它主要具有各子系统之间协调、全局信息的管理以及全局事件的应急处理能力。其组成结构如图 10—9 所示。

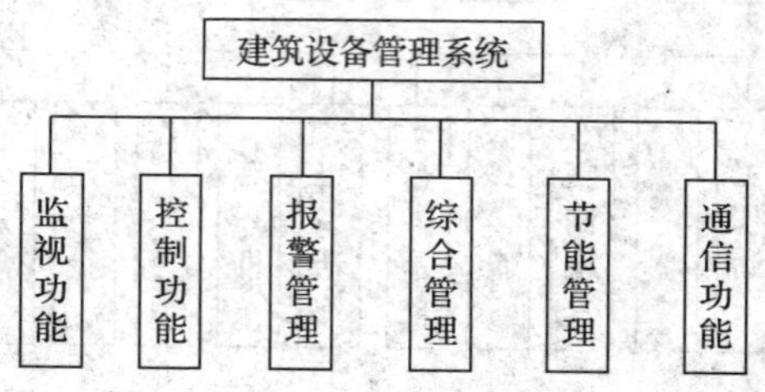

图 10—9 建筑设备管理系统组成

2. 建筑设备管理系统的功能

（1）监视功能

建筑设备管理系统采用工业标准的应用软件，全中文的图形化操作界面监视建筑物内机电设备的运行状态，以形象直观的动态图形并嵌以动态数据显示设备的运行情况，并提供修改参数或发出指令的操作指示。

（2）控制功能

建筑设备管理系统按操作权限可通过对图形的操作实现对现场设备进行手动控制，如设备的启/停控制；通过选择操作可进行运行方式的设定，如选择现场手动方式或自动运行方式；通过交换式菜单可方便地修改工艺参数。

（3）报警管理

报警管理包括监察、缓冲、储存及将报警送至指定的操作站上。显示所有报警监控点的有关详细资料，包括发生的时间及日期、严重等级，以便快速和有效地处理严重的报警。用户也可以为报警设定严重性的级别，报警发生后根据用户的事前安排，自动导向至指定的操作站，若指定的操作站发生故障，报警自动导向至其他指定的后备装置上。

（4）综合管理

建筑设备管理系统中央操作站对有研究和分析价值并需长期保存的数据，建立历史文件数据库。提供一系列汇总报告，作为系统运行状态监视、管理水平评估、运行参数优化及设备管理自动化的依据。如能量使用汇总报告，记录每天、每周、每月各种能量消耗及其积算值，为节约使用能源提供依据；又如设备运行时间、启/停次数汇总报告，为设备管理和维护提供依据。

（5）节能管理

建筑设备管理系统提供以下节能软件，这些软件程序能在系统内自动运作而不需要操作人员的介入。同时软件有足够的灵活性，允许用户根据现场情况而做出相应的修订。节能管理的内容有：每日的预定时间表；每年的预定日程表；假期的安排表；临时超越控制安排表；最佳启/停功能；夜间设定点自动调节控制；温度设定点的重置；制冷机的组合及次序控制；用电量高峰期的限制等。

（6）通信功能

建筑设备管理系统中央操作站大多采用 Windows NT 操作系统、以太网连接和 TCP/IP 通信协议，通过 ODBC、API 等接口方式与其他子系统及 IBMS 服务器通信，传送综合管理、能源计量、报警等数据，并接收其他系统发出的联动及协调控制命令，以便控制整个建筑物设备的优化运行。

第 3 节 物业住宅小区智能化系统

智能小区是建筑智能化技术与现代居住小区相结合而衍生出来的。与智能大厦相比，智能小区更加注重于满足住房在居住环境的安全性、舒适性以及社区服务和小区物业管理的便利性，通信网络的互联与增值服务等方面的需求。

一、住宅小区智能化系统的组成

住宅小区智能化系统通常由安全防范子系统、信息管理子系统、信息网络子系统三部分组成，如图 10—10 所示。

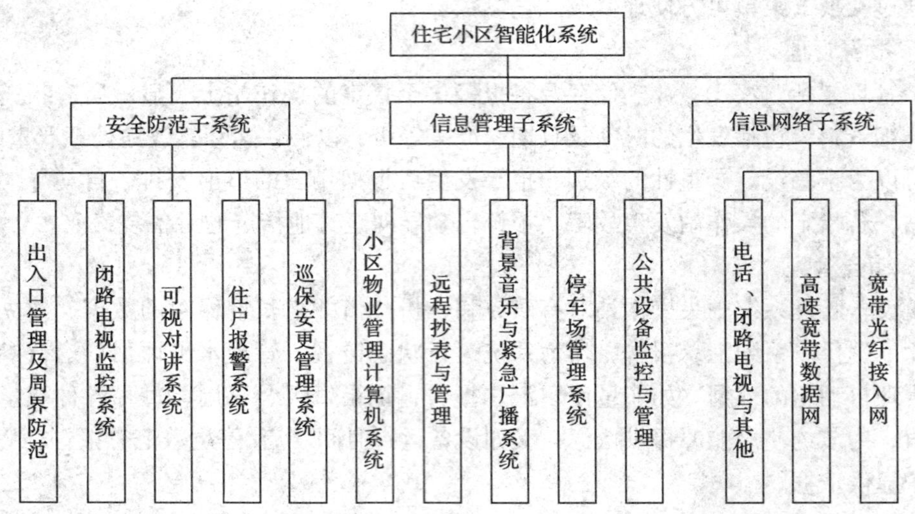

图 10—10　住宅小区智能化系统功能框图

第十章

二、安全防范子系统

1. 出入口管理及周界防范

建立封闭式的小区，加强出入口管理，防范区外闲杂人员进入，同时防范非法翻越围墙或栅栏。应在小区内安装探测器，建立周界防越报警系统。当发生非法翻越时，探测器可立即将警情传送到智能化管理中心，中心将在电子地图上显示出翻越区域，以利于保安人员及时准确地处理。

2. 闭路电视监控系统

闭路电视监控系统是在小区主要通道、重要公共建筑及周界设置前端摄像机，将图像传送到管理中心。中心对整个小区进行实时监控和记录，使中心管理人员充分了解小区的动态。

3. 可视对讲系统

可视对讲系统是在各单元入口安装防盗门和对讲装置，以实现访客与住户对讲、可视对讲。住户可遥控开启防盗门，有效地防止非法人员进入住宅楼内。

4. 住户报警系统

住户报警系统是为了保证住户在住宅内的人身及财产安全。通过在住宅内门窗及室内其他部位安装各种探测器进行昼夜监控，当监测到警情时通过住宅内的报警主机传输至智能化管理中心的报警接收计算机。计算机将准确显示警情发生的住户名称、地址和所遭受的入侵方式等，提示保安人员迅速确认警情，及时赶赴现场，以确保住户人身和财产安全。同时住户也可通过固定式紧急呼救报警系统或便携式报警装置，在住宅内发生抢劫案件和病人突发疾病时，向智能化管理中心呼救报警，中心可根据情况迅速出警。

5. 保安巡更管理系统

保安巡更管理系统是在小区各区域内及重要部位制定保安人员巡更路线，并安装巡更站点。保安巡更人员携带巡更记录机需按指定的路线和时间到达巡更站点并进行记录，将记录信息传送到智能化管理中心。管理人员可调阅和打印各保安巡更人员的工作情况，加强保安人员的管理，从而实现人防和技防的结合。

三、信息管理子系统

1. 水、电、气、热等表具远程抄收计量

水、电、气、热等表远程抄收系统是通过采集抄收各表数据传送到智能化物业中心，实现各户各表数据的录入、费用计算并打印收费账单，将相关数据传送到相应的职能部门，避免入户抄表扰民和人为读数误差。IC 卡计量系统是通过使用 IC 卡表具，实现住户买卡后的水、电、气热表具自动计量并能扣除卡中金额，从而达到计量和收费的目的。

2. 供电设备、公共照明、电梯、供水等主要设备监控管理

对小区内给排水、变配电系统以及电梯等进行工作状态的实时监测和控制，从而实现公共设备的最优化管理并降低故障率。同时，利用传感器技术和网络通讯控制技术，根据自然光亮度和使用要求，采用智能开关方式和定时自动控制方式实现公共照明及环境灯光的自动控制。从而达到优化整个小区灯光照明，延长灯具寿命和节约能源的目的。

3. 车辆出入、停车管理系统

通过对小区停车场出入口的控制，完成对车辆进出及收费的有效管理。功能要求如下：

（1）车辆进出及存放时间的记录、查询。

（2）外来车辆收费的管理。

（3）区内车辆存放的管理。

4. 紧急广播与背景音乐

在小区广场、中心绿地、小区绿地、道路交汇等处设置音箱、音柱等放音设备，由管理中心集中控制，可在节假日、每日早晚及特定时间播放音乐，也可通过遍布于小区内的音箱播放一些科普知识、娱乐节目等。同时，在发生紧急事件时可作为紧急广播强制切入使用。

5. 物业计算机管理系统

物业计算机管理系统的硬件部分由计算机或计算机局域网组成，软件部分以高效、便捷的软件体系来协调小区居民、物业管理人员、物业服务人员三者之间的关系。对物业管理中的房产、住户、服务、公共设施、工程档案、各项费用及维修信息资料进行数据采集、传递、加工、存储、计算等操作，反映物业管理的各种运行状态。软件结构应以网络为基础，实现信息共享，方便物业公司和住户信息沟通。

四、信息网络子系统

信息网络子系统提供小区的信息传输通道，是目前发展最为迅速的高科技领域之一，其作用有以下几点：

1. 把用户的智能控制系统、语音、视频点播及互联网服务有机地联系起来。
2. 把小区的公共服务系统联系起来。
3. 把小区与外界以适当的方式联系起来。
4. 把单个住宅与小区物业管理联系起来。

综上所述，对以上三个子系统实行日巡视制度，每日由白班秩序维护员对其进行巡视，并认真填写“××智能系统巡视记录表”（参见附录34）。

第4节 物业智能化系统维护与管理

对一座智能化小区或大厦进行管理，首先应对小区或大厦的设备进行管理，设备运行、维护的目的在于提高设备的运行效率、保证运行质量，最终提高整个小区或大厦的运行效益。设备运行、维护管理的优劣直接关系到各个系统能否达到原有的设计性能与服务年限，关系到能否为用户提供一个高质量的、安全的、舒适而又方便的使用环境。

一、智能化设备的维护

设备维护是设备正常运行的保证。它不仅要使设备随时处于良好的工作状态，而且要保证各项运行参数合格，以便确保设备能达到原有的设计性能与服务年限。设备维护主要分为故障性维修和预防性维护两大类。

1. 故障性维修

设备或系统器材由于外界原因或产品质量问题造成意外事故而使设备或系统器材损坏而进行的紧急维修称为故障维修。通常故障性维修在迅速诊断设备器材的故障部位后，用备品、备件来进行更换，使得设备或系统在尽可能短的时间内恢复正常运行。

2. 预防性维护

为了有效地延长设备使用年限和运行完好率，推迟大修时间，提高设备的利用率和使用价值，使设备长期保持正常运转状态，设备性能不会迅速减弱或损坏，避免发生重大设备故障，必须进行预防性维护。预防性维护包括改良性维护，改良性维护是指对设备和系统的更新和改造提升，从而保证设备和系统能够不断满足智能建筑功能的需要。

3．几种常见子系统的维护时间及维护内容

（1）中央集成管理系统及网络系统的维护

中央集成管理系统及网络系统的维护包括系统管理软件、中央管理计算机、服务器网络设备及打印机的维护时间和服务内容，见表10—1。

表10—1　中央集成管理系统及网络系统的维护

设备	维护时间	服务内容
系统管理软件	3个月	1．诊断测试 2．系统功能模块测试
中央管理计算机，服务器网络设备及打印机	3个月	1．表面检查与清洁 2．线路接口端子的检查 3．设备性能及运行状况测试

（2）设备自动化系统的维护

设备的系统软件、监控设备、现场控制器的保养时间及服务内容见表10—2。

表10—2　设备自动化系统的维护

设备	保养时间	服务内容
系统软件	每半年	1．诊断测试 2．系统功能模块测试
监控设备	3个月	1．表面检查与清洁 2．线路接口端子的检查 3．设备性能及运行状况测试
现场控制器	3个月	1．表面检查与清洁 2．线路接口端子的检查 3．设备性能及运行状况测试

（3）保安管理系统的维护

保安管理系统包括系统管理软件、中央监控计算机、打印机等，这些部分的保养时间及服务内容见表10—3。

表10—3　保安管理系统的维护

设备	保养时间	服务内容
系统管理软件	3个月	1．诊断测试 2．系统功能模块测试

续表

设备	保养时间	服务内容
中央监控计算机、打印机	3个月	1. 表面检查与清洁 2. 线路接口端子的检查 3. 设备性能及运行状况测试
读卡机、读卡机控制器、锁头、保安用附属品和电流供应模块	每半年	1. 清洁读卡机和锁头 2. 锁头所需的润滑与调整 3. 锁头与接触传感器的功能检查 4. 现场报警控制器性能测试
室外用摄像机、镜头、护套、支架及云台	每半年	1. 检查护套、支架、云台、现场接收器灰尘与铁锈 2. 支架与护套所需的清洁、润滑、油漆及紧固 3. 摄像机的焦距调整与信号测试

(4) 停车场系统的维护

停车场系统包括停车场收费站、车辆出入设备等，这些部分的保养时间及服务内容见表10—4。

表10—4　　停车场系统的维护

设备	保养时间	服务内容
停车场收费站	3个月	1. 表面检查与清洁 2. 系统运行状况测试
车辆出入站设备	3个月	1. 读卡设备检查与清洁 2. 金属支架部分的清洁与润滑

(5) 综合布线系统的维护

综合布线系统主要设备包括配线架、用户端等，这些部分的保养时间及服务内容见表10—5。

表10—5　　综合布线系统的维护

设备	保养时间	服务内容
配线架	每半年	1. 表面检查与清洁 2. 线路接口端子的检查
用户端	每半年	端口传输速率检测（抽查）

(6) 卫星电视与共用天线系统的维护

卫星电视与共用天线系统包括卫星天线、接收设备、用户端等几个部分，这些部分的保养时间、服务内容见表10—6。

表 10—6　卫星电视与共用天线系统的维护

设备	保养时间	服务内容
卫星天线	每半年	1. 表面及馈源的设备检查和清洁 2. 机械传动部分的润滑
接收设备	每半年	1. 线路端口检查 2. 信号强度的检测
用户端	每半年	端口信号强度检测（抽查）

（7）广播及背景音乐系统的维护

广播及背景音乐系统包括扬声器、广播主机等部分，这些部分的保养时间、服务内容见表 10—7。

表 10—7　广播及背景音乐系统的维护

设备	保养时间	服务内容
扬声器	每半年	检查声压标准及更换有问题的扬声器
广播主机	每半年	1. 表面检查与清洁 2. 模块性能测试

（8）办公自动化及物业管理系统的维护

办公自动化及物业管理系统包括系统软件、服务器、网络连接器等部分，这些部分的保养时间、服务内容见表 10—8。

表 10—8　办公自动化及物业管理系统的维护

设备	保养时间	服务内容
系统软件	3 个月	1. 模块性能测试 2. 系统功能测试
服务器、网络连接器	3 个月	1. 表面检查与清洁 2. 诊断测试 3. 设备性能及运行状况检测

（9）多功能智能卡系统的维护

多功能智能卡系统包括系统软件、读卡装置等部分，这些部分的保养时间、服务内容见表 10—9。

表 10—9　多功能智能卡系统的维护

设备	保养时间	服务内容
系统软件	3 个月	1. 诊断测试 2. 系统功能及运行状况测试

续表

设备	保养时间	服务内容
读卡装置	每半年	1. 表面检查与清洁 2. 模块性能测试 3. 设备性能检测

根据以上各子系统的周期性保养制度，维修及管理人员填写相应的“××智能系统保养记录表”（参见附录35）。

二、智能化设备的运行管理

设备运行管理是保证设备正常运行和完好率的重要环节，其管理的主要内容包括制定系统操作规程、操作员责任界面和交接班制度等。

1. 系统操作规程

系统操作规程的目的是为了保证设备和系统的正常运行，达到设备最佳性能和体现系统设计目标，同时规范设备和系统运行时的基本操作要求，正确的操作是保证设备完好的重要基础。智能大厦设备与系统运行时的操作规程，通常包括以下的内容：

（1）操作员进入系统，输入操作者编号和密码。

（2）通过图形方式检索设备运行状况的操作。

（3）设定设备故障报警或撤销报警。

（4）设备报警信息的确认。

（5）设备手动方式的控制和调节。

（6）控制程序的手动方式执行。

（7）设备运行时间的累计。

（8）设备预防性维护提示。

（9）设备运行参数和统计报表的打印。

（10）操作员交班时，退出系统的操作。

（11）操作员填写和签署值班日志。

2. 操作员责任界面

操作员责任界面主要包括设备运行和报警信息的确认与处理。设备运行和报警信息确认与处理是指系统处于正常运行时，监控管理计算机CRT显示系统总图，当发生设备故障报警或运行状态过限报警时，CRT上立即弹出故障设备位置图或设备运行图，操作员应在规定的时间内（例如30 s内）完成对该设备报警点的确认。操作员在CRT图形上确认报警点后，应立即通知工程维修部门进行检修，并将该设备报警点的有关报警内容填入值班日志，其内容包括报警点地址编号、报警时间、确认时间、报警状态（故障或过限）及复核结论。

3. 交接班制度

操作员在交接班时，交班人员应退出自己所监控管理的计算机，接班人员应以自己的编号和密码进入自己所监管的计算机，保卫部门和工程管理部门将按进入系统操作员的编号来进行系统和设备的安全管理，以便必要时进行查证。

第5节 物业智能化系统故障应急预案

一、周围防越系统故障的原因及处理方法

1. 常见的故障分析及处理方法

小区的周界防护一般以建立围墙、栅栏或保安值班守护的方式来实现。随着智能小区的建立推广和普及，建立周围防越报警系统，安装探测器的方法越来越多地被人们所采用。其常见的故障分析及处理方法见表10—10。

表10—10 周围防越系统常见故障分析及处理方法

故障现象	故障原因	处理方法
报警不稳定	灵敏度过高或者过低	重新调整灵敏度
误报	树枝晃动、鸟、雪遮挡红外对射器	排除遮挡物体、调整灵敏度
软件不显示报警信息	软件故障	数据备份后重新安装软件
一直报警或者不报警	红外对射损坏	更换设备

2. 典型故障处理

（1）案例1：红外对射长期处于报警状态或者误报

原因：角度不理想、有遮挡物。

解决方法：调整对射方向，直到报警指示灯灭为止（2.5 V左右），排除遮挡物体。

（2）案例2：系统不能布防

原因：有部分防区处于报警状态。

解决方法：排除开路防区的故障，可以暂时旁路报警防区，以便其他防区的布防。

二、闭路监控系统故障的原因及处理方法

1. 常见的故障分析及处理方法

闭路监控系统是小区安全技术防范体系中的一个重要组成部分，是一种先进的、防范能力极强的综合系统。它可以通过遥控摄像机及其辅助设备（镜头、云台等）直接观看被监视场所的一切情况，可以对被监视场所的情况一目了然。同时，监控系统还可以与防盗报警系统等其他安全技术防范体系联动运行，使其防范能力更加强大。其常见的故障分析及处理方法见表10—11。

表 10—11 闭路监控系统常见故障分析及处理方法

故障现象	故障原因	处理方法
图像干扰	线路过长，强电、电梯干扰等	排除干扰源，增加放大器
图像不稳定	线路接触不良	检查接头，重新焊锡
电梯摄像机没图像	检查线路或摄像机	换线或者更换摄像机
晚上图像模糊	周边光源不够或图像没调好	重新调试，及补充光源或加红外灯进行补光
录像不能保存 15 天	硬盘空间不够，或没有设置成动态录像	需增加硬盘或设置成动态录像
周界报警时不会自动跳出画面	软件设置问题	重新设置软件
云台控制不灵敏	解码器坏、接线松动、控制端口坏	更换设备、重新接线

2. 典型故障处理

（1）案例 1：监视器没有图像显示

原因：摄像机没有图像信号输出或者传输控制设备故障（矩阵、硬盘录像机、监视器等）。

解决方法：更换摄像机或者更换矩阵视频输入端口。

（2）案例 2：图像模糊

原因：可能是视频头接触不良，镜头焦距调整不理想。

解决方法：检查线路，调整镜头焦距直至清晰。

（3）案例 3：室外摄像机晚上或者白天图像不理想

原因：摄像机不应选择手动光圈镜头。

解决方法：更换手动光圈镜头采用自动光圈镜头。

（4）案例 4：摄像机没有图像

原因：可能是视频头接触不良，镜头焦距调整不当。

解决方法：检查线路，调整镜头焦距或者更换镜头。

三、门禁车场系统故障的原因及处理方法

1. 常见的故障分析及处理方法

出入口门禁安全管理系统是新型现代化安全管理系统，它集微机自动识别技术和现代安全管理措施为一体，涉及电子、机械、光学、计算机技术、通讯技术、生物技术等诸多新技术。它是实现重要部门出入口安全防范管理的有效措施，如车场管理中，车辆门禁是车辆管理的一种重要手段，不以收取停车费为目的，主要是管理车辆进出权限。其常见的故障分析及处理方法见表 10—12。

表 10—12　　门禁车场系统常见故障分析及处理方法

故障现象	故障原因	处理方法
道闸不自动落闸	地感处理器损坏	更换地感处理器
岗亭计算机死机、运行慢	电源不稳定、岗亭温度高、计算机散热不好、计算机配置低	更换电源、岗亭安装空调、提升计算机配置
打开软件时跳出记事本画面	服务器网络不通或指定的数据库及服务器名称不对	检查网络及核对数据库与服务器名称
道闸不能开启及落闸	地感处理器灵敏度太高导致死机或有干扰源	重启地感处理器，并降低灵敏度，排除干扰源
不能通讯或通讯不稳定	单回路读卡器数量安装太多、联网方式不合理、485 卡损坏	调整回路联网方式、更换 485 卡，采用四路 485 卡
不能发行卡片、刷卡或者延期	卡片故障、软件故障、读卡器故障	更换卡片，数据备份后重新安装软件

2. 典型故障处理

（1）案例 1：IC 卡读卡无效

原因：IC 卡发行时没有设置其开门权限、有效期、读卡时段等。

解决方法：重新发行 IC 卡，并设置好相应功能。

（2）案例 2：电控锁不动作

原因：可能是门关不到位或者锁舌卡住，控制器没电压输出等原因。

解决方法：调整闭门器的位置，给锁舌加润滑油或者更换锁舌。

四、楼宇对讲系统故障的原因及处理方法

1. 常见的故障分析及处理方法

楼宇对讲系统是采用单片机技术、双工对讲技术、CCD 摄像及视频显像技术而设计的一种访客识别电控信息管理的智能系统。楼门平时总处于闭锁状态，避免非本楼人员未经允许进入楼内。本楼内的住户可以用钥匙或密码开门自由出入。当有客人来访时，需在楼门外的对讲主机键盘上按出被访住户的房间号，呼叫被访住户的对讲分机，接通后与被访住户的主人进行双向通话或可视通话。其常见的故障分析及处理方法见表 10—13。

表 10—13　　楼宇对讲系统常见故障分析及处理方法

故障现象	故障原因	处理方法
不能呼叫	地址编码错误、隔离器故障	重新编码、更换隔离器等联网设备
声音小	声音开关没打开、语音线路松动、话筒损坏	检查语音线接线、更换话筒

续表

故障现象	故障原因	处理方法
对讲门口主机通话时有啸叫声	主机扬声器声音太大	在扬声器的位置塞点棉花
对讲门口主机死机	由于静电引起	外壳接地放电
对讲话机没电	装修导致短路、电源损坏	检查线路保险管、更换电源
图像不清楚	视频线松动、门口机摄像机坏	检查线路、更换门口机摄像机

2. 典型故障处理

(1) 案例1：分机、单元门口机不能呼叫中心管理机

原因：可能线路短路或者传输设备损坏。

解决方法：分段逐一检查线路或者更换传输设备。

(2) 案例2：分机没有显示，电源指示不亮

原因：由于电源线短路烧坏电源保险管。

解决方法：排除短路故障，更换保险管。

五、居家报警系统故障的原因及处理方法

1. 常见的故障分析及处理方法

居家安全报警系统能够实现家庭的防火、防盗、防有害气体，同时能够实现抗暴、防劫、全天候监控等功能。该系统在工作状态下，对防盗报警器、有害气体检测器、烟雾探测器等装置进行数据采集以及自动查询各个传感器的工作状态，一旦出现报警信号，则系统设置的网络通过电话网向主人报警或向110报警，或者通过Internet向110网络监控中心报警。其常见的故障分析及处理方法见表10—14。

表10—14　　居家报警系统常见故障分析及处理方法

故障现象	故障原因	处理方法
报警主机脱机	隔离器损坏、总线短路	更换隔离器、排除短路
不能显示警情	软件数据损坏	数据恢复
防区不停报警	装修损坏线路、探测器损坏、红外探测器正对空调、取暖器等发热物体	检查设备和线路，排除干扰源
报警防区与显示防区不对应	防区编码错误或接线错误	重新编码、接线

2. 典型故障处理

(1) 案例1：键盘长期鸣叫且不能布防

原因：系统有故障且长时间没有复位。

解决方法：排除故障、输入密码复位。

（2）案例2：系统不能布防。

原因：有部分防区处于报警状态。

解决方法：恢复报警防区，重新输入密码。

综上所述，对于以上各系统出现的故障，在处理完毕后，维修及管理人员应及时填写“××智能系统维修记录表”（参见附录36）。

思考与练习

1. 简述智能建筑的组成及各部分的功能。
2. 相对于传统建筑，智能建筑有哪些优势？
3. 简述物业智能化系统的组成有哪些。
4. 办公自动化系统的功能有哪些？
5. 建筑设备管理系统的功能有哪些？
6. 简述保安管理系统的维护时间及维护内容。
7. 简述停车场系统的维护时间及维护内容。
8. 简述周围防越系统故障的原因及处理方法。

技能训练

1. 3月22日某小区业主反映其单车被盗，该小区在单车库安装了固定摄像机监视车库，但查看录像时，发现原来录像15天的硬盘录像机，只能录像10天，没有记录单车被盗的录像，请分析故障的原因及处理方法。

2. 结合实际谈谈你所在小区或周边小区，智能化小区系统的完损情况，并对出现问题的系统进行原因分析，并提出处理建议。

3. 结合你所在小区或周边小区，谈谈该小区的智能化程度及组成部分，根据实际情况总结出不足之处，并提出个人建议。

附　　录

1. 设备资料卡

卡号：　　　　　　　　　　　　　　　　建卡日期：

设备名称		设备编号		设备规格	
设备型号		安装地点		安装日期	
制造商		出厂年月		出厂编号	
额定电压		额定电流		额定转速	
设备原值		已提折旧		设备净值	
设备图号		说明书册数		技术资料	共　份
额定功率		工作介质		使用年限	

主要附件

序号	名称	型号规格	制造商	数量	主要性能参考

审核：　　　　　　　　　　　　　　　　制表：

2. 设备台账

类别	设备编号	卡片号	设备名称	型号	规格	制造商	出厂日期	安装日期	安装地点	原值	净值

3. 用户维修单

年　　月　　日

用户名称		用户房号		联系电话	
报修项目					
预约维修时间					
记录时间		记录人			
接单时间		接单人			
维修项目					
开工时间		完工时间			
维修人员					
使用材料	材料提供方	材料数量	材料单价	材料总价	用户签认
维修人工费		维修费用			

用户：　　　　　　　　维修工程师：　　　　　　　　维修领班：

4. 设备年度检修计划单

部门：　　　　　　　　填表日期：　　　　　　　　编码：

序号	设备名称及工艺编号	规格型号	安装地点	修理周期			全年修理日程安排												计划检修执行部门
				大修	中修	小修	1	2	3	4	5	6	7	8	9	10	11	12	

5. 设备运行记录表

日期			时间		监控设备异常情况记录			值班员	处理结果	处理人
年	月	日	时	分	异常现象描述	位置	编号			

6. 水池、水箱清洗、消毒工作时间安排表

小区（大厦）名称：　　　　　　　　　　　　　　　　年　　月　　日

工作日期	停机时间	停水范围	工作项目	水质化验结果	备注
申报人		审核人		主任/经理	

注：工作项目内容包括清洗准备、放水、通风、刷洗、检修、清毒、调试。

7. 水池、水箱清洗及消毒记录表

No：

<table>
<tr><td>清洗日期</td><td colspan="2"></td><td colspan="2">水容量（立方米）</td><td></td></tr>
<tr><td>放水时间</td><td colspan="4">自　　月　　日起，到　　月　　日止</td><td>共　　h</td></tr>
<tr><td>清洗时间</td><td colspan="4">自　　月　　日起，到　　月　　日止</td><td>共　　h</td></tr>
<tr><td colspan="2">清洗投放灭菌净（1:500），配制人</td><td colspan="2"></td><td>见证人</td><td></td></tr>
<tr><td>清洗人员</td><td colspan="5"></td></tr>
<tr><td>放水时间</td><td colspan="4">自　月　日起，到　月　日止</td><td>共　h</td></tr>
<tr><td colspan="2">清洗投放灭菌净（1:500），配制人</td><td colspan="2"></td><td>见证人</td><td></td></tr>
<tr><td>清洗及消毒有关记录</td><td colspan="5"></td></tr>
<tr><td>水质取样人</td><td></td><td>取样地点</td><td colspan="3"></td></tr>
<tr><td>取样数</td><td></td><td>送检时间</td><td></td><td>送检人</td><td></td></tr>
<tr><td>取报告人</td><td></td><td>取报告时间</td><td></td><td>报告编号</td><td></td></tr>
<tr><td>水质监测结果</td><td colspan="5">合格□　　　　不合格□</td></tr>
<tr><td>不合格</td><td colspan="5"></td></tr>
<tr><td>处理意见</td><td colspan="5"></td></tr>
</table>

管理处主任：　　　　　机电主管：　　　　　专业工程师：

8. 水池、水箱保养检查表

年　　月　　日

设备编号	保养时间	水位仪器		外观	爬梯	内壁	压浮球阀	供水水表	供水闸	出水闸阀	排水闸阀	备注
		高位	低位									

主管：　　　　　　　　　　　　　　　　　　保养人：

9. 水泵运行日检查表

日期	时间	上区生活水泵													消防水泵								污水		排粪泵		水泵总控制柜	地下水池水位	水表读数	用水量	检查人
		1#泵			2#泵			恒压泵			切换开关		出口压力		消火栓泵			补压泵			消防喷射压		状态	水位	1#泵	2#泵					
		泵体	电动机	电流	泵体	电动机	电流	泵体	电动机	电流	自动	手动	变频	恒定	上区压	中压区	下区压	泵体	出口压	电流	正常	不正常			状态	状态					

状态备注：正常√　　不正常×

10. 水泵月保养记录

大厦（园区）：　　　　　　　　　　　　　　　　年　　月　　日

名称		编号		保养人	
外表清洁		主电路螺钉紧固		审核人	
接触器触点		手动转盘		滴漏水检查	
运转声响		轴承温升加润滑油		单向阀压力表	
泵自动启停		泵手动启停		指示灯仪表	
电动机电流	A 相：	B 相：		C 相：	
备注					

11. 物业设施设备维修档案记录表

________维修档案记录表

事故发生时间		事故地点		事故维修人		主管部门领导	
维修部位、内容： 记录人：							
维修时间、措施和结果： 记录人：							
通知记录： 记录人：							
设备复查： 复查人： 时间：　　年　月　日　时　分							

注：通知记录栏里记录通知时间、方式、电话、联系人、通知的内容、回复，及未按时维修的记录和处理意见。

12. 紧急情况处理记录表

年　　月　　日　　　　　　　　　　　　　　　　　　　　　　　　　编号：

时间		地点		处理人	
事由					
处理方法					
处理结果					
领导批示					

13. 排水系统例行保养、检查、测试记录

楼号：　　　　　　　　　　　　　　　　系统及设备：

位置：　　　　　　　　　　　　　　　　记录日期：

系统设备	检测项目	养护情况	检测结果	备注/跟进
排水系统	排污管道状况			
	排污管道出口格栅情况			
	排污管道状况			
	雨水管道状况			
	雨水管道出口情况			
	雨水管道状况			
	排水闸制阀门操作状况			
	排污隔油井状况			
	排污水泵操作情况			
	其他			

备注：

记录：

审核：

14. 物业消防控制室值班记录

<table>
<tr><td rowspan="7">控制器日运行情况记录</td><td rowspan="3">时间</td><td colspan="2">火灾报警控制器运行情况</td><td colspan="4">报警性质</td><td colspan="3">消防联动控制器运行情况</td><td>报警故障部位</td><td>值班人签名</td><td>值班人签名</td><td>值班人签名</td></tr>
<tr><td rowspan="2">正常</td><td rowspan="2">故障</td><td rowspan="2">火警</td><td rowspan="2">误报</td><td rowspan="2">故障报警</td><td rowspan="2">漏报</td><td colspan="2">正常</td><td rowspan="2">故障</td><td rowspan="2">原因及处理</td><td rowspan="2">时/天</td><td rowspan="2">时/天</td><td rowspan="2">时/天</td></tr>
<tr><td>自动</td><td>手动</td></tr>
<tr><td></td><td></td><td></td><td></td><td></td><td></td><td></td><td></td><td></td><td></td><td></td><td></td><td></td><td></td></tr>
<tr><td></td><td></td><td></td><td></td><td></td><td></td><td></td><td></td><td></td><td></td><td></td><td></td><td></td><td></td></tr>
<tr><td></td><td></td><td></td><td></td><td></td><td></td><td></td><td></td><td></td><td></td><td></td><td></td><td></td><td></td></tr>
<tr><td></td><td></td><td></td><td></td><td></td><td></td><td></td><td></td><td></td><td></td><td></td><td></td><td></td><td></td></tr>
</table>

附录

续表

	火灾报警控制器型号	自检	消音	复位	主电源	备用电源	检查人	故障及处理情况
火灾报警控制器日检查情况记录								

物业消防安全管理人（签字）：________

注：1. 情况正常打“√”，存在问题或故障的打“×”。

2. 对发现的问题应及时处理，当场不能处理的要填报“物业消防设施故障记录”。

3. 本表为样表，物业公司可根据控制器数量及值班时段制表。

15. 物业消防设施巡查记录

巡查项目	巡查内容	巡查情况		
		正常	故障	故障原因及处理情况
消防电源	消防电源工作状态			
消防供配电设施	自备发电设备状况			
	消防配电房、发电机房环境			
消防报警系统	火灾报警探测器、消防联动控制器外观			
	区域显示器运行状况、CRT图形显示器运行状况、火灾报警控制器、消防联动控制器运行状况			
火灾自动报警系统	手动报警按钮外观			
	火灾警报装置外观			
	消防控制室工作环境			
消防水池、水箱、水泵	消防水池外观			
	消防水箱外观			
	消防水泵及控制柜工作状态			
消防供水设施	增压泵、气压水罐工作状态			
	水泵接合器外观、标识			
	管网控制阀门启闭状态			
泵房	泵房工作环境			

续表

巡查项目	巡查内容	巡查情况		
		正常	故障	故障原因及处理情况
消火栓灭火系统	室内消火栓外观			
	室外消火栓外观			
	消防炮外观			
	启泵按钮外观			
自动喷水灭火系统	喷头外观			
	报警阀组外观			
	末端试水装置压力值			
泡沫灭火系统	泡沫喷头外观			
	泡沫消火栓外观			
	泡沫产生器外观			
	泡沫液储罐间环境			
	泡沫液储罐外观			
	比例混合器外观			
	泡沫泵工作状态			
应急照明和疏散指示标志	应急灯外观			
	应急灯工作状态			
	疏散指示标志外观			
	疏散指示标志工作状态			
应急广播系统	扬声器外观			
	扩音机工作状态			
气体灭火系统	气体灭火控制器工作状态			
	储罐间环境			
	气体瓶组或储罐外观			
	选择阀、驱动装置等组件外观			
	紧急启/停按钮外观			
	放气指示灯及警报器外观			
	喷嘴外观			
	防护区状况			
防烟、排烟系统	挡烟垂壁外观			
	送风阀外观			
	送风机工作状态			
	排烟阀外观			
	电动排烟窗外观			
	自然排烟窗外观			
	排烟机工作状态			
	送风、排烟机房环境			

续表

巡查项目	巡查内容	巡查情况		
		正常	故障	故障原因及处理情况
消防专用电话	分机电话外观			
	插孔电话外观			
防火分隔设施	防火门外观			
	防火门启闭状况			
	防火卷帘外观			
	防火卷帘工作状态			
消防电梯	紧急按钮外观			
	轿厢内电话外观			
	消防电梯工作状态			
灭火器	灭火器外观			
	灭火器设置位置状况			
其他设施				
巡查人（签名）	年　月　日			
消防安全管理人（签名）	年　月　日			
备注				

注：1. 情况正常打“√”，存在问题或故障的打“×”。

2. 对发现的问题应及时处理，当场不能处理的要填报“建筑消防设施故障处理记录”。

3. 本表为样表，物业公司可根据消防设施实际情况和巡查时间段制表。

16. 物业消防设施单项检查记录

检测项目		检测内容	实测记录
消防供、配电	消防配电	试验主、备电切换功能	
	自备发电机组	试验启动发电机组	
	储油设施	核对储油量	
火灾报警系统	火灾报警探测器	试验报警功能	
	手动报警按钮	试验报警功能	
	警报装置	试验警报功能	
	报警控制器	试验报警功能、故障报警功能、火警优先功能、打印机打印功能、火灾显示盘和CRT显示器的显示功能	
	消防联动控制器	试验联动控制和显示功能	
消防供水设施	消防水池	核对储水量	
	消防水箱	核对储水量	
	稳（增）压泵及气压水罐	试验启泵、停泵时的压力状况	
	消防水泵	试验启泵和主、备泵切换功能	
	管道阀门	试验管道阀门启闭功能	

续表

检测项目		检测内容	实测记录
消火栓灭火系统	室内消火栓	试验屋顶消火栓出水及静压	
	室外消火栓	试验室外消火栓出水及静压	
	启泵按钮	试验远距离启泵功能	
自动喷水系统	报警阀组	试验放水阀放水及压力开关动作信号	
	末端试水装置	试验末端放水及压力开关动作信号	
	水流指示器	核对反馈信号	
泡沫灭火系统	泡沫液储罐	核对泡沫液有效期和储存量	
	泡沫栓	试验泡沫栓出水或出泡沫	
气体灭火系统	瓶组与储罐	核对灭火剂储存量	
	气体灭火控制设备	模拟自动启动，试验切断空调等相关联动	
机械加压进风系统	风机	试验联动启动风机	
	送风口	核对送风口速度	
机械排烟系统	风机	试验联动启动风机	
	排烟阀、电动排烟窗	试验联动启动排烟阀、电动排烟窗；核对排烟口风速	
避难应急系统	应急照明	试验切断正常供电，测量照度	
	疏散指示栎志	试验切断正常供电，测量照度	
应急广播系统	扩音器	试验联动启动和强制切换功能	
	扬声器	测试音量、音质	
消防通信系统	消防专用电话	试验通话质量	
防火分隔	防火门	试验启所功能	
	防火卷帘	试验手动、机械应急和自动控制功能	
	电动防火阀	试验联动关闭功能	
消防电梯		试验按钮迫降和联动控制功能	
灭火器		核对选型、压力和有效期	
其他设施			

测试人（签名）： 年　月　日	测试单位（盖章）： 年　月　日
消防安全责任人或消防安全管理人（签名）：　年　月　日	

注：1. 情况正常在“实测记录”栏中标注“正常”。

2. 发现的问题或存在故障应在“实测记录”栏中填写，并及时处置；当场不能处理的要填报“物业消防设施故障记录”。

3. 本表为样表，物业公司可根据物业消防设施实际情况制表。

附录

17. 物业消防设施联动检查记录

<table>
<tr><td>物业名称</td><td colspan="3"></td><td>地址</td><td colspan="3"></td></tr>
<tr><td>使用性质</td><td></td><td>层数</td><td></td><td>高度</td><td></td><td>面积</td><td></td></tr>
<tr><td>使用管理单位名称</td><td colspan="7"></td></tr>
<tr><td colspan="8">物业消防设施检查情况</td></tr>
<tr><td>项　目</td><td colspan="2">检查结果</td><td colspan="5">存在问题或故障处理情况</td></tr>
<tr><td>消防供配电</td><td colspan="2"></td><td colspan="5"></td></tr>
<tr><td>火灾报警系统</td><td colspan="2"></td><td colspan="5"></td></tr>
<tr><td>消防供水</td><td colspan="2"></td><td colspan="5"></td></tr>
<tr><td>自动喷水灭火系统</td><td colspan="2"></td><td colspan="5"></td></tr>
<tr><td>泡沫灭火系统</td><td colspan="2"></td><td colspan="5"></td></tr>
<tr><td>气体灭火系统</td><td colspan="2"></td><td colspan="5"></td></tr>
<tr><td>防排烟系统</td><td colspan="2"></td><td colspan="5"></td></tr>
<tr><td>疏散指示标志</td><td colspan="2"></td><td colspan="5"></td></tr>
<tr><td>应急照明</td><td colspan="2"></td><td colspan="5"></td></tr>
<tr><td>应急广播系统</td><td colspan="2"></td><td colspan="5"></td></tr>
<tr><td>消防专用电话</td><td colspan="2"></td><td colspan="5"></td></tr>
<tr><td>防火分隔</td><td colspan="2"></td><td colspan="5"></td></tr>
<tr><td>消防电梯</td><td colspan="2"></td><td colspan="5"></td></tr>
<tr><td>灭火器</td><td colspan="2"></td><td colspan="5"></td></tr>
<tr><td>其他设施</td><td colspan="2"></td><td colspan="5"></td></tr>
<tr><td colspan="8">检查说明：</td></tr>
<tr><td colspan="3">检查人（签名）：
年　月　日</td><td colspan="5">检查单位（盖章）：
年　月　日</td></tr>
<tr><td colspan="8">消防安全责任人或消防安全管理人（签名）：　　年　月　日</td></tr>
</table>

注：1. 情况正常在“检查结果”栏中标注“正常”。

2. 发现的问题或存在故障应在“存在问题或故障处理情况”栏中填写，并及时处置；当场不能处理的要填报“物业消防设施故障记录”；其他需要说明的情况在“检查说明”栏填写。

3. 本表为样表，物业公司可根据物业消防设施实际情况制表。

附录

18. 物业消防设施故障处理记录

检查时间	检查人签名	检查发现问题或故障	消防安全管理人处理意见	停用系统消防安全责任人签名	问题或故障处理结果	问题或故障排除消防安全管理人签名

19. 风机半年保养记录

小区（大厦）名称：　　　　　　　　　　　　　　　　　　　　年　　月　　日

<table>
<tr><td>设备名称</td><td colspan="2"></td><td>设备编号</td><td colspan="2"></td><td>安装位置</td><td></td><td>主要功能</td><td></td></tr>
<tr><td>型号</td><td colspan="2"></td><td>额定风量</td><td colspan="2"></td><td>额定功率</td><td></td><td>转速</td><td></td></tr>
<tr><td>责任人</td><td colspan="2"></td><td>保养人</td><td colspan="4"></td><td>审核人</td><td></td></tr>
<tr><td rowspan="9">保养项目记录</td><td colspan="9">机身、机座、控制箱内外油漆及清扫</td></tr>
<tr><td colspan="3">轴承润滑检查加油</td><td colspan="2"></td><td>全面坚固</td><td colspan="3"></td></tr>
<tr><td colspan="3">电动机端子箱内端子全面坚固</td><td colspan="2"></td><td>主接触头</td><td colspan="3"></td></tr>
<tr><td colspan="2">电动机绝缘电阻</td><td colspan="4">相与相：　相与地：</td><td>接地情况</td><td colspan="2"></td></tr>
<tr><td colspan="2">运转电流（A）</td><td colspan="4">A相　B相　C相</td><td>运转有无异常声响及振动</td><td colspan="2"></td></tr>
<tr><td colspan="2">运转半小时后手感电动机温度</td><td></td><td>轴承温度</td><td></td><td>运转电压</td><td></td><td>指示灯</td><td></td></tr>
<tr><td rowspan="2">风阀</td><td colspan="4">动作灵活、可靠、（手动、电动）</td><td colspan="2">手柄指示准确</td><td colspan="2"></td></tr>
<tr><td>温感元件安装正确</td><td colspan="3"></td><td colspan="2">阀门安装牢固</td><td colspan="2"></td></tr>
<tr><td colspan="9"></td></tr>
<tr><td colspan="2">投运半小时结论</td><td colspan="8"></td></tr>
<tr><td>备注</td><td colspan="9"></td></tr>
</table>

20. 中央空调冷水机组运行记录表

<table>
<tr><td>日期</td><td colspan="4">压缩机</td><td rowspan="3">轴承温度或回油温度</td><td colspan="3">蒸发器</td><td colspan="3">冷凝器</td><td rowspan="3">值班员</td></tr>
<tr><td>年　月　日</td><td colspan="3">油</td><td>电流</td><td colspan="3">进水压力：
出水压力：</td><td colspan="3">进水压力：
出水压力：</td></tr>
<tr><td>时间</td><td>油位</td><td>油缸温度</td><td>油压力差</td><td>百分比或安培</td><td>冷媒温度</td><td>冷冻水温度 进水</td><td>冷冻水温度 出水</td><td>冷媒温度</td><td>冷冻水温度 进水</td><td>冷冻水温度 出水</td></tr>
<tr><td></td><td></td><td></td><td></td><td></td><td></td><td></td><td></td><td></td><td></td><td></td><td></td><td></td></tr>
<tr><td></td><td></td><td></td><td></td><td></td><td></td><td></td><td></td><td></td><td></td><td></td><td></td><td></td></tr>
<tr><td></td><td></td><td></td><td></td><td></td><td></td><td></td><td></td><td></td><td></td><td></td><td></td><td></td></tr>
<tr><td></td><td></td><td></td><td></td><td></td><td></td><td></td><td></td><td></td><td></td><td></td><td></td><td></td></tr>
<tr><td></td><td></td><td></td><td></td><td></td><td></td><td></td><td></td><td></td><td></td><td></td><td></td><td></td></tr>
<tr><td></td><td></td><td></td><td></td><td></td><td></td><td></td><td></td><td></td><td></td><td></td><td></td><td></td></tr>
<tr><td></td><td></td><td></td><td></td><td></td><td></td><td></td><td></td><td></td><td></td><td></td><td></td><td></td></tr>
</table>

续表

<table>
<tr><td rowspan="5">备注：</td><td colspan="2">冷水机组设备编号：</td><td>冷冻泵设备编号</td><td colspan="2">冷冻泵设备编号：</td></tr>
<tr><td colspan="2">累计运行时间：　小时</td><td>冷冻泵运行电流：　A</td><td colspan="2">冷冻泵运行电流：　A</td></tr>
<tr><td>甲班</td><td>值班长：</td><td>值班员：</td><td>接班时间：</td><td>交班时间：</td></tr>
<tr><td>乙班</td><td>值班长：</td><td>值班员：</td><td>接班时间：</td><td>交班时间：</td></tr>
<tr><td>丙班</td><td>值班长：</td><td>值班员：</td><td>接班时间：</td><td>交班时间：</td></tr>
</table>

21．配电室运行值班记录

值班人员：　　　　　　　　班次：　　　　　　　　交接班时间：

巡视部位	巡视项目	运行情况	发现时间	备注
高压柜 1#	指示灯	正常　异常		
	仪表指示	正常　异常		
	断路器位置指示	正常　异常		
	断路器	分　　合		
	设备运行声音	正常　异常		
	设备运行气味	正常　异常		
低压柜 1#	指示灯	正常　异常		
	仪表指示	正常　异常		
	断路器位置指示	正常　异常		
	断路器	分　　合		
	设备运行声音	正常　异常		
	设备运行气味	正常　异常		
高压柜 2#	指示灯	正常　异常		
	仪表指示	正常　异常		
	断路器位置指示	正常　异常		
	断路器	分　　合		
	设备运行声音	正常　异常		
	设备运行气味	正常　异常		
低压柜 2#	指示灯	正常　异常		
	仪表指示	正常　异常		
	断路器位置指示	正常　异常		
	断路器	分　　合		
	设备运行声音	正常　异常		
	设备运行气味	正常　异常		

续表

巡视部位	巡视项目	运行情况	发现时间	备注
直流屏	指示灯	正常　异常		
	仪表指示	正常　异常		
	仪表显示	正常　异常		
信号屏	指示灯显示	正常　异常		
	信号显示	正常　异常		
	信号继电器	正常　异常		
室外照明	运行情况	正常　异常		
	开机时间	正常　异常		
水泵房设备	运行情况	正常　异常		
污水泵	运行情况	正常　异常		

注：1. 本班次运转设备和完成的工作内容用“√”表示，未完成的用“×”表示。

2. 运转设备的具体数据详见相关的运行记录表。

3. 若有遗漏或变更请详见调节情况说明及接班注意事项。

接班人员：　　　　　　　　　　日期：

22. 电气设备事故报告单

大厦（小区）名称：　　　　　　　　　　日期：

设备编号	设备名称	型号规格	所属单位
事故类别	当事人	设备责任人	发生事故时间
事故经过情况			
设备损坏情况			
原因分析			
事故损失	停工时间	修理费	减产损失
管理处处理意见			
工程部处理意见			
总经理批示			

23. 配电室停电操作票

部门______________ 编号______________

发令人		受令人		发令时间	年 月 日 时 分
操作开始时间： 年 月 日 时 分				操作结束时间： 年 月 日 时 分	

(　　) 监护下操作　　(　　) 单人操作　　(　　) 检修人员操作

操作任务：

顺序	操作项目
1	按生产要求逐渐降负荷停机，通知停电影响设备的相关人员
2	高压进线柜或变压器柜上多功能仪表电流为1~3 A，三相平衡，电压6 kV左右
3	现场设备或相关设备符合停机要求，电工确认可以停机
4	班长或上级管理人员通知电工停机
5	分闸开关旋至分闸位置，断路器有清脆动作声
6	多功能仪表电流读数为0，智能保护装置显示分闸，且为绿色
7	打开开关锁，手柄插入，匀速、缓慢摇出断路器至试验位置，试验位置指示灯亮
8	轻拔出航空插头，并挂好
9	顺时针操作，合上接地开关
10	接地指示器在接地位置，智能操控装置接地显示正常
11	断开控制电源
12	挂上“禁止合闸”警示牌，通知相关人员，已断电
13	填写高、低压柜停、送电记录
14	以上操作已执行，是（　　）否（　　）

备注：1. 高压进线柜无接地开关，只需摇出断路器，必要时断开总开关柜对应开关，在高压进线柜进线接专用接地线，总开关柜有专人看守；

2. 做好个人防护，全身干燥，地面及柜体绝缘良好

操作人：______监护人：______当班负责人：______

注：填写操作票时必须按操作接线图核对。

附录

24. 配电室送电操作票

部门＿＿＿＿＿＿＿＿　　　　编号＿＿＿＿＿＿＿＿

发令人		受令人		发令时间	年　月　日　时　分
操作开始时间： 年　月　日　时　分			操作结束时间： 年　月　日　时　分		
(　) 监护下操作　(　) 单人操作　(　) 检修人员操作					
操作任务：将＿＿＿＿＿10 kV 开关由运行转为冷备用					

顺序	操作项目
1	通知相关人员准备送电
2	拆除接地线或分接地开关
3	用 2 500 V 摇表检测或用高压绝缘电阻表检测对地绝缘阻值：>300 MQ 或 4 GQ
4	前后柜门，柜门无缝隙，螺栓紧固，接地指示片、接地与前后柜门机械联锁正常
5	取下“禁止合闸”警示牌
6	用摇柄逆时针操作，分开接地开关
7	智能操控装置上接地开关分开位置指示灯亮，接地开关指示器复位
8	打开开关锁，插上航空插头，手动合闸检查断路器动作正常与否
9	合上控制电源，各仪器显示正常
10	手车摇柄插入摇柄口并用力压下，顺时针转动摇柄，匀速、缓慢插入小车，取下摇柄
11	工作位置指示灯显示正常，电压在 6kV 左右，三只带电显示器指示灯亮
12	通知相关人员，准备合闸送电
13	高压开关柜开关拨到“就地控制”位置，合闸开关旋转到合闸位置，断路器合闸
14	断电无异常后再合闸
15	各仪表、信号显示正常，通知相关人员已正常送电，锁上开关锁，填写操作记录
16	以上操作已执行，是（　）否（　）

备注：1. 高压进线柜在检查正常后方可按操作规程送电；

2. 做好个人防护，全身干燥，地面及柜体绝缘良好

操作人：＿＿＿＿＿监护人：＿＿＿＿＿当班负责人：＿＿＿＿＿

注：填写操作票时必须按操作接线图核对。

25. 配电室工作票

部门________________________________ 编号________________________

1. 工作负责人（监护人）____________ 班组____________________

2. 工作班组人员（不包括工作负责人）

____

____共_______人

3. 工作任务

线路或设备名称	工作地点、范围	工作内容

4. 计划工作时间

自____年____月____日____时____分至____年____月____日____时____分

5. 注意事项（安全措施）

（1）按高压柜停、送电操作流程操作。

____

（2）按操作票上操作项目操作，并打“√”。

____

（3）交接班需当面说清情况，并如实填写高、低压送电操作记录。

____

工作票签发人签名________ ____年____月____日____时____分

工作负责人签名__________ ____年____月____日____时____分

6. 确认工作负责人布置的工作任务和安全措施，工作班组人员签名

____

____

7. 工作开始时间____年____月____日____时____分 工作负责人签名________

工作完工时间____年____月____日____时____分 工作负责人签名________

8. 工作票延期：有效期延长到____年____月____日____时____分

9. 备注

____

____

附录

26. 配电柜、控制柜保养记录表

项目名称：　　　　　　日期：　　　　　　序号：

设备型号		设备名称	
安装位置		保养人	

保养项目	保养记录
卫生清洁	
部件紧固	
主回路电器	
控制电器	
母排导线	
绝缘	
接地	
柜体及外表	
计量仪器与仪表	
隐患排查	
功能检定	
锁具、指示灯	
保养时更换或消耗的物品名称、规格及数量	

保养检定结论（保养后带负荷运行 24 h 状况评估）：

备注：

审核人：

27. 电梯设备日巡视记录

年　　月　　日

楼号	检查内容	电梯号						
检查人		1	2	3	4	5	…	备注
轿厢	1. 观察轿厢内运行有无异常响声							
	2. 轿厢内照明是否明亮							
	3. 报警系统工作是否正常							
	4. 轿厢顶卫生和设备是否清洁							
	5. 平层是否在规定位置							
	6. 电梯外显工作是否正常							
	7. 轿厢运行是否平稳							
	8. 厅门和轿厢在关闭时是否有碰触声							
	9. 年检合格证、乘客须知是否齐全							
机房	1. 控制箱内各个控制部件工作是否正常							
	2. 曳牵引机运行是否有异常响声							
	3. 各个活动部件运行是否正常							
	4. 各个部件螺钉有无松动							
	5. 机房设备是否擦拭干净，有无灰尘							
	6. 盘车工具是否齐全、救援说明是否完好							
	7. 钢丝绳有无断裂和生锈迹象							
楼层	1. 消防玻璃是否齐全							
	2. 外招盒固定良好、召唤按钮动作良好							
	3. 地坎槽是否有异物							

注：1. 电梯机房值班人员在“电梯设备日巡视记录”中认真填写发现故障和异常设备，在备注中详细写明。

2. “√”表示设施正常，“×”表示存在问题。

附录

28. 电梯交接班记录单

交接时间：　年　月　日

楼号	检查内容	电梯号						
检查人		1	2	3	4	5	…	备注
轿厢	1. 观察轿厢内运行有无异常响声							
	2. 轿厢内照明是否明亮							
	3. 报警系统工作是否正常							
	4. 轿厢顶外卫生和设备是否清洁							
	5. 平层是否在规定位置							
	6. 电梯外显工作是否正常							
	7. 轿厢运行是否平稳							
	8. 厅门和轿厢在关闭时是否有碰触声							
	9. 年检合格证、乘客须知是否齐全							
机房	1. 控制箱内各个控制部件工作是否正常							
	2. 曳牵引机运行是否有异常响声							
	3. 各个活动部件运行是否正常							
	4. 各个部件螺钉有无松动							
	5. 机房设备是否擦拭干净，有无灰尘							
	6. 盘车工具是否齐全、救援说明是否完好							
	7. 钢丝绳有无断裂和生锈迹象							
楼层	1. 消防玻璃是否齐全							
	2. 外招盒固定良好、召唤按钮动作良好							
	3. 地坎槽是否有异物							

本班电梯运行情况：

下班应注意的事项：

交班人员：	接班人员：

29. 电梯日常维护与保养记录

保养单位： 梯型： 安置地点： No：

序号	维护与保养工作内容	频次	检查标准	正常	不良情况的处理结果
1	清洁机房、检查门窗、照明等	两周一次	整洁、完好、无油污		
2	机房各部件清洁检查		无积灰、性能完好		
3	清扫门区、检查门安全装置、门滑块等		安全灵活、锁钩搭接大于7 mm、滑块磨损小于1/5		
4	清扫轿顶、检查各开关		安全有效、无积灰		
5	检查油杯、油量等		油杯完好、油量不少于1/3		
6	检查限速器钢丝端连接情况		应有三个钢绳卡、无松动		
7	检查清洁轿内操纵箱及各部件工作状况		无积灰、性能完好		
8	清洁底坑、检查各电气开关及限位		工作性能完好无杂物、不渗水		
9	清洁检查导靴，更换磨损的靴衬		磨损小于原厚度的1/4		
10	查检电梯运行舒适感		良好		
11	检查电梯平层准确度		客梯：正负10 mm，货梯：正负15 mm		
12	检查应急停层装置		可靠、有效		
必须确保完成的安全检查项目					
1	机房所有安全标贴	两周一次	齐全、完好		
2	机房内松闸扳手（盘）		齐全、完好		
3	配电箱内必须标贴		齐全、完好		
4	控制柜内标贴		齐全、完好		
5	曳引钢丝上楼层标记		齐全、清晰		
6	三角钥匙上警告牌		齐全、完好		
7	层站安全标贴		齐全、完好		
8	底坑开关处安全标贴		齐全、完好		
9	轿顶低压灯、开关插座标贴		齐全、完好		
保养时间					

保养到达时间		保养离开时间	

保修情况说明：

保养及维修人员（签名）： 工程设备部人员（签名）：

30. 电梯月度维护与保养记录

保养单位：　　　　　　　　梯型：　　　　　　　　安置地点：　　　　　　　No：

序号	维护与保养工作内容	频次	检查标准	正常	不良情况的处理结果
1	检查制动器（轴销，柱塞润滑，清洁闸瓦）	每月一次	作用面清洁，线圈温升不超过60度，间隙小于0.7 mm，每半年加油一次		
2	检查印板及控制柜各挡电压		符合设备电气图的要求		
3	检查控制柜电气元件（接触器、继电器等）		无异常声音，触点可靠，联动安全可靠		
4	层高、运行数据记录		记录完整		
5	紧固各主回路及电源端子		接触可靠，无松动		
6	室内空调滤网清洗		无明显积灰		
7	检查召唤、层显，清洁调整门板及钢丝张力		召唤层显完好无灰尘，门缝间隙：客梯1～6 mm、货梯1～8 mm；门刀与地坎的间距：5～10 cm		
8	检查清洁轿顶轮、钢丝绳头等		轮润滑良好，档绳装置可靠，无异常声响或跳动，绳头有并帽，无松动		
9	检查称量装置以及停电应急灯、电源		可靠、有效、工作正常		
10	检查强迫关门装置是否有效		安全可靠、有效		
11	检查对重架、上下对重导靴运行情况并清洁		对重导靴间隙2 mm、无油污		
12	检查并调整曳引钢丝绳张力		各绳受力相近、偏差小于5%		
13	检查、调整平层感应器与感应板安装间隙		动作灵敏间隙6～10 mm		
14	检查上下终端开关的工作情况		灵活、安全可靠		
15	紧固各种安装螺钉、螺栓		紧固牢靠		
16	检查并清洁缓冲器、缓冲距、补偿链、限速器张紧轮、安全钳等		灵活、可靠、有效、无异常声响，耗能150～400 mm，储能200～350 mm		
17	检查随行固定电缆情况，运行是否正常，有无磨损		离地100～250 mm，中间无接头、卡阻、磨损		

保养时间			
保养到达时间		保养离开时间	

保修情况说明：

保养及维修人员（签名）：　　　　　　　　　　　　工程设备部人员（签名）：

附录

31. 电梯季、年度维护与保养记录

保养单位：　　　　梯型：　　　　安置地点：　　　　No：

序号	维护与保养工作内容	频次	检查标准	正常	不良情况的处理结果
1	检查曳引机油量，齿轮啮合，齿面状况	每季一次	在规定的刻度线内，齿面无损伤		
2	曳引轮导向轮、电动机转轴部检查和润滑，轮槽检查		灵活可靠、无油污，无落槽现象		
3	紧固轿顶各螺栓		紧固牢靠		
4	检查并紧固中间接线盒内端子		接触良好		
5	检查消防应急操作，消防返回		正常有效		
6	检查基站停梯控制开关		正常有效		
7	紧固曳引机各安装螺栓	半年一次	紧固牢靠		
8	检查并紧固轿厢及对重导轨的低码，压导板螺栓		紧固牢靠，无严重锈蚀		
9	紧固轿底各安装螺栓		紧固牢靠，无严重锈蚀		
10	检查劳动局年检所规定的项目、配合劳动局年检	国家规定	确定通过劳动局年检		
保养时间					
保养到达时间			保养离开时间		

保修情况说明：

保养及维修人员（签名）：　　　　工程设备部人员（签名）：

32. 小区、大厦设施设备突发事故报告

小区（大厦）名称：　　　　年　月　日

设备编号	设备名称	型号规格	所属单位
事故类别	当事人	设备责任人	发生事故时间
事故经过情况			
设备损坏情况			
原因分析			

附录

续表

设备编号	设备名称	型号规格	所属单位
事故损失情况	停工时间	修理费	造成的经济损失
工程部处理意见			
管理处处理意见			
总经理批示			

33．电梯故障及维护登记表

楼幢号：

登记时间	报告人/记录人	故障电梯编号	位置及内容	转呈处理（方式、单位、接受人）	处理结果	完成时间	验证人

34．××智能系统巡视记录表

巡视时间：　　年　月　日

巡视项目				
巡视时间	时　分	时　分	时　分	时　分
巡视地点				
巡视结果记录				
巡视记录人				
检查人				

35. ××智能系统保养记录表

年 月 日

序号	设备名称及编号	维修及保养内容	所需主要材料名称及规格	预计单价	数量	预计费用	预计实施时间	备注

制表人：		审核人：		批准人：	

36. ××智能系统维修记录表

设备名称		规格、型号	
开始维修时间		结束维修时间	
故障现象			
维修情况			
维修人		验收人